融资担保

法律实务100问

金振朝／著

100 Questions for the Legal Practices of Financing and Guarantee

法律出版社
LAW PRESS·CHINA

序　　言

金融体制是社会主义市场经济体制的重要组成部分。党的十九大报告提出，深化金融体制改革，增强金融服务实体经济能力，提高直接融资比重，促进多层次资本市场健康发展。这为新时代金融发展与建设指明了方向。党的十八大以来，我国金融体制改革持续推进，取得显著成就。金融市场更加开放，金融体系日趋完善，企业融资渠道更加多元。党的十八大报告提出的普惠金融，针对的就是融资难，以及融资问题上存在的不平等。金融政策要向小微企业倾斜，普惠金融担纲的主角就是主流金融机构。实施普惠金融必须支持小微金融发展，这种补充性不可或缺。而缓解小微融资难、解决小微企业融资贵的问题是摆在普惠金融面前的一大课题，主流金融机构要作为主担当，类金融机构要作为补充，机会正当其时。

但是，我们也很遗憾地看到，一些小贷机构、担保机构、投资机构自行其是，打着普惠金融的旗号进行社会融资，有的甚至涉嫌非法集资，毁坏了行业的声誉，透支了行业的信用。还有一些创业老板由于金融和法律知识欠缺，片面地以为类金融机构赚钱容易，比做实业强，拼凑个班子就开办了担保公司、小贷公司、金融控股公司。他们不仅不懂得防范信贷过程中的技术风险，也无法控制从业人员职业操守与道德风险，更谈不上战略定位与创新发展，一味的高收益取向、当铺式经营使资金流动性丧失殆尽，公司变成了资产管理公司，开始了债务追偿的漫长历程。

也有一些担保机构、小贷公司、投资机构等，看到了单一业务经营的缺陷，挑战了盈利模式的生存边界，激流勇进地汇入曾经风靡一时的互联网金融、网络贷款、股权众筹、私募基金的洪流当中。倘若原先的线下风控都没有过关，就径直进行线上经营，在刚性兑付面前会破败得更快。至于那种靠“金字塔骗局”“庞氏逻辑”玩把戏的，后果可想而知。

因此，我们面临的不单单是机会，也面临外部环境和行业内部的多种挑战。

对经营者而言，除了掌握和熟练运用各类金融工具，还要认真研究相关法律法规及监管政策动向，防范法律风险。本书作者和本人曾经有过共事的经历。作为较早介入融资担保行业的法律人士之一，他多年来一直从事融资担保行业的法律服务和实践，持续关注并及时跟进有关法律、政策动向，工作勤勉，笔耕不辍，值得嘉许。本书以问答的方式展开，具有较强的实用性和针对性，希望能为业界提供参考，也期待作者再接再厉，为推动我国融资担保行业的发展贡献更多力量！

2019年10月28日

目录

第一篇　业务合规篇

第二篇　保证篇

第三篇　抵押篇

第四篇 质押篇

第五篇 借贷篇

第六篇 综合篇

第一篇　业务合规篇

1. 什么是融资担保公司?

问: 什么是融资担保公司?

答: 根据《融资担保公司监督管理条例》第 2 条的规定,本条例所称融资担保,是指担保人为被担保人借款、发行债券等债务融资提供担保的行为;所称融资担保公司,是指依法设立、经营融资担保业务的有限责任公司或者股份有限公司。

相较《融资性担保公司管理暂行办法》对融资担保的界定,《融资担保公司监督管理条例》的规定有较大的变化。《融资性担保公司管理暂行办法》所称融资性担保,是指担保人与银行业金融机构等债权人约定,当被担保人不履行对债权人负有的融资性债务时,由担保人依法承担合同约定的担保责任的行为。从"融资性担保"到"融资担保",不只是一字之差,其还对主债权及债权人的范围有了极大的扩充。

《融资担保公司监督管理条例》第 6 条规定,设立融资担保公司,应当经监督管理部门批准。融资担保公司的名称中应当标明融资担保字样。未经监督管理部门批准,任何单位和个人不得经营融资担保业务,任何单位不得在名称中使用"融资担保"字样。国家另有规定的除外。

与融资担保公司相对应的是非融资担保公司。所谓非融资担保公司,是指在中华人民共和国行政区域内依法设立,但未取得"中华人民共和国融资性担保机构经营许可证"的担保公司。非融资担保公司的经营范围,主要是诉讼保全担保、财产保全担保、工程履约担保、工程支付担保、投标担保、预付款担保、尾付款如约偿付担保、原材料赊购担保、设备分期付款担保、租赁合同担保、财政支付担保、联合担保、仓储监管担保、其他经济合同担保以及与担保业务有关的投融资咨询和财务顾问等中介服务等。无论是融资担保公司还是非融资担保公司,都不得从事吸收存款、集资收款、受托贷款、发行票据、发放贷款等国家金融监管及财政信用业务。

由于非融资担保公司设立门槛低、经营门槛高，社会上的大多数非融资担保公司实际上在从事放贷业务，很少或者没有开展担保业务。一些地区非融资性担保公司数量激增、业务混乱等问题日益突出，大量非融资性担保公司不仅没有经营担保业务，甚至从事非法吸收存款、非法集资、非法理财、高利放贷等违法违规活动，导致风险事件和群体性事件频发，对有关地区经济社会发展造成严重影响。2013年12月21日，中国银行监督管理委员会、国家发展和改革委员会、工业和信息化部、财政部、商务部、中国人民银行、国家工商行政管理总局、国务院法制办公室联合发布《关于清理规范非融资性担保公司的通知》，要求各地区对非融资性担保公司进行清理规范和强化管理。

2. 融资担保公司的设立条件和程序是怎样的？

问：融资担保公司的设立条件是什么？程序上又有什么要求呢？

答： 关于融资担保公司的设立条件，《融资担保公司监督管理条例》第 7 条规定，设立融资担保公司，应当符合《公司法》①的规定，并具备下列条件：(1)股东信誉良好，最近 3 年无重大违法违规记录；(2)注册资本不低于 2000 万元人民币，且为实缴货币资本；(3)拟任董事、监事、高级管理人员熟悉与融资担保业务相关的法律法规，具有履行职责所需的从业经验和管理能力；(4)有健全的业务规范和风险控制等内部管理制度。省、自治区、直辖市根据本地区经济发展水平和融资担保行业发展的实际情况，可以提高前款规定的注册资本最低限额。

相对于《融资性担保公司管理暂行办法》规定的实缴注册资本不低于 500 万元人民币，《融资担保公司监督管理条例》明显提高了融资担保公司的设立门槛。

实际上，大部分省级政府制定的实施细则所要求的实缴注册资本远高于上述要求。例如，《广东省〈融资性担保公司管理暂行办法〉实施细则》第 10 条规定，设立融资性担保公司注册资本为实缴货币资本，最低限额实行地区分类管理。广州、深圳、珠海、佛山、惠州、东莞、中山、江门、肇庆市为一类地区，其余地区为二类地区。一类地区融资性担保公司注册资本最低限额不得低于 1 亿元人民币，二类地区融资性担保公司注册资本最低限额不得低于 5000 万元人民币。

深圳市作为经济特区，也于 2011 年 3 月 1 日发布了《深圳市〈融资性担保公司管理暂行办法〉实施细则》，除明确一次性实缴注册资本不得低于 1 亿元人民币，且不得以借贷资金或他人委托资金入股外，还规定了更为严格的设立条件：(1)有符合前款关于主发起人、一般发起人等规定的条件；(2)有符合《公司法》规

---

① 本书中单独提到的由全国人民代表大会及其常务委员会通过的法律以省略“中华人民共和国”的简称出现，如此处的“《公司法》”；全书同。

定的章程;(3)有具备持续出资能力的股东;(4)有符合本实施细则规定的注册资本;(5)有符合任职资格的董事、监事、高级管理人员和合格的从业人员;(6)有健全的组织机构、内部控制和风险管理制度;(7)有符合要求的营业场所;(8)其他审慎性条件。

在深圳市设立的融资性担保公司应当由一个至两个企业法人或自然人等作为主发起人组建。

企业法人作为主发起人应当具备以下条件:(1)管理规范、信用良好、实力雄厚;(2)持续经营3年以上,最近连续2个会计年度盈利,近3年累计净利润在1000万元以上,资产负债率不高于70%,净资产不低于5000万元,原则上实施本项目投资后长期投资额不得超过净资产的60%。

自然人作为主发起人应当具备以下条件:(1)拥有发起出资的经济实力,具有一定的实业背景并在所在行业具有一定影响力,能够出具相应的有效证明;(2)无重要不良信用记录,无重大不良从业记录和无违法犯罪记录等。

由一个企业法人作为主发起人发起组建的,持股比例原则上不低于30%;由两个企业法人作为主发起人发起组建的,持股比例原则上各不低于20%;自然人作为主发起人发起组建的,应当持有适当比例的股权。

一般发起人应当具有一定的行业背景、持续的出资能力以及风险承受能力,原则上出资额不低于500万元且持股比例不低于1%。

融资性担保公司设立后有关股权转让、质押事宜,按照有关法律法规办理。

关于融资担保公司的设立程序,《融资担保公司监督管理条例》第8条规定,申请设立融资担保公司,应当向监督管理部门提交申请书和证明其符合本条例第7条规定条件的材料。监督管理部门应当自受理申请之日起30日内作出批准或者不予批准的决定。决定批准的,颁发融资担保业务经营许可证;不予批准的,书面通知申请人并说明理由。

实际上,各地融资担保公司的设立程序远比《融资担保公司监督管理条例》规定得复杂。以深圳市为例,根据2017年12月22日深圳市金融工作办公室《关于融资租赁、融资担保公司申请设立事宜的回复》,融资租赁公司申请设立不属于深圳市金融办的行政许可事项,但融资担保公司申请设立属于深圳市金融办行政许可事项。申请人可根据《融资担保公司监督管理条例》《深圳市〈融资性担保公司管理暂行办法〉实施细则》相关要求,提交申请材料,或者登录广东政务服务网公开界面,查询需提交的申报材料及申请流程。

根据相关文件要求,在深圳市设立融资担保公司所须提交的材料和流程见图2-1。

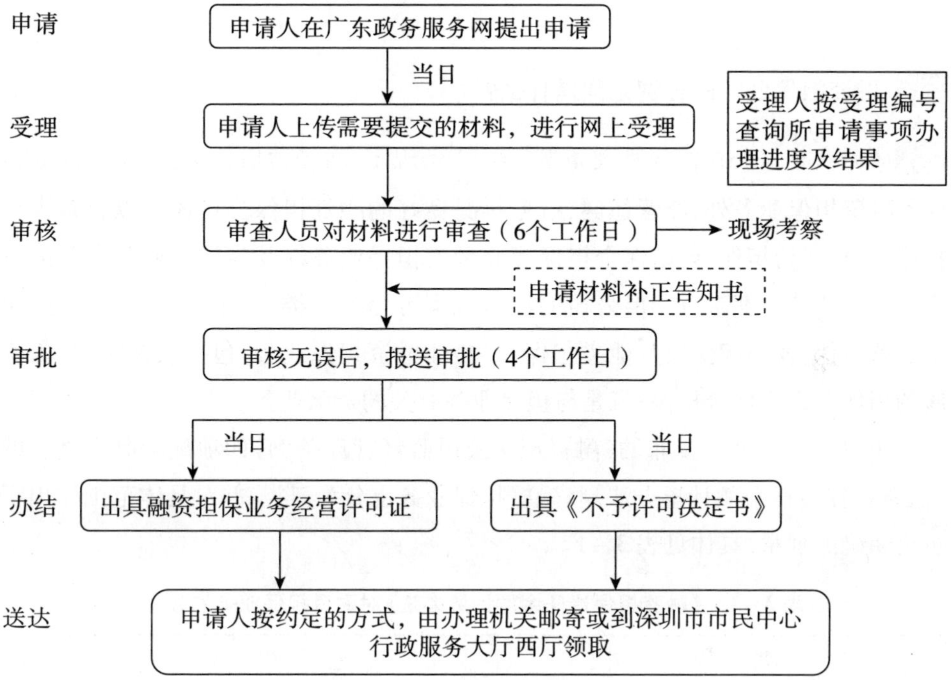

图2-1 设立融资担保公司网上流程

相关申请表格模板可参见广东政务服务网。①

① 载广东政务服务网:http://wsbs.sz.gov.cn/shenzhen/project/guide?code=00754615301010030013440300&type=openQzqd#sqcl,最后访问日期:2019年6月18日。

3. 融资担保公司的经营范围是什么?

问: 融资担保公司的经营范围是什么?

答:《融资担保公司监督管理条例》第 12 条规定,除经营借款担保、发行债券担保等融资担保业务外,经营稳健、财务状况良好的融资担保公司还可以经营投标担保、工程履约担保、诉讼保全担保等非融资担保业务以及与担保业务有关的咨询等服务业务。即融资担保公司的经营范围可分为三类:一是融资担保业务,包括借款担保、发债担保及其他类担保;二是非融资担保业务,包括投标担保、工程履约担保及诉讼保全担保;三是与担保业务有关的资讯业务。

2018 年 4 月 8 日发布的《融资担保公司监督管理条例》四项配套制度之一的《融资担保责任余额计量办法》将融资担保业务也分为三类,并对具体范围作出了更为明确的列举,具体见表 3 – 1。

表 3 – 1 《融资担保责任余额计量办法》对融资担保业务的分类

种类	性　　质	范　　围
第一类	借款类担保业务	为被担保人贷款、互联网借贷、融资租赁、商业保理、票据承兑、信用证等债务融资提供担保
第二类	发行债券担保业务	为被担保人发行债券等债务融资提供担保
第三类	其他融资担保业务	为被担保人发行基金产品、信托产品、资产管理计划、资产支持证券等提供担保

《融资担保责任余额计量办法》首次明确为互联网借贷、融资租赁、商业保理等债务融资提供担保也属于融资担保,顺应了社会发展趋势,符合实际情况,可谓与时俱进。

4. 什么是再担保？

问：请问什么是再担保？

答： 再担保，是指为担保人设立的担保。当担保人不能独立承担担保责任时，再担保人将按再担保合同约定比例向担保人提供比例再担保或为担保机构提供一般或连带责任保证。双方按约承担相应责任，享有相应权利。也就是说，再担保是对债权人的债权安全增加保障，提高担保信用的一种手段。

然而，无论是相关法律法规，还是司法解释，均未对再担保作出任何规定。我们仅能从一些法律著作中，找寻到司法部门对于再担保的理解。在《最高人民法院〈关于适用《中华人民共和国担保法》若干问题的解释〉理解与适用》一书中，对再担保问题描述为所谓再担保指为担保人设立的担保。当担保人不能独立承担担保责任时，再担保人将代替担保人向债权人继续剩余的清偿，以保障债权的实现。再担保关系中，债权人始终是权利人，债务人始终是被担保人，担保人和再担保人均为债务人向债权人负责。在承担责任上，担保人和再担保人分一个次序，即担保人先承担责任，在担保人无力承担时，再由再担保人承担。①

再担保方式一般分为两种，一种是对担保的担保，另一种则是约定分担风险的再担保。对担保的担保典型模式可见"广东模式"，即再担保机构对合作担保机构整体或部分担保项目提供附一定宽限条件的连带责任保证再担保，当合作担保机构不能代偿时，由再担保机构向债权人按一定比例补充代偿责任（见图4－1）。②

---

① 参见李国光等：《关于适用〈中华人民共和国担保法〉若干问题的解释》，吉林人民出版社2000年版，第50页。

② 载广东省融资再担保有限公司官网：http://www.utrustfrg.com/zdbyw/info_13_itemid_208.html，最后访问日期：2019年6月23日。

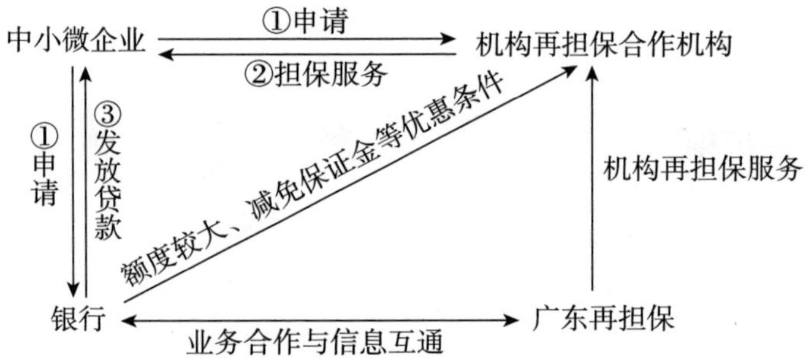

图4－1　再担保的"广东模式"

约定分担风险的再担保典型模式可参见"安徽模式"。2014年年底，安徽省信用担保集团创新推出"4321"新型政银担合作模式，改变由融资担保公司承担全额代偿风险、政府补贴融资担保公司的传统模式，对单户2000万元以下的贷款担保业务，由融资担保公司、安徽省信用担保集团、银行、当地政府，按4∶3∶2∶1的比例同担风险责任。即当小微企业无力偿还到期担保贷款时，由融资担保公司承担40%的风险责任，省担保集团承担30%的风险责任，合作银行金融机构承担20%的风险责任，市县（区）政府通过设立代偿专项资金承担10%的风险责任。

此外，深圳市中小企业信用再担保中心也在发展中探索出"分账分段代偿"机制（见图4－2），即再担保风险分担比例依成员担保机构和受保企业信用等级、所

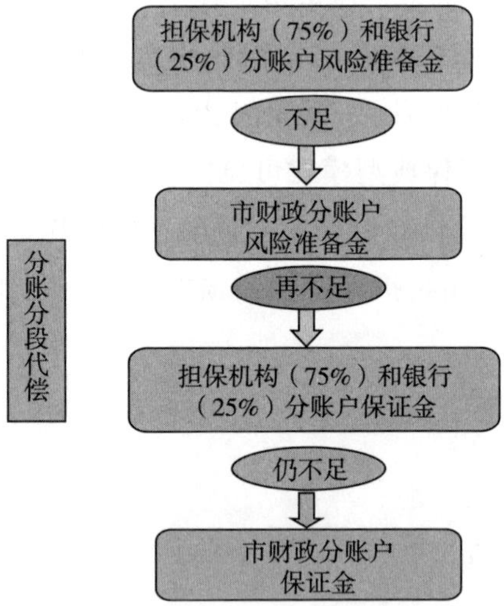

图4－2　"分账分段代偿"机制

属行业再担保代偿分账分段进行。如果出现代偿,代偿顺序按担保机构和银行分账户的风险准备金、市财政分账户下的风险准备金、担保机构和银行认购的保证金、市财政分账户认购的保证金依次代偿。

5. 没有开展业务的融资担保公司是否存在被吊销执照的风险?

问: **金律师,您好!您关于《融资担保公司四项配套制度解读》的讲课很精彩,我们受益匪浅。有个问题请教您,对于没有开展业务的融资担保公司,会不会有吊销执照的风险?**

答: 您好!首先,自2017年10月1日起施行的《融资担保公司监督管理条例》在第五章"法律责任"部分增设了监督管理部门吊销融资担保公司融资担保业务经营许可证的权限,并规定了相应的具体情形(第37条、第39~42条)。因此,对于违反相关规定的融资担保公司,无论是否开展业务,都存在被监管部门吊销融资担保业务经营许可证的风险。

其次,关于融资担保公司没有开展业务能否导致被监管部门吊销业务许可证,目前还没明确规定。《融资担保业务经营许可证管理办法》第12条规定,"融资担保公司出现下列情形之一时,应当按期将融资担保业务经营许可证交回监督管理部门:……(四)监督管理部门规定的其他情形"。根据该规定,监督管理部门可以规定收回融资担保业务经营许可证的"其他情形",该"其他情形"不能排除一定期限内没有开展业务的情况。并且,根据《融资担保责任余额计量办法》和《融资担保公司监督管理条例》相关条款的规定,融资担保公司担保责任余额与其净资产比例不符合规定的,也可能导致监管部门吊销融资担保业务经营许可证。

再次,中国银行保险监督管理委员会等《关于印发〈融资担保公司监督管理条例〉四项配套制度的通知》明确,"各地可根据《条例》及四项配套制度出台实施细则,实施细则应当符合《条例》及四项配套制度的规定和原则,且只严不松"。地方监督管理部门可能根据《融资担保公司监督管理条例》及四项配套制度出台实施细则,明确题述事项。

最后,笔者个人认为,如果获得监督管理部门颁发融资担保业务经营许可证的融资担保公司长久没有开展融资担保业务，实在有违监督管理部门“支持普惠金融发展，促进资金融通，规范融资担保公司的行为”之初衷，从这点来说也是有一定风险的，具体事项建议咨询当地的监督管理部门。

6. 融资担保公司能否跨省经营?

问:如果某电商平台和融资担保公司在四川,担保公司的经营范围为四川省内,银行在上海,电商平台客户遍布全国,银行与平台签订助贷协议,引入融资担保公司作为担保人,向平台客户放贷,担保公司能否超出其经营范围中的地域限制向外地客户提供担保呢?

答: 根据《融资担保公司监督管理条例》的有关规定,融资担保公司跨省经营存在两种情况:一种情况是融资担保公司跨省、自治区、直辖市设立分支机构;另一种情况是融资担保公司跨省、自治区、直辖市开展业务。

对于第一种情况,《融资担保公司监督管理条例》第10条规定,融资担保公司跨省、自治区、直辖市设立分支机构,应当具备下列条件,并经拟设分支机构所在地监督管理部门批准:(1)注册资本不低于10亿元人民币;(2)经营融资担保业务3年以上,且最近2个会计年度连续盈利;(3)最近2年无重大违法违规记录。拟设分支机构所在地监督管理部门审批的程序和期限,适用该条例第8条的规定。融资担保公司应当自分支机构设立之日起30日内,将有关情况报告公司住所地监督管理部门。融资担保公司跨省、自治区、直辖市设立的分支机构的日常监督管理,由分支机构所在地监督管理部门负责,融资担保公司住所地监督管理部门应当予以配合。

对于第二种情况,《融资担保公司监督管理条例》第31条规定,融资担保公司应当按照要求向监督管理部门报送经营报告、财务报告以及注册会计师出具的年度审计报告等文件和资料。融资担保公司跨省、自治区、直辖市开展业务的,应当按季度向住所地监督管理部门和业务发生地监督管理部门报告业务开展情况。

根据上述规定,如果融资担保公司只是跨省经营,而非设立分支机构,无须报经监督管理部门审批,只须按季度向住所地监督管理部门和业务发生地监督管理部门报告业务开展情况即可。

7. 融资担保公司应如何计提担保赔偿准备金？

问：《融资担保公司监督管理条例》及四项配套制度出台后，融资担保公司应如何计提担保赔偿准备金呢？

答： 根据《融资担保公司监督管理条例》的规定，融资担保公司应当按照国家有关规定提取相应的准备金。

《融资性担保公司管理暂行办法》第 31 条第 1 款、第 2 款规定，融资性担保公司应当按照当年担保费收入的 50% 提取未到期责任准备金，并按不低于当年年末担保责任余额 1% 的比例提取担保赔偿准备金。担保赔偿准备金累计达到当年担保责任余额 10% 的，实行差额提取。差额提取办法和担保赔偿准备金的使用管理办法由监管部门另行制定。监管部门可以根据融资性担保公司责任风险状况和审慎监管的需要，提出调高担保赔偿准备金比例的要求。

《融资担保公司监督管理条例》四项配套制度中的《融资担保公司资产比例管理办法》第 8 条规定，融资担保公司净资产与未到期责任准备金、担保赔偿准备金之和不得低于资产总额的 60%。

鉴于目前《融资性担保公司管理暂行办法》尚未失效，且有关部门尚未制定与《融资担保公司监督管理条例》配套的准备金提取相关细化操作规定，建议融资担保公司仍可按照《融资性担保公司管理暂行办法》的相关规定提取担保赔偿准备金。但需要注意的是，与准备金提取有关的担保责任余额计算方法已经发生了变化，故融资担保公司在计算担保赔偿准备金时也要相应调整，具体事项建议与监管部门沟通。

8. 融资担保公司可以对客户收取哪些费用?

问: **融资担保公司可以对客户收取哪些费用?标准分别是什么?**

答: 根据《融资担保公司监督管理条例》等有关规定,融资担保公司可以对客户收取担保费、咨询费。并且,《融资担保公司监督管理条例》第22条规定,融资担保公司自有资金的运用,应当符合国家有关融资担保公司资产安全性、流动性的规定。而根据《融资担保公司监督管理条例》四项配套制度之一的《融资担保公司资产比例管理办法》的规定,融资担保公司还可从事委托贷款业务,故可向客户收取利息。根据财政部2005年印发的《担保企业会计核算办法》的有关规定,担保公司还可向客户收取手续费、评审费等。

一、担保费

根据《担保企业会计核算办法》的规定,担保费是担保公司承担担保风险而按委托担保合同、分担保合同规定向被担保人收取的款项,包括担保费和分担保费收入。企业为其他单位代收的款项,不得确认为本企业的担保费收入。担保费收入应当在同时满足以下条件时予以确认:(1)担保合同成立并承担相应担保责任;(2)与担保合同相关的经济利益能够流入企业;(3)与担保合同相关的收入能够可靠地计量。担保费收入的金额应按委托担保合同规定的应向被担保人收取的金额确定。

关于担保费的收取标准,财政部2001年印发的《中小企业融资担保机构风险管理暂行办法》(财金〔2001〕77号)第7条规定,担保机构收取担保费可根据担保项目的风险程度实行浮动费率,为减轻中小企业负担,一般控制在同期银行贷款利率的50%以内。《融资性担保公司管理暂行办法》第26条规定,融资性担保公司收取的担保费,可根据担保项目的风险程度,由融资性担保公司与被担保人自主协商确定,但不得违反国家有关规定。因为《中小企业融资担保机构风险管理暂行办法》现行有效,故对融资担保公司仍具约束力。但《融资担保公司监督管理条例》第19条规定，融资担保费率由融资担保公司与被担保人协商确定，其较《融资性担保公司管理暂行办法》的规定已发生明显变化。纳入政府推动建立的融资担保风险分担机制的融资担保公司，应当按照国家有关规定降低对小微企业和农业、农村、农民的融资担保费率。即除纳入政府推动建立的融资担保风险分担机制的融资担保公司应遵照国家有关规定外，其他融资担保公司的担保费率上限已完全放开，由融资担保公司与被担保人协商确定。按照上位法优于下位法、新法优于旧法的原则，《中小企业融资担保机构风险管理暂行办法》第7条对于纳入政府推动建立的融资担保风险分担机制以外的融资担保公司不再适用。但实践中，仍有不少政府部门或者合作银行还是按原标准要求所有的融资担保公司。

二、咨询费、手续费、评审费

咨询费是与担保业务有关，但属于除担保业务收入以外的其他业务收入。

手续费是担保公司进行各项业务收取的收入。

评审费是对被担保人的资信和担保资金使用项目进行调查、评审而按合同规定向被担保人收取的评审费收入。

对于三者的收费标准，未见相关规定，但应当以公平合理为原则，原则上不宜高于担保费收取标准，并且应当有合同依据。

三、利息

利息主要是指委托贷款利息，银行存款、理财产品等利息收入不在讨论之列。实践中，银行掌握的委托贷款利息上限一般为民间借贷的利率上限标准。

最高人民法院《关于审理民间借贷案件适用法律若干问题的规定》第26条规定，借贷双方约定的利率未超过年利率24%，出借人请求借款人按照约定的利率支付利息的，人民法院应予支持。借贷双方约定的利率超过年利率36%，超过部分的利息约定无效。借款人请求出借人返还已支付的超过年利率36%部分的利息的，人民法院应予支持。实践中，由于委托贷款是担保公司委托银行向借款客户发放，银行一般对利息合规有更为严格的要求，即一般要求不得超过年利率24%。

9. 融资担保公司应遵守哪些经营规则?

问: 融资担保公司开展业务时应遵守哪些经营规则?

答: 《融资担保公司监督管理条例》第三章规定了融资担保公司的经营规则。除经营范围和担保费率规则外,融资担保公司还应遵循以下规则:

(1)融资担保公司应当按照审慎经营原则,建立健全融资担保项目评审、担保后管理、代偿责任追偿等方面的业务规范以及风险管理等内部控制制度。

(2)融资担保公司应当按照国家规定的风险权重,计量担保责任余额。

(3)融资担保公司的担保责任余额不得超过其净资产的10倍。对主要为小微企业和农业、农村、农民服务的融资担保公司,前款规定的倍数上限可以提高至15倍。

(4)融资担保公司对同一被担保人的担保责任余额与融资担保公司净资产的比例不得超过10%,对同一被担保人及其关联方的担保责任余额与融资担保公司净资产的比例不得超过15%。

(5)融资担保公司不得为其控股股东、实际控制人提供融资担保,为其他关联方提供融资担保的条件不得优于为非关联方提供同类担保的条件。融资担保公司为关联方提供融资担保的,应当自提供担保之日起30日内向监督管理部门报告,并在会计报表附注中予以披露。

(6)融资担保公司应当按照国家有关规定提取相应的准备金。

(7)被担保人或者第三人以抵押、质押方式向融资担保公司提供反担保,依法需要办理登记的,有关登记机关应当依法予以办理。

(8)融资担保公司有权要求被担保人提供与融资担保有关的业务活动和财务状况等信息。融资担保公司应当向被担保人的债权人提供与融资担保有关的业务活动和财务状况等信息。

(9)融资担保公司自有资金的运用,应当符合国家有关融资担保公司资产安全性、流动性的规定。

(10)融资担保公司不得从事下列活动:①吸收存款或者变相吸收存款;②自营贷款或者受托贷款;③受托投资。

此外,《融资担保公司监督管理条例》四项配套制度还对上述经营规则作出了一些细化的规定。

10.《融资担保公司监督管理条例》四项配套制度的主要内容有哪些?

问:2018年4月2日,调整合并后的新机构——中国银行保险监督管理委员会等七部门对外公布了《关于印发〈融资担保公司监督管理条例〉四项配套制度的通知》。这四项配套制度有哪些需要注意的监管规定?作为融资担保公司又需要采取何种应对措施呢?

答:《关于印发〈融资担保公司监督管理条例〉四项配套制度的通知》(以下简称《通知》)是继2017年10月1日生效的《融资担保公司监督管理条例》之后再次下发的融资担保行业的监管规定。其中,四项配套制度包括《融资担保业务经营许可证管理办法》(以下简称《业务经营许可证管理办法》)、《融资担保责任余额计量办法》(以下简称《余额计量办法》)、《融资担保公司资产比例管理办法》(以下简称《资产比例管理办法》)和《银行业金融机构与融资担保公司业务合作指引》(以下简称《银担合作指引》)。从效力级别上看,前三项办法属于部门规章,而最后的《银担合作指引》法律规范效力相对更弱,类似于一个窗口指导的角色。四项配套制度的出台,意味着融资担保行业逐渐形成了"4+1"的完善监管体系。根据《通知》的规定,各地可根据《融资担保公司监督管理条例》及四项配套制度出台实施细则,实施细则应当符合《融资担保公司监督管理条例》及四项配套制度的规定和原则,且只严不松。

对于四项配套制度,笔者认为主要有以下亮点内容:

一、业务经营许可证:修改了相关规定

业务经营许可证是指监管部门依法办理的特许融资担保公司经营融资担保业务的法律文件,是融资担保公司业务开展的基础条件。早在2010年,银监会为促进融资性担保机构依法经营,维护融资性担保市场秩序,便已出台了《融资性担保机构经营许可证管理指引》(银监发〔2010〕77号,以下简称《经营许可证指引》)。而对比《业务经营许可证管理办法》,二者区别如下:

首先,两者的制定基础不同。《经营许可证指引》系根据《融资性担保公司管理暂行办法》的有关规定制定的,而《业务经营许可证管理办法》系根据《融资担保公司监督管理条例》制定的。

其次,《业务经营许可证管理办法》删除了业务经营许可证有效期的规定。《业务经营许可证管理办法》删除了《经营许可证指引》中"融资性担保机构经营许可证有效期限为 5 年"以及有效期届满需要提出延续申请的规定。根据《经营许可证指引》的规定,融资性担保机构需要在许可证到期前 90 日向属地监管部门提出换证申请。以广东省为例,申请换证的融资性担保机构需要具备基本的条件和提交材料清单审查,监管部门审查后再出具是否同意换证的意见表。那么在《业务经营许可证管理办法》出台后,持旧证尚未到期的融资担保公司是否需要换发新证?换发新证时是否需要像以往一样提交材料清单供监管部门审核?《业务经营许可证管理办法》对以上问题并未规定。笔者认为,业务经营许可证新旧证的衔接问题应是融资担保公司关注的重要问题之一,各地监管部门是否会就此作出细则规定,还需继续关注。

再次,《业务经营许可证管理办法》简化程序,分类审批。对于设立、合并、分立或者减少注册资本的事项,办法要求需要先得到监管部门批准后再颁发、换发许可证,而变更名称、营业地址、业务范围或者增加注册资本的事项,则仅需要向监管部门备案即可换发。

最后,《业务经营许可证管理办法》提出参照执行的规定。政府设立的融资担保基金、信用保证基金等申领融资担保业务经营许可证,可参照该办法执行。

二、担保责任余额计量:放大倍数与集中度考核

融资担保公司的责任余额计量在《融资担保公司监督管理条例》第 14 条中被概括地表示为应当按照国家规定的风险权重,计量担保责任余额,但并无细化规定。而本次出台的《余额计量办法》,正是为规范融资担保公司经营活动,防范融资担保业务风险,准确计量融资担保责任余额而制定的。《余额计量办法》开创性地对不同的融资担保业务类型赋予相应的风险权重用以计算担保责任余额,并提出放大倍数和单户集中度两项考核指标,体现了国家金融监管去杠杆、防风险,以及支持扶持小微企业和"三农"经济的政策导向。

(一)业务分类

根据《余额计量办法》的规定,融资担保业务分为借款类担保业务、发行债券担保业务和其他融资担保业务。新的分类标准将以往的融资担保业务范围进行了科学地延伸,如增加了目前热门的互联网借贷、融资租赁、商业保理等借款类担保业务,以及将资本市场中基金产品、信托产品、资产管理计划、资产支持证券等业务的担保归类为其他融资担保。

按照《通知》的规定,对于《融资担保公司监督管理条例》施行前发生的保本基金担保业务,其存量业务可不计入融资担保责任余额,但应向监督管理部门单独列示报告。

(二)风险权重与担保责任余额计量

根据《余额计量办法》第3条的规定,融资担保责任余额,是指各项融资担保业务在保余额,按照本办法规定的对应权重加权之和。即担保责任余额=Σ不同业务×相应的风险权重。

而对于风险权重,《余额计量办法》设定了三种标准,具体见图10-1。

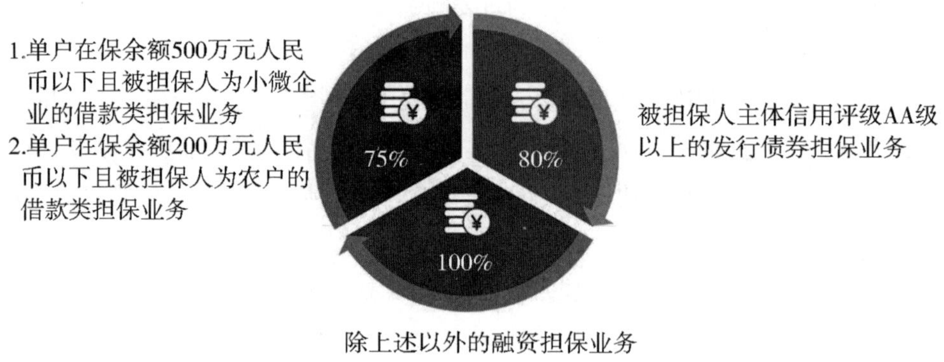

图10-1 风险权重的三种标准

因此,对于每类业务的担保责任余额计算为业务的在保余额乘以相应的权重,例如,借款类担保责任余额=单户在保余额500万元人民币以下的小微企业借款类担保在保余额×75%+单户在保余额200万元人民币以下的农户借款类担保在保余额×75%+其他借款类担保在保余额×100%,而总的融资担保公司的担保责任余额=Σ不同业务在保余额×相应的风险权重。

(三)放大倍数与集中度

放大倍数与单户集中度是融资担保公司责任余额的两大管理指标。融资担保的放大倍数,是指担保资金与担保贷款的放大比例。一般来说,担保放大比例越大，担保机构可以承担的担保责任余额就越大；同时，担保放大比例越大，担保机构所要承担的风险也就越大，因此需要制定合适的放大倍数，既不能打击担保公司的业务积极性，同时也要防范担保业务风险。而单户集中度是指担保机构前几家最大客户的担保余额占总担保余额的比例。该指标反映的是担保公司是否遵循风险分散的原则经营担保业务，可用于对担保项目风险的分散程度或风险集中程度进行评价。

《余额计量办法》按照《融资担保公司监督管理条例》的规定，对于放大倍数制定了不超过 10 倍的要求，但对于小微企业和"三农"可以提升至 15 倍。在单户集中度方面，同一被担保人的融资担保责任余额不超过净资产的 10%，见图 10－2。

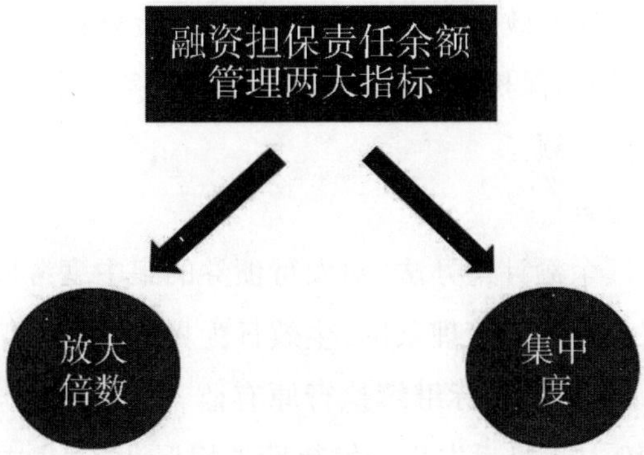

- 融资担保公司的融资担保责任余额≤净资产×10%
- 对小微企业和农户融资担保业务在保余额占比50%以上且户数占比80%以上的融资担保公司融资担保责任余额≤净资产×15%

- 融资担保公司对同一被担保人的融资担保责任余额≤净资产×10%
- 对同一被担保人及其关联方的融资担保责任余额≤净资产×15%

图 10－2　融资担保责任余额管理两大指标

需要注意的是，单户发行债券的集中度规定较以往《融资性担保公司管理暂行办法》有所改变。《融资性担保公司管理暂行办法》第 27 条要求，对单个被担保人债券发行提供的担保责任余额不得超过净资产的 30%，而《余额计量办法》将单户担保责任余额要求统一为不得超过其净资产的 10%，同时还给予主体信用评级 AA 级以上的债权发行一定程度的放松标准，即对被担保人主体信用评级 AA 级以上的发行债券担保，计算前款规定的集中度时，责任余额按在保余额的 60% 计算。结合前述风险权重的规定，则主体信用评级 AA 级以上的债权发行在计算集中度时,其单户担保责任余额 = 在保余额 ×60% ×80%。

此外,《余额计量办法》第18条规定,在计算融资担保放大倍数和集中度时,应当在净资产中扣除对其他融资担保公司和再担保公司的股权投资。此举也是为了避免融资担保公司利用对同业的股权投资以虚增净资产,击穿放大倍数和集中度的监管来进行监管套利。

(四)按比例分担风险的融资担保业务

《余额计量办法》第17条规定,对于按比例分担风险的融资担保业务,融资担保责任余额按融资担保公司实际承担的比例计算。这里所说的"按比例分担风险的融资担保业务",主要是指再担保、分保、风险分摊等业务模式,在与同业机构、再担保机构、银行机构、地方政府、事业单位等具有风险分担能力的机构合作进行风险分摊的情况下,按照担保机构实际需要承担的比例计算其担保发生额,再根据对应的权重计算责任余额。

(五)办法适用及整改

在办法适用方面,《余额计量办法》对发行债券的集中度考核采用新老划断的方法,即以《融资担保公司监督管理条例》生效日为界线,2017年10月1日前发生的发行债券担保业务,集中度指标继续执行原有监管制度有关规定(不超过净资产的30%);2017年10月1日后发生的发行债券担保业务,集中度指标按照本办法的规定执行。

而在整改方面,《余额计量办法》要求办法施行前设立的融资担保公司,不符合办法规定条件的,应当在监督管理部门规定的期限内达到规定的条件;逾期仍不符合规定条件的,由监督管理部门按照《融资担保公司监督管理条例》的规定实施处罚。

综上所述,融资担保公司在整改时需要注意:一方面,新的规定将融资担保业务范围扩大,互联网借贷、融资租赁、商业保理等非银行融资担保业务也纳入责任余额的计量口径,可能造成部分公司放大倍数的压力增大,业务也可能面临重新规划和部署;另一方面,对于办法要求的两大指标,担保公司应当准确计量并积极接受监管,以免超过了整改期限而遭受被处罚的风险。

三、资产比例管理方法:分级管理、专注主业

根据《融资担保公司监督管理条例》第22条的规定,融资担保公司自有资金的运用,应当符合国家有关融资担保公司资产安全性、流动性的规定。而《资产比例管理办法》是对上述规定的细化，是监管部门为引导融资担保公司专注主业、审慎经营，确保融资担保公司保持充足代偿能力，优先保障资产流动性和安全性而制定的一项配套制度。

长期以来，担保公司的收益来源除担保费外，还有相当多的部分系来自资产配置收益，即担保公司自有资金的投资收入。担保公司将自有资金进行投资是一把“双刃剑”，有利之处在于可以获得投资收益，而弊端则在于，不合理的投资会降低资产的流动性，从而加大担保公司的代偿风险。因此，《资产比例管理办法》通过将融资担保公司的资产进行分类，并设置不同的管理标准，以期达到安全性、流动性与收益性之间的平衡。

（一）资产分类

根据《资产比例管理办法》第二章，融资担保公司主要资产按照形态分为Ⅰ级、Ⅱ级、Ⅲ级，见图10－3。

Ⅰ级资产	Ⅱ级资产	Ⅲ级资产
·现金 ·银行存款 ·存出保证金 ·货币市场基金 ·国债、金融债券 ·可随时赎回或3个月内到期的商业银行理财产品 ·债券信用评级AAA级的债券 ·其他货币资金	·商业银行理财产品（不含《资产比例管理办法》第5条第6项） ·债券信用评级AA级、AA+级的债券 ·对其他融资担保公司或再担保公司的股权投资 ·对在保客户股权投资20%部分（包括但不限于优先股和普通股） ·对在保客户且合同期限6个月以内的委托贷款40%部分 ·不超过净资产30%的自用型房产	·对在保客户股权投资80%部分以及其他股权类资产（包括但不限于优先股和普通股） ·债券信用评级AA－级以下或无债券信用评级的债券 ·投资购买的信托产品、资产管理计划、基金产品、资产支持证券等 ·对在保客户且合同期限6个月以内的委托贷款60%部分，以及其他委托贷款 ·非自用型房产 ·自用型房产超出净资产30%的部分 ·其他应收款

注：按安全性和流动性从高到低的顺序排列。

图10－3 融资担保公司资产分类

（二）资产比例管理

首先，根据《资产比例管理办法》的规定，资产比例应当根据融资担保公司非合并财务报表计算。这也是为了避免融资担保公司利用设立、控股具有特殊管理意图的子公司，或者通过调整合并范围等手段来操纵监管指标。

其次，在计算基数上，资产总额应当扣除应收代偿款，并且受托管理的政府性或财政专项资金在计算该办法规定的Ⅰ级资产、Ⅱ级资产、Ⅲ级资产、资产总额以及资产比例时应予扣除。

最后，《资产比例管理办法》为融资担保公司的资产比例设定以下四项控制标准：

(1)（融资担保公司净资产＋未到期责任准备金＋担保赔偿准备金）≥资产总额×60%；

(2) Ⅰ级资产＋Ⅱ级资产≥（资产总额－应收代偿款）×70%；

(3) Ⅰ级资产≥（资产总额－应收代偿款）×20%；

(4) Ⅲ级资产≤（资产总额－应收代偿款）×30%。

需要注意的是，对于未到期责任准备金和担保赔偿准备金应如何提取，《融资担保公司监督管理条例》只概括地规定为"融资担保公司应当按照国家有关规定提取相应的准备金"，而《融资性担保公司管理暂行办法》第31条则有更为详细的规定。① 笔者认为，基于目前《融资性担保公司管理暂行办法》仍为有效的法律规定，而《融资担保公司监督管理条例》或配套制度均无对其的新规定，因此两项准备金的提取应继续适用《融资性担保公司管理暂行办法》的有关规定进行。

（三）过渡期安排

《资产比例管理办法》给予了融资担保公司的整改一个过渡期的安排，即在该办法施行前，融资担保公司自有资金投资比例符合原有监管要求，但未达到该办法要求的，监督管理部门可根据实际给予不同时限的过渡期安排，达标时限不应晚于2019年年末。同样地，对于逾期未完成整改的公司也将有可能面临受到《融

① 《融资性担保公司管理暂行办法》第31条规定，融资性担保公司应当按照当年担保费收入的50%提取未到期责任准备金，并按不低于当年年末担保责任余额1%的比例提取担保赔偿准备金。担保赔偿准备金累计达到当年担保责任余额10%的，实行差额提取。差额提取办法和担保赔偿准备金的使用管理办法由监管部门另行制定。

资担保公司监督管理条例》的规定处罚。

四、"银担合作":业务合作和操作规范化

"银担合作",即银行业金融机构与融资担保公司业务合作,其由来已久,但近年来,随着经济下行、商业银行坏账增多,国内融资担保公司经营遭遇困难。一方面,商业银行对担保公司偿付能力产生怀疑;另一方面,面对商业银行的强势,低收益使担保公司对银行贷款业务合作意愿不断降低,从而导致银担合作内生动力不足,难以更好地服务小微企业和"三农"发展。《银担合作指引》在此基础上出台,旨在规范银行业金融机构与融资担保公司业务合作行为,维护双方合法权益,促进银担合作健康发展。

从《银担合作指引》的性质来说,相对于其他三个配套办法而言,其规范效力更弱,类似于一个窗口指导的角色。通读该指引,笔者认为该指引基本切合实际,应属在充分调研并总结银担合作经验的基础上制定出来的,规范性文件的位阶把握也恰到好处,充分反映出监管立法的重大进步。该指引主要内容有以下三点:

第一,为规范"银担合作",规定"银担合作"应当遵循的基本原则、合作前提及合作协议内容等事项,首次在规范性文件中明确双方可约定风险分担比例和代偿宽限期等有利于担保公司的合作条件。

第二,继续向小微企业和"三农"实施政策倾斜,主要是银行在业务风险可控基础上,提高对小微企业和"三农"融资担保贷款的风险容忍度,以及"银担合作"双方应当采取措施切实降低小微企业和"三农"融资成本。

第三,对银担合作的具体业务操作进行规范,主要包括项目调查和评审、合同签订、反担保措施办理、贷后管理、代偿及追偿等方面。

那么,对于融资担保公司来说,在新规到来之际,应采取何种应对措施呢?笔者认为:

首先,应拥抱监管,始终以政策为导向。随着各类金融监管政策的出台、各金融行业现场检查的开展,种种迹象表明了 2018 年以后,强监管、防风险导向仍在持续,因此,作为金融行业中的一员,融资担保公司应积极地拥抱监管。就目前而言,最重要的工作即根据四项配套制度的要求实施业务整改,同时要密切关注行业动态,与有关监管部门保持紧密联系。

其次,应加强风控,完善内控体系。金融的核心是风控,对于融资担保行业更

是如此。至于如何加强风控，简言之，是“人财”的投入，即一方面，融资担保公司应重视对风控团队的组建以及人才的培养和发展；另一方面，融资担保公司应重视财力的投入。随着互联网时代不断深入发展，风控已不再是像过去那样单纯依靠人员把关的环节了。善于利用互联网、大数据等科学技术，重视对技术设备的投入，不仅可以显著提高风控水平，还可以降低人力成本。

最后，要重视产品研发，抓住新的机遇。四项配套制度表明了目前政策对小微企业、“三农”经济的倾斜支持，同时随着融资担保业务范围的扩大和延伸，融资担保行业迎来了新的发展机遇。如在P2P网络借贷行业，其整改备案中出台的《关于做好P2P网络借贷风险专项整治整改验收工作的通知》就明确，各地应当积极引导网贷机构采取引入第三方担保等其他方式对出借人进行保障。P2P网络借贷担保业务是融资担保行业新的业务机会，但也存在极大的风险，能否把握机遇取决于融资担保公司的业务创新和风险防控能力。

总之，新规给融资担保行业不仅带来了监管要求，也带来了发展机遇。但无论如何发展，金融的任何创新都应该在依法合规的框架内进行；只有如此，才能保持其持续稳健的发展。

11.《融资担保公司资产比例管理办法》对担保公司开展委贷业务有何影响？

问：《融资担保公司资产比例管理办法》出台后，担保机构是否还能开展不符合新办法规定的委贷业务呢？

答： 根据《融资担保公司资产比例管理办法》（以下简称《办法》）第6条、第7条的规定，在保客户且合同期限6个月以内的委托贷款的40%属于融资担保公司Ⅱ级资产；在保客户且合同期限6个月以内的委托贷款的60%，以及其他委托贷款则属于公司的Ⅲ级资产。《办法》对融资担保公司各类资产的比例均有新的要求。那么在《办法》出台后，融资担保公司是否还可以继续开展不合规的委贷业务呢？根据《办法》的规定，应作以下理解：第一，《办法》自发布之日起施行，融资担保公司资产比例管理应符合《办法》的要求；第二，在《办法》施行前，融资担保公司自有资金投资比例符合原有监管要求，但未达到《办法》要求的存量业务，监督管理部门可根据实际情况作出不同时限的过渡期安排；第三，最晚的达标时限应在2019年年末。

例如，《办法》规定融资担保公司的Ⅲ级资产不得高于资产总额扣除应收代偿款后的30%，但《融资性担保公司管理暂行办法》并无此项规定，那么如果融资担保公司的Ⅲ级资产高于资产总额扣除应收代偿款后的30%，自《办法》发布之日起，该项占比应逐步降低，而不应提高。

因此，融资担保公司在《办法》施行后应不再从事不符合监管要求的委贷业务；而对于存量违规的业务，应积极联系监管部门，在规定的时限内进行整改。

12. 什么是融资担保基金?

问: **自 2018 年 3 月国务院常务会议之后,融资担保基金就在融资担保行业引起了热议。那么融资担保基金到底是什么?从法律上应如何对其进行定义呢?**

答: 要清楚地认识融资担保基金,需要从其产生背景和发展进程说起。

一、融资担保基金的产生背景和发展进程

2015 年 7 月 31 日,国务院总理李克强主持召开国务院常务会议。会议中指出,鼓励有条件的地方设立政府性担保基金,对银行业金融机构担保贷款发生的风险给予合理补偿;设立国家融资担保基金,推动政府主导的省级再担保机构在 3 年内实现基本全覆盖,与融资担保机构一起,层层分散融资担保业务风险。[①]

2018 年 3 月 28 日,李克强总理主持召开国务院常务会议。会议决定,由中央财政发起、联合有意愿的金融机构共同设立国家融资担保基金,首期募资不低于 600 亿元,采取股权投资、再担保等形式支持各省(区、市)开展融资担保业务。[②]

2018 年 7 月底,国家融资担保基金有限责任公司正式成立,首期注册资本 661 亿元。财政部为该公司第一大股东,持股 45.39%,其余还有 20 家银行、保险等机构入股,持股比例从约 0.15% 至 4.54% 不等。[③]

2018 年 9 月 26 日,国家融资担保基金有限责任公司正式启动运营,其在北京举行揭牌暨首批合作业务集中签约仪式,分别与安徽省信用担保集团等 8 家省级担保、再担保机构签订了再担保业务合同,与建设银行等 7 家商业银行签订"总对

① 载中国政府网:http://www.gov.cn/guowuyuan/2015-07/31/content_2906892.htm,最后访问日期:2019 年 6 月 20 日。

② 载中国政府网:http://www.gov.cn/premier/2018-03/28/content_5278110.htm,最后访问日期:2019 年 6 月 20 日。

③ 载凤凰网:https://finance.ifeng.com/a/20180811/16442016_0.shtml,最后访问日期:2019 年 6 月 20 日。

总""银担合作"协议。①

二、融资担保基金的法律性质

关于融资担保基金的法律性质，目前存在的问题是：融资担保基金是否属于私募基金的一种（政府出资产业投资基金），是否需要根据《政府出资产业投资基金管理暂行办法》及《私募投资基金管理人登记和基金备案办法（试行）》（以下简称《私募基金登记备案办法》）的规定，于募集完毕后20个工作日内在政府出资产业投资基金信用信息登记子系统登记，或在中国证券投资基金业协会（以下简称中基协）备案②，即面临双重备案问题。

根据在"国家企业信用公示系统"上查询到的结果，国家融资担保基金有限责任公司（以下简称国融担保基金公司）于2018年7月26日设立核准，由财政部、政策性银行、国有银行、商业银行、保险公司、北京金融街资本运营中心等21个股东出资设立；其中，财政部出资额为300亿元，出资比例45.39%，为大股东。国融担保基金公司的经营范围为再担保业务、项目投资、投资咨询、监管部门批准的其他业务。经笔者查询，未查到国融担保基金公司在中基协或发改委系统上的相关备案信息。

而通过中基协官网的基金备案公示系统查询"融资担保基金"，仅能查询到山东省设立的山东省财金融资担保股权投资基金合伙企业（有限合伙）、山东省财金齐银融资担保股权投资基金合伙企业（有限合伙），基金管理人均为山东省财金融资担保基金管理有限公司。③

笔者认为，依照国融担保基金公司的设立及运营模式，不宜将国家融资担保基金视为私募基金的一种，主要原因在于：

（1）从经营目的来看，根据《私募基金登记备案办法》的规定，私募投资基金，系指以非公开方式向合格投资者募集资金设立的投资基金，包括资产由基金管理

---

① 载财政网：http://www.mof.gov.cn/zhengwuxinxi/caizhengxinwen/201809/t20180926_3029459.htm，最后访问日期：2019年6月20日。

② 根据中基协发布的《私募基金登记备案相关规则要点汇总》，公司型基金自聘管理团队管理基金资产的，该公司型基金应作为基金管理人履行登记手续的同时，作为基金履行备案手续，即实质上需要通过三重登记备案手续。

③ 载中国证券投资基金业协会网：http://gs.amac.org.cn/amac-infodisc/res/pof/fund/index.html，最后访问日期：2019年6月20日。

人或者普通合伙人管理的以投资活动为目的设立的公司或者合伙企业。普遍观点认为，私募投资基金的特征在于非公开募集资金、以投资活动为目的、基金管理人专业化管理。但是目前就国家融资担保基金的相关报道来看，国家融资担保基金主要以再担保业务为主，适当开展股权投资业务，支持各省（区、市）开展政府支持的融资担保业务，而并非以投资为主要业务。因此，其在经营目的上不符合私募基金的特征。而且，有关报道多次强调国家融资担保基金的公益性定位，设立基金是国家支持小微企业、"三农"和实体经济发展的又一重大政策措施，也与私募投资基金的投资导向不一致。

（2）从业务范围来看，基于《私募投资基金监督管理暂行办法》关于私募基金管理人防范利益冲突的要求，对于兼营民间借贷、民间融资、配资业务、小额理财、小额借贷、P2P/P2B、众筹、保理、担保、房地产开发、交易平台等业务的申请机构，中基协对从事与私募基金业务相冲突的上述机构将不予登记。因此，如果认为国家融资担保基金属于私募基金，那么基金管理团队同时开展融资担保和股权投资活动则有可能因违反专业化经营原则而不能登记。

（3）从概念来看，基金是指基于某种目的而设立的具有一定数量的资金池，主要包括信托投资基金、公积金、保险基金、退休基金，以及各种基金会的基金。基金的外延范围较大，不仅指证券投资基金，还包括全国社会保障基金、国家自然科学基金等种类。

综上所述，根据《国家融资担保基金设立方案》[①]，可以认为，国家融资担保基金是为了缓解小微企业和"三农"等融资难题而设立的专项资金，它既是国家级融资担保机构，也是面向"小微、三农和创新企业"的准公共性质基金。

三、融资担保基金的组织形式

根据《国家融资担保基金负责人就基金运营管理有关问题答记者问》（以下简称《融资担保基金运营答记者问》）中的相关内容，国务院批复的国家融资担保基金设立方案中，基金为有限责任公司，按照政策化导向、市场化方式、专业化管理模式运作，按照公司法和现代企业制度要求搭建公司治理架构。其设立股东会、董事会、专职监事和经营管理层。股东会是基金的最高权力机构，确定公司的发

---

① 载国务院新闻办公室网：http://www.scio.gov.cn/m/34473/34515/Document/1626463/1626463.htm，最后访问日期：2019年6月20日。

展战略和决策取向；董事会是基金的经营管理决策机构，负责指导基金的运营活动，确定基金的业务方向和风险管理政策，根据公司章程对重大事项作出决策；专职监事负责监督基金经营和运行；经营管理层负责基金运营管理。[①]

而财政部2017年10月通过座谈会、实地考察等方式对浙江省、安徽省、山东省政府性融资担保体系完成的调研报告显示，三省中目前设立基金的主要有：浙江省台州市通过政府与银行合作，共同出资建立小微企业信用保证基金，政府与银行捐资的比例为8:2，初创规模5亿元；山东省设立省财金融资担保基金助力政府性融资担保行业发展。基金总规模不低于40亿元，其中政府引导基金出资10亿元，已到位5.5亿元，通过撬动银行资金、社会资本等方式进行效果放大。其中，台州市小微企业信用保证基金为在市事业单位登记管理部门登记注册的非营利性社会组织，实行法人治理、企业化管理、市场化运作。而山东省的财金融资担保基金则以私募基金形态运行（如前述）。

对于地方政府设立的融资担保基金应采用何种组织形式，笔者建议参照国家融资担保基金，设立有限责任公司。其优势在于：

第一，从组织形式来看，公司的稳定性更强。公司拥有独立的法人财产权，能够以自身名义独立开展商事活动，独立行使权利、履行义务，独立承担法律责任，因此在法律上具有独立法人地位。

第二，从投资对象来看，融资担保基金除采取再担保形式外，还会对有发展潜力的中小微企业和担保机构进行股权投资。如融资担保基金未设立任何实体，在进行股权投资时可能会发生地方财政委直接对担保机构进行投资的情况，而根据《企业国有资产法》的规定[②]，政府如对企业进行投资，须设立国有资产监督管理机构或授权其他部门履行出资人职责，在一定程度上会加大融资担保基金的运作难度。

第三，从风险防控上看，公司股东作为投资者只在其投资限度内对公司承担

---

① 载中国经济网：http://www.ce.cn/xwzx/gnsz/gdxw/201809/26/t20180926_30388616.shtml，最后访问日期：2019年6月20日。

② 根据《企业国有资产法》第11条第1款、第2款的规定：国务院国有资产监督管理机构和地方人民政府按照国务院的规定设立的国有资产监督管理机构，根据本级人民政府的授权，代表本级人民政府对国家出资企业履行出资人职责。国务院和地方人民政府根据需要，可以授权其他部门、机构代表本级人民政府对国家出资企业履行出资人职责。

有限责任,能有效地隔离风险。公司制度在我国的发展时间长,法律环境比较健全,公司制有完整健全的组织结构和规范的运作管理系统,也能有效地降低运作风险。

第四,从未来融资角度来看,设立融资担保基金实体能进一步吸引银行、担保公司等社会资本进入,从而扩大基金体量,促进业务规模发展。

第五,从融资担保业务开展资质方面来看,根据《融资担保公司监督管理条例》的规定,融资担保业务经营许可证的取得主体为融资担保公司,而融资担保公司,是指依法设立、经营融资担保业务的有限责任公司或者股份有限公司,未包括有限合伙企业或其他组织。

第六,从财税角度来看,如融资担保基金既非一般性事业单位,又非融资担保公司,可能无法享受融资担保公司的相关税收政策优惠。

四、融资担保基金的运营管理

关于基金运营管理的问题,《国家融资担保基金负责人就基金运营有关问题答记者问》(以下简称《答记者问》)中提道,"根据国务院批复的国家融资担保基金设立方案,基金为有限责任公司,按照政策化导向、市场化方式、专业化管理模式运作"①。

从运营团队的组建上看,基金运营管理由董事会负责,采用精简高效、扁平化管理的组织架构运作。董事会不设专业委员会,直接对公司管理层,除董事长外,其他董事均为兼职;不设监事会,只设专职监事 1 名;公司管理层和内设部门也本着精简高效的原则设置,目前暂设 4 个部门,今后根据发展实际需要再调整,专业团队则通过市场化选聘。

从运营的策略上看,国家融资担保基金公司的初运营即与省级担保、再担保机构签订再担保业务合同,与商业银行签订"总对总"银担合作协议。总的方向还是以缓解小微企业、"三农"等普惠领域融资难、融资贵问题为目标开展各项业务。

从风险防控上看,国家融资担保基金主要是通过内部治理与外部监督的方式进行。内部治理是指建立现代企业制度,以完善的公司治理体系运营管理。外部

---

① 《国家融资担保基金负责人就基金运营管理有关问题答记者问》,载中华人民共和国财政部官网:http://www.mof.gov.cn/mofhome/jinrongsi/zhengwuxinxi/gongzuodongtai/201809/t20180926_3029483.html,最后访问日期:2019 年 6 月 28 日。

监督则是指各主管部门的监督。

因此,在运营管理上建议各级融资担保基金按照政策化导向、市场化方式、专业化管理模式运作。

五、融资担保基金的业务模式

关于融资担保基金的业务模式问题,《答记者问》指出,"根据国务院批复的国家融资担保基金设立方案,基金主要以再担保业务为主,适当开展股权投资业务,支持各省(区、市)开展政府支持的融资担保业务。再担保业务主要是对符合条件的省级担保再担保机构提供一定比例的风险分担,推动形成'国家融资担保基金—省级担保再担保机构—辖内融资担保机构'三级机构与银行共同参与的业务联动和风险分担机制,通过降低贷款利率和担保费率,为符合条件的小微企业、'三农'提供便捷、高效、低成本的贷款。股权投资主要对省级担保再担保机构注入资本金,增强其资本实力和业务拓展能力,支持其向下逐级参股融资担保机构或为体系内的融资担保机构提供担保再担保服务"。通过合作和引导,逐步推动地方政策性担保机构逐步实现突出主业、降低费率、做大规模、控制风险、"银担合作"、形成体系、政策支持的规范发展目标。

鉴于融资担保基金的实质是国家支持小微企业、"三农"和实体经济发展的一项重大政策措施,财政部《关于浙江、安徽、山东融资担保发展情况的调研报告》也指出,目前我国小微企业和"三农"担保体系建设仍是"自下而上",国家层面缺少顶层设计,未建立国家级担保机构,未对地方政府性担保公司的运作模式、考核机制进行规范和指导。因此,未来各级融资担保基金的发展模式可以参照国家融资担保基金的模式进行,以协助建立一个健康、可持续发展的政策性融资担保体系。同时,该调研报告也指出,由于各地存在差异,部分地区可借助委托经营、股权投资等方式,放大地方担保机构资本金,增加其放大倍数;部分地区可借助担保、再担保等方式,灵活进行业务选择,支持在国家层面具有重大战略意义的重点项目、创新项目,在经营模式、业务开展等方面允许各地根据自身实际情况有所侧重。

13. 融资担保基金开展股权投资业务存在何种风险?

问:融资担保基金向融资担保公司进行股权投资,由基金管理人代持股份,这样操作可能存在的风险有哪些?

答: 融资担保基金开展股权投资业务应依照法律法规的相关规定。国务院新闻办公室2018年3月30日举行的《国家融资担保基金设立方案》政策解读[①]中提到,(国家融资担保基金)主要采取再担保、股权投资方式;主要是与省级的再担保公司开展业务,支持省辖区内的担保机构为符合条件的小微企业提供贷款担保。其中,再担保和股权投资将分别发挥其功能:再担保主要是分散风险作用;股权投资是给担保机构进一步输血的作用,提高其风险抵御能力和业务拓展能力。

国务院办公厅2019年2月14日发布的《关于有效发挥政府性融资担保基金作用切实支持小微企业和"三农"发展的指导意见》(国办发〔2019〕6号),第二点"坚持聚焦支小支农融资担保业务"中提道,"各级政府性融资担保、再担保机构要坚守支小支农融资担保主业,主动剥离政府债券发行和政府融资平台融资担保业务,严格控制闲置资金运作规模和风险,不得向非融资担保机构进行股权投资,逐步压缩大中型企业担保业务规模,确保支小支农担保业务占比达到80%以上……(七)发挥再担保功能。国家融资担保基金和省级担保、再担保基金(机构)要积极为符合条件的融资担保业务提供再担保,向符合条件的担保、再担保机构注资,充分发挥增信分险作用。不得为防止资金闲置而降低合作条件标准,不得为追求稳定回报而偏离主业……国家融资担保基金要充分依托现有政府性融资担保机构开展业务,主要通过再担保、股权投资等方式与省、市、县融资担保、再担保机构开展合作,避免层层下设机构。鼓励通过政府注资、兼并重组等方式加快培育省级担保、再担保基金(机构),原则上每个省(自治区、直辖市)培育一家在资本实

① 载国务院新闻办公室网:http://www.scio.gov.cn/34473/34515/Document/1626463/1626463.htm,最后访问日期:2019年6月20日。

力、业务规模和风险管控等方面优势突出的龙头机构”。

综合上述文件的规定,融资担保基金的业务主要是“再担保 + 股权投资”;其中,股权投资特指向符合条件的担保、再担保机构注资(股权投资)。合作机构为融资担保机构,且支小支农担保金额占全部担保金额的比例不得低于80%,其中单户担保金额500万元及以下的占比不得低于50%。因此,融资担保基金开展股权投资业务具备相应的法律依据。

但是,向融资担保机构进行股权投资,需要注意以下风险:

(1)投资决策风险。投资决策的风险主要体现在项目定位不准和决策程序的遗漏上。融资担保属于特殊的行业,如果投资方对投资对象及所处行业、行业周期、市场环境不了解,会造成投资决策风险。

(2)企业经营风险。经营风险主要是指被投资的融资担保机构业务经营风险。产生风险的原因可能是项目所处行业的市场环境发生了变化,如经济衰退;可能是经营决策不对,如盲目扩张、过快多元化;也可能是企业管理者的能力不够,或管理团队不稳定等。这些都可能使投资遭受损失。

(3)法律合规风险。法律风险主要体现在合规、合同、公司治理等法律问题上。融资担保基金与融资担保机构之间签订的投资协议是否合法合规、合同条款是否公平合理、安全风范措施是否约定到位、公司治理是否合法等,需要专业人士介入判断。

(4)合同履行风险。在合同履行过程中,融资担保机构要加强投后管理,确保合同得到全面履行,而接受投资的融资担保机构是否完全按照合同履行义务,不仅取决于其是否诚信守约,融资担保机构的投后管理能力也是关键因素。

(5)流动性风险。股权投资完成后,所投资金不能随意撤回,只能通过股权转让或者清算退出,而我国尚无融资担保公司上市融资的先例,通过上市退出更是可能性不大。以上情况不利于资金的流动。

(6)股权代持风险。由于基金管理人代持股份,如果基金管理人负债导致涉诉、被执行或者清算,可能无法对抗善意的债权人,从而导致代持股权被处置而用于清偿基金管理人的债务。

因此,融资担保基金开展股权投资,需要采取如下防范措施:

(1)委托专业机构对融资担保公司的基本情况或债务情况等进行尽职调查。

尽职调查又称谨慎性调查,其调查内容一般包括企业经营状况和行业背景的调查、财务与税务调查、法律方面的调查以及企业管理层和规范运作的调查四个方面。尽职调查的队伍一般由律师、会计师及业务部门组成。尽职调查应当遵循客观、全面、及时、独立的原则,以保证调查结果真实、准确、完整。要善于发现信息之间的关联性,以求最大限度地反映事物的本来面目。

尽职调查结果可通过以下途径获得:①直接对目标企业进行调查;②通过公开渠道(网络、报纸、公告等媒体)搜集信息;③现场勘查、向第三人发核证函;④走访登记管理机关;⑤走访目标企业所在地政府或所属相关职能部门;⑥走访目标企业的债权人、债务人、供应商及代理销售商等关联人。详尽准确的尽职调查是股权投资方的客观评价项目,也是做好投资决策的重要前提条件。

(2)精心设计投资协议条款,防范合同法律风险。投资协议一般包括增资扩股(股权转让)的股权比例及对价条款、增资(价款支付)方式和期限条款、未分配利润归属条款、资金用途条款、新股东地位条款、组织结构变动条款、特别条款、声明和保证条款、保密条款、违约责任条款、不可抗力条款、生效条款等。

(3)加强监管,防范投资后的法律风险。设置合理有效的监督体制,监督目标企业的日常经营管理和运作。在注资以后,投资方一方可以派员监督目标企业的日常经营,虽不参与经营策略的制定及实施,但有权对融资担保公司的经营行为进行监控。

(4)根据国家法规政策,适当考虑退出机制,并通过投资协议对其进行明确约定。

(5)通过司法救济请求损害赔偿。万一发生合同违约,投资方可以对方违约为由提起诉讼或者仲裁,请求法院判令或者仲裁裁决违约方赔偿经济损失。

(6)基金管理人对于融资担保基金的资产应当分别记账、单独管理、独立运作,通过建立内控制度实现风险隔离。

14. 融资租赁公司能否从事融资担保业务？

问：我们公司是一家融资租赁公司，经营范围包含租赁交易咨询和担保业务，现拟开展供应链金融业务。具体做法是公司为供应商的银行贷款提供担保，供应商将其已取得的应收账款质押给公司作为反担保，公司与供应商、付款义务人签订三方协议，约定公司提供代收代付服务，供应商将应收账款转让给公司，应收账款到期后直接付至公司账户，用于向银行还贷。这样的合作关系是否存在不可控的法律风险？相关风险在何处？

答：第一，关于什么是“租赁交易咨询和担保”，法律上没有明确的界定。笔者个人理解，与租赁相关的担保业务不能脱离租赁本身，是指在租赁业务基础上，开展相关非融资性担保业务或者将担保作为风控措施。《融资担保公司监督管理条例》第6条规定，未经监督管理部门批准，任何单位和个人不得经营融资担保业务，任何单位不得在名称中使用融资担保字样；国家另有规定的除外。根据该条规定，融资租赁公司经营融资担保业务，存在违规的嫌疑。

为了将融资租赁与担保业务关联，贵司可考虑与供应商签订综合融资额度合同，约定贵司授予供应商的融资额度包括融资租赁和担保，但这种做法并非能完全规避合规风险。

第二，应收账款质押和转让是两个不同的概念，对于同一笔应收账款，在落实担保措施方面，质押和转让只能是选择关系。由于质押法律关系明确，登记措施清晰且具有对抗第三人的效力，故相对较为安全。转让作为一种担保措施，类似于让与担保，属于非典型担保，法律上没有明确的公示方式，转让以通知债务人发生法律效力，对抗第三人的效力较弱。根据贵司的方案，建议采取“应收账款质押＋代收代还”的方式落实还款来源。即供应商将应收账款质押给贵司并在人行征信中心办理质押登记，同时贵司、供应商及付款义务人签订三方协议，约定贵司有权代为收取出质应收账款对应的货款并用于代为向债权人还款，付款义务人承诺向贵司指定账户付款。

第三,上述业务中存在的法律风险除业务合规风险外,还存在应收账款存在瑕疵导致付款义务人提出付款抗辩的风险、付款义务人违约的风险、质押财产被第三方申请法院查封的风险等。建议可以采取以下防范措施:(1)在三方协议中,应要求付款义务人确认应收账款金额无误,付款义务人不享有任何抗辩;(2)与付款义务人签订业务合作协议,要求付款义务人承诺依约付款并提供担保;(3)若已质押给贵司的应收账款被司法查封,贵司可依法提出执行异议。

15. 如何申请设立小额贷款公司?

问: **我司欲设立一家小额贷款公司,请问设立条件和流程具体包括哪些?**

答: 设立小额贷款公司的法律依据、条件和流程主要包括以下内容:

一、法律依据

1.《公司法》(2018 年修订);

2. 深圳市人民政府《关于印发深圳市小额贷款公司试点管理暂行办法的通知》(深府〔2011〕135 号,以下简称《暂行办法》);

3. 中国银行业监督管理委员会、中国人民银行《关于小额贷款公司试点的指导意见》(银监发〔2008〕23 号);

4. 中国人民银行、中国银行业监督管理委员会《关于村镇银行、贷款公司、农村资金互助社、小额贷款公司有关政策的通知》(银发〔2008〕137 号);

5.《深圳市小额贷款公司试点审核工作指引(试行)》(深府办〔2009〕15 号)。

二、审批机构

深圳市人民政府金融发展服务办公室(以下简称市金融办)。

三、审核条件

审核条件为:第一,小额贷款公司的名称由行政区划、字号、行业、组织形式依次组成;第二,小额贷款公司组织形式为有限责任公司或股份有限公司;第三,除应符合《公司法》规定的基本条件外,还应满足以下 6 个条件。

1. 主发起人和其他出资人符合设立的主体资格。

(1)小额贷款公司的主发起人,除应符合《暂行办法》相关规定外,还应具备以下条件:

①净资产不低于人民币 2 亿元,资产负债率不高于 65%,且原则上实施本项目投资后长期投资额不得超过净资产的 60%(合并会计报表口径);

②近 3 年连续盈利,净利润累计总额不低于人民币 6000 万元,且累计缴纳税

收总额不低于人民币1800万元(合并会计报表口径)。

(2)小额贷款公司的其他出资人除应符合《暂行办法》相关规定外,还应具备以下基本条件:

①企业、社会组织、经济组织等作为其他出资人的,依照出资比例划分为两类:第一类:出资比例超出(含)30%的,原则上参照主发起人资格条件予以审核;第二类:出资比例低于30%的,应具备以下条件:成立满三年,净资产不低于人民币1亿元,资产负债率不高于65%,原则上实施本项目投资后长期投资额不得超过净资产的60%,且近两年连续盈利,净利润累计总额不低于人民币2000万元,累计缴纳税收总额不低于人民币600万元。

②探索建立小额贷款公司高管人员股权激励机制,允许核心管理人员持股比例总额不超过5%,其他社会自然人出资暂予限制。

(3)申请设立小额贷款公司时,主发起人出资比例不得低于注册资本总额的30%且相对控股;其他出资企业出资比例不得低于注册资本总额的5%。

(4)同一出资人及其关联方投资设立小额贷款公司的数量原则上为1家。

2. 有符合规定要求的注册资本。

小额贷款公司组织形式为有限责任公司的,注册资本不得低于人民币3亿元;组织形式为股份有限公司的,注册资本不得低于人民币4亿元。

3. 有符合任职资格条件的董事、监事和高级管理人员(包括总经理、副总经理及相应级别人员,以下同),以及具备相应专业知识和从业经验的工作人员。

(1)申请小额贷款公司董事、监事和高级管理人员任职资格,拟任人除应符合《公司法》规定的基本条件外,还应具备以下条件:

①拟任高级管理人员应从事金融业相关工作5年以上,有大学本科以上(含)学历。

②拟任董事、监事应具备与其履行职责相适应的金融知识,从事经济、金融类相关工作3年以上,有大学专科以上(含)学历。

(2)拟任人有以下情形之一的,不得申请担任小额贷款公司董事、监事和高级管理人员:

①有刑事违法犯罪记录或严重不良信用记录的。

②担任破产清算的公司、企业的董事、监事和高级管理人员,对该公司、企业

的破产负有个人责任的，自该公司、企业破产清算完结之日起未逾3年的。

③担任因违法被吊销营业执照、责令关闭的公司、企业的法定代表人和高级管理人员，并负有个人责任的，自该公司、企业被吊销营业执照之日起未逾3年的。

④被国家金融监管部门取消董事、监事或高级管理人员任职资格，或禁止从事金融行业工作而期限未满的。

⑤不符合审慎性原则要求及《公司法》规定不得担任的其他情形。

4. 有健全的公司治理、内部控制、业务操作、风险管理等制度。

5. 有与业务经营相适应的营业场所、安全防范措施和其他设施。

6. 按审慎性原则要求的其他条件。

另外，有符合规定条件的主发起人和其他出资人满足以上6个条件也可以设立小额贷款公司。

四、资料清单

1. 设立申请书：内容包括拟设公司的名称、地址、注册资本、股权结构等基本信息，并附各出资人签署的共同出资设立小额贷款公司的协议书。

2. 可行性研究报告：内容包括设立小额贷款公司的可行性和必要性、同业状况及市场前景分析、风险控制能力分析、未来业务发展规划（包括拟设公司开业后的目标客户、资产规模、盈利状况、贷款损失等预测）等。

3. 公司设立方案：内容包括拟设公司章程草案、主要管理制度安排（主要包括公司治理结构、财务管理制度、贷款授信和风险控制制度、资产分类和拨备制度、信息披露制度）等。

4. 主发起人基本情况：内容包括主发起人的名称、注册地址、法定代表人、经过工商年检的营业执照复印件、入股资金来源说明、经审计的近三年财务报告、深圳市企业信用信息中心出具的《企业信用报告》等。

5. 其他出资人基本情况：自然人作为出资人的，需提交自然人股东的姓名、身份证明、居住场所证明、个人收入来源证明及入股资金来源说明、依法设立的征信机构出具的个人信用报告等材料；企业或其他社会组织作为出资人的，需提交出资人名称、地址、代表人（或负责人）姓名、经年审的工商营业执照或相关资格证明、经审计的近一年财务报告、资信证明（深圳本地企业提供深圳市企业信用信息中心出具的《企业信用报告》）等。

6. 出资人承诺书。

7. 任职资格申请：内容包括拟任职董事、监事和高级管理人员的任职资格申请书、身份证明、工作经历或从业资格证明、依法设立的征信机构出具的个人信用报告、学历证明材料及经国家教育行政主管部门授权机构出具的学历认证文件。

8. 律师事务所出具法律意见书：内容包括小额贷款公司出资人及关联情况，是否有重大违法、违规行为等。

9. 依法设立的验资机构出具的验资报告：涉及外国或港澳台地区出资人的，在办妥外商投资行政许可手续并领取工商营业执照后，向市金融办补交。

10. 营业场所使用证明材料。此项材料可于市政府批复意见后向市金融办补交，资料补齐后市金融办再颁发小额贷款业务资格文件。

11. 市公安消防部门出具的消防行政许可法律文书。此项材料可于市政府批复意见后向市金融办补交，资料补齐后市金融办再颁发小额贷款业务资格文件。

12. 市工商局出具的拟设公司《名称预先核准通知书》。

13. 申请材料中涉及境内企业、个人的，需同时向市金融办出具查询企业、个人信用信息的授权书。申请材料中涉及外国或我国港、澳、台地区出资人的：若为外国投资者，提交材料须经所在国家公证机关公证并经我国驻当地使（领）馆认证；若为我国港、澳地区投资者，提交材料须经内地委托公证人认证，并分别经内地法律服务（香港）有限公司、内地法律服务（澳门）有限公司加盖转递专用章；若为我国台湾地区投资者，提交材料须经当地公证机构公证并经广东省公证员协会核验。

14. 市金融办按照审慎性原则要求的其他材料。

五、审批程序

市金融办对小额贷款公司申请常年受理，每年第二季度、第四季度启动试点审核程序，集中组织资格认定，并在启动程序后 45 个工作日内作出决定。领取营业执照后 30 个工作日内，在市金融办指定媒体上进行公告；领取营业执照后 2 个月内开业；获准开业后 5 个工作日内报送资料。具体流程如下：受理材料→资格初审→联合评审→批准业务资格→办理开业手续→报送资料，其中办理开业手续包括领取营业执照、公告、开业等。

16. 小贷公司能否通过转让资产融资?

问：我们是一家设立在深圳的小额贷款公司，拟通过转让资产融资，会不会违规？有没有明确的限制性文件？

答：关于小贷公司通过转让资产融资的相关规范如下：

(1)中国银行业监督管理委员会、中国人民银行《关于小额贷款公司试点的指导意见》(银监发〔2008〕23号)明确，在法律、法规规定的范围内，小额贷款公司从银行业金融机构获得融入资金的余额，不得超过资本净额的50%。

(2)深圳市人民政府《金融发展服务办公室关于我市小额贷款公司开展融资创新业务试点的通知》(深府金小〔2014〕5号)明确，同意本市小额贷款公司从银行机构、前海股权交易中心、前海金融资产交易所以及其他经批准同意开展小额贷款融资创新试点的要素平台和小额再贷款公司融入资金，通过外部合规渠道融入资金总比例(含同业拆借)不得超过公司上年度净资产的200%；同业拆借的拆出资金比例不得超过上年度净资产的30%。具体融资交易条件、交易方式和利率价格等事宜，由有关各方商洽决定。

(3)2017年12月1日，互联网金融风险专项整治、P2P网贷风险专项整治工作领导小组办公室正式下发《关于规范整顿"现金贷"业务的通知》规定，禁止以任何方式非法集资或吸收公众存款。禁止通过互联网平台或地方各类交易场所销售、转让及变相转让本公司的信贷资产。禁止通过网络借贷信息中介机构融入资金。以信贷资产转让、资产证券化等名义融入的资金应与表内融资合并计算，合并后的融资总额与资本净额的比例暂按当地现行比例规定执行，各地不得进一步放宽或变相放宽小额贷款公司融入资金的比例规定。对于超比例规定的小额贷款公司，应制定压缩规模计划，限期内达到相关比例要求，由小额贷款公司监管部门监督执行。网络小额贷款清理整顿工作由各省(区、市)小额贷款公司监管部门具体负责。中央金融监管部门制定并下发网络小额贷款风险专项整治的实施方案,进一步细化有关工作要求。

因此,小贷公司可以通过转让资产的方式融资,但应符合上述文件规定。应做到:

第一,明确禁止通过互联网平台或地方各类交易场所销售、转让及变相转让本公司的信贷资产。禁止通过网络借贷信息中介机构融入资金。

第二,以信贷资产转让、资产证券化等名义融入的资金应与表内融资合并计算,合并后的融资总额与资本净额的比例暂按当地现行比例规定执行,各地不得进一步放宽或变相放宽小额贷款公司融入资金的比例规定。

第三,小额贷款公司监管部门监督执行。各省(区、市)小额贷款公司监管部门具体负责网络小额贷款清理整顿工作。中央金融监管部门制定并下发网络小额贷款风险专项整治的实施方案,进一步细化有关工作的要求。

17. 小贷公司异地贷款是否合规？

问：我司为小额贷款公司，注册地在深圳，现在我司想要在住所地以外的省市开展贷款业务，请问是否存在合规风险呢？

答：小额贷款公司能否在住所地以外开展贷款业务，需要注意，所谓的外地开展贷款业务，通常存在三种情形：第一种是指小额贷款公司外派公司员工到异地客户所在地，直接以公司名义与客户签订借款协议；第二种是小额贷款公司在住所地以外的地方设立专门的办公场所，尚未领取营业执照，以公司的名义开展贷款业务；第三种是小额贷款公司在住所地以外的地方设立专门的办公场所，尚未领取营业执照，以分公司的名义开展贷款业务。那么，在此三类情形中，小额贷款公司是否都存在合规风险呢？笔者将就该问题作出如下分析。

一、外派公司员工到异地客户所在处，直接以公司名义与客户签订借款协议

此种情形又称为不设点的异地经营。根据银监会与中国人民银行发布的《关于小额贷款公司试点的指导意见》（以下简称《指导意见》）中第二大点，申请设立小额贷款公司，应向省级政府主管部门提出正式申请，经批准后，到当地工商行政管理部门申请办理注册登记手续并领取营业执照。但《指导意见》并未对小额贷款公司的营业地域作出规定。目前，小额贷款公司的试点工作由各地金融办负责。以往我们在查看一些小额贷款公司的工商登记信息时，往往发现其经营范围有地域限制，如有的小额贷款公司的经营范围显示“在××市行政辖区内专营小额贷款业务”，而有的经营范围显示“在全国范围内开展办理各项小额贷款、小企业发展、管理、财务等咨询业务”。但据笔者从有关单位处了解的情况看，如今发放的营业执照中已经不存在经营地域范围方面的字眼了。那么，是否可以认为小额贷款公司直接外派员工到异地开展贷款业务呢？笔者认为可从以下两个方面分析：

一是根据《指导意见》的规定，“本指导意见未尽事宜，按照《中华人民共和国公司法》《中华人民共和国合同法》等法律法规执行”。如前所述,《指导意见》并未对小额贷款公司的外地贷款业务作出规定。故对该种业务的合规性分析,可依据《公司法》《合同法》《公司登记管理条例》等有关规定。《公司法》第 14 条规定:“公司设立分公司的,应当向公司登记机关申请登记,领取营业执照。”《公司登记管理条例》第 45 条规定:“分公司是指公司在其住所以外设立的从事经营活动的机构。”上述条款仅规定在住所外以分公司的形式从事经营活动的,需要领取营业执照,但并未强制要求异地经营必须以分公司的形式进行。因此,在缺乏相关规定的情况下,小额贷款公司只要按照工商行政管理部门核准的登记信息,即在经营范围内开展业务即可。而如果在营业执照和工商登记信息中均未对地域范围作出限制,可以认为不设点的异地经营也是合规的。并且从《合同法》的角度来说,不设点的异地经营只是将合同签订地转移到客户所在地,而具体合同履行仍然是在小额贷款公司的住所地完成的,因此不存在被法律所禁止的事项。

二是根据《行政许可法》第 41 条的规定,法律、行政法规设定的行政许可,其适用范围没有地域限制的,申请人取得的行政许可在全国范围内有效,原国务院法制办《对〈关于提请解释《中华人民共和国行政许可法》有关适用问题的函〉的复函》(国法函〔2004〕293 号)也规定,“法律、行政法规规定的取得有关行政许可的条件、标准应当是全国统一的。只要申请人取得的行政许可的适用范围依法没有地域限制,被许可人在一个地方取得了行政许可,就可以在全国范围内从事被许可的活动,无须在其他地方再次申请同一行政许可或者目的相同的行政许可。例如,一个建筑企业在某地依法登记、取得营业执照后,就可以在全国范围内参加投标、承揽建设工程,无须在其他地方再次申请登记、办理营业执照。如果为了方便生产经营活动,在某地依法设立的企业拟在其他地方设立分支机构或者投资设立独立核算的法人,则应当按照有关法律、行政法规等的规定申请办理登记、领取营业执照”。

由此可见,对于已取得营业执照的小额贷款公司,若经营范围没有地域限制,可以到异地开展贷款业务,但如果以设立分支机构等经营机构的名义开展的,则应当另办营业执照。

二、设立了办公场所,但未取得营业执照,而在异地开展贷款业务

此种情况是指一些小额贷款公司在登记地外设立办公场所,并派专人负责,以公司的名义开展贷款业务，但实际上没取得营业执照。

根据前述国法函〔2004〕293 号文的规定，“在某地依法设立的企业拟在其他地方设立分支机构或者投资设立独立核算的法人，则应当按照有关法律、行政法规等的规定申请办理登记、领取营业执照”。《公司登记管理条例》也确认，“分公司是指公司在其住所以外设立的从事经营活动的机构”。在本情形中，如小额贷款公司在异地开立办公场所并且实际开展了经营活动，则属于小额贷款公司在异地开设分支机构的行为，按照规定应该办理登记并领取分公司营业执照。若在没有取得营业执照的情况下在设立的经营机构开展经营活动则已经构成了无照经营。

但如果小额贷款公司在异地设立的并非经营场所而只是办事处，是否也应该取得分公司营业执照呢？笔者认为，不能简单地仅从“办事处”的字面意思理解，应探究小额贷款公司设立该场所的具体用途。即便小额贷款公司声称其在异地开设的为办事处，但如果公司在办事处中实际开展了经营活动，如实施了与借款人洽谈、签约等行为，则应该认为该场所实际已从事了经营行为，可以认定为属于小额贷款公司在异地开设分支机构的行为，应办理登记并领取营业执照。

三、未设立分公司，而冒用分公司的名义在异地开展贷款业务

此种情形是指小额贷款公司在异地开立设立了固定的经营机构，但在还没有拿到营业执照时便以分公司的名义，在设立的经营机构开展经营活动。在这种情况下，小额贷款公司面临什么法律风险呢？

根据《公司法》第 211 条的规定，“未依法登记为有限责任公司或者股份有限公司的分公司，而冒用有限责任公司或者股份有限公司的分公司名义的，由公司登记机关责令改正或者予以取缔，可以并处十万元以下的罚款”。因此，在尚未依法设立分公司的情况下，以分公司的名义开展贷款业务，可构成该条所说的“冒用分公司名义”的行为，相关行为将可能受到公司登记机关责令改正或者被取缔的处罚，并处 10 万元以下的罚款。

18. 小贷公司与金交所合作是否存在法律风险?

问: 小贷公司可以和金交所合作吗? 存在哪些法律风险?

答: 小贷公司与金交所的合作模式目前来看可以分为线下和线上两种,线下主要是传统的小额贷款公司业务,而线上则是与互联网平台合作的各类创新模式。

一、小贷公司与金交所线下合作

小贷公司与金交所的线下合作模式主要为小贷公司将资产通过金交所平台实现债权转让,该模式主要存在的问题是:

首先,目前金交所业务主要受国务院办公厅《关于清理整顿各类交易场所的实施意见》(国办发〔2012〕37 号,以下简称 37 号文)及国务院《关于清理整顿各类交易场所切实防范金融风险的决定》(国发〔2011〕38 号)的规制。根据 37 号文的规定,金交所不得将任何权益拆分为均等份额公开发行;不得采取集中交易方式进行交易;不得将权益按照标准化交易单位持续挂牌交易;权益持有人累计不得超过 200 人;不得以集中交易方式进行标准化合约交易;未经国务院相关金融管理部门批准,不得设立从事保险、信贷、黄金等金融产品交易的交易场所,其他任何交易场所也不得从事保险、信贷、黄金等金融产品交易。

其次,各地地方性法规对小贷公司放贷资金来源有所要求。以深圳市为例,根据《深圳市小额贷款公司试点管理暂行办法》第 29 条的规定,小额贷款公司的信贷资金来源必须合法,主要来源应为股东缴纳的资本金,捐赠资金,以及银行业金融机构的融入资金;严禁向内部或外部集资、吸收或变相吸收公众存款。因此小贷公司通过债权实现融资再放贷,有被认定为非法集资的风险。

最后,从操作流程来看,根据《合同法》第 80 条第 1 款的规定,债权人转让权利的,应当通知债务人。未经通知,该转让对债务人不发生效力。实际上,债权转让后,小贷公司仍作为代理收款方或者债权回购方,并未通知债务人,债权转让并未对债务人发生法律效力,仅有转让之名,而无转让之实。

值得注意的是,网传2019年1月29日证监会清理整顿各类交易场所办公室向各省、自治区、直辖市、计划单列市人民政府办公厅,新疆建设兵团办公厅下发《关于三年攻坚战期间地方交易场所清理整顿有关问题的通知》(清整办函〔2019〕35号,以下简称35号文),再次强调金交所业务范围限定在金融企业非上市国有产权转让、地方资产管理公司不良资产转让、地方金融监管领域的金融产品交易。而对于地方金融监管领域的金融产品交易,35号文提出省级地方金融管理部门应当组织当地中央金融管理部门派出机构进行研究论证,同意的应出具书面意见并抄送联席会议办公室。业界认为这是给融资租赁资产、商业保理资产、小贷资产等属于地方监管部门管理范围内的持牌机构的资产在金交所交易开了一道口子。

二、小贷公司与金交所线上合作

(一)小贷公司通过金交所、P2P平台转让债权

此种交易模式一般为,小贷公司将资产转让于P2P平台,由P2P平台作为资产发行人通过金交所挂牌,金交所再将挂牌产品放回P2P平台面向投资者融资。目前该种合作模式主要存在以下问题:

根据《网络借贷信息中介机构业务活动管理暂行办法》第10条第7项、第8项的规定,P2P平台不得从事自行发售理财等金融产品募集资金,代销银行理财、券商资管、基金、保险或信托产品等金融产品;开展类资产证券化业务或实现以打包资产、证券化资产、信托资产、基金份额等形式的债权转让行为等活动。上述小贷公司与金交所的合作模式,涉及债权转让、债权收益权转让、定向融资计划等业务类型,其中部分产品与资产证券化模式相近,属于类资产证券化,实质上已经相当于踩了监管的"红线"。

根据互联网金融风险专项整治工作领导小组2017年6月30日下发的《关于对互联网平台与各类交易场所合作从事违法违规业务开展清理整顿的通知》(整治办函〔2017〕64号,以下简称64号文),一些互联网平台与各类交易场所合作,将权益拆分面向不特定对象发行,或以"大拆小""团购""分期"等各种方式变相突破200人限制。一些产品无固定期限资金,资产无法对应,存在资金池问题;一些产品未向投资者披露信息和提示风险,甚至将高风险资产进行包装粉饰,向不具备风险承受能力的中小投资者出售,一旦信用风险爆发,可能影响社会稳定。

故64号文要求，各地整治办会同人民银行分支机构责令辖内互联网平台于2017年7月15日前，停止与各类交易场所合作开展涉嫌突破红线的违法违规业务的增量。对于2017年7月16日后仍继续与各类交易场所合作开展违法违规业务的互联网平台，各地整治办会同人民银行分支机构及其他相关部门，对相关互联网平台开展现场检查，查实互联网平台是否存在变相吸收公众存款、非法发放贷款、代销违法违规产品、无代销资质销售金融产品、未取得相关资质开办资产管理业务等问题，并按相关法律法规进行处罚。从64号文的内容来看，监管政策仅要求对金交所与互联网平台合作中的涉嫌突破红线的违法违规业务进行处理，并未禁止所有合作业务。

然而，2017年12月13日，P2P网贷风险专项整治工作领导小组办公室向各地P2P整治联合工作办公室下发了《关于做好P2P网络借贷风险专项整治整改验收工作的通知》（网贷整治办函〔2017〕57号，以下简称57号文）。该通知要求，对于与各类地方金融交易所进行合作的网贷机构，应当停止合作，存量合作业务逐步转让或清偿，最终于本项专项整治结束前完成。可以看到，57号文对P2P平台与金交所的合作采取了"一刀切"的禁止措施。

P2P平台自2018年起，在经历了一轮相继"爆雷"后，目前已然进入清退期，因此从现实角度出发，上述所说的小贷公司与金交所和P2P平台合作的模式也不具有可行性。

（二）网络小贷与金交所合作

网络小贷的首次出现，是在2015年7月18日人民银行等十部门发布的《关于促进互联网金融健康发展的指导意见》中。该意见指出，将网络借贷分为个体网络借贷（P2P）和网络小额贷款。网络小额贷款是指互联网企业通过其控制的小额贷款公司，利用互联网向客户提供的小额贷款。根据现行法规政策，网络小贷与金交所合作主要存在以下问题：

一方面，根据国务院办公厅下发的37号文要求，各类交易场所不得将任何权益拆分为均等份额公开发行、权益持有人累计不得超过200人等，因此小贷公司即便直接与金交所直接合作，因受到上述规定的约束，该种合作模式也难以消化小贷公司的大额资产。

另一方面，更为严重的是，受到"现金贷"业务的负面影响，2017年11月21日晚，互联网金融风险专项整治工作领导小组下发《关于立即暂停批设网络小额贷款公司的通知》，要求各级小贷公司监管部门一律不得新批设网络小贷公司，禁止新增批设小额贷款公司跨省（区、市）开展小额贷款业务。因此，从目前的监管政策来看，小贷公司通过新设网络小贷平台再与金交所合作，其难点不仅在于金交所严格的业务规范，还在于在新政策下小贷公司难以获得网络小贷牌照。

综上所述，目前小贷公司与金交所的线上合作模式受到监管政策的影响，几乎不具有可行性。而线下合作模式尽管没有被明确禁止，但也同样存在合规性问题。

19. 小贷公司可以从事票据贴现业务吗?

问: 小贷公司可以从事票据贴现业务吗?

答: 根据中国人民银行印发的《商业汇票承兑、贴现与再贴现管理暂行办法》(银发〔1997〕216号)第20条的规定,办理票据贴现业务的机构,是经人民银行批准经营贷款业务的金融机构。从上述规定可以看出,从事票据贴现业务的机构须符合两个前提:一是经中国人民银行批准;二是从事机构为经营贷款业务的金融机构。国务院发布的《非法金融机构和非法金融业务活动取缔办法》第2条、第3条第1款、第4条中也规定,未经人民银行批准开展票据贴现业务的机构属于非法金融机构,其擅自从事的贴现业务属于非法金融业务活动,应予以取缔。

在地方规定层面,根据《深圳市小额贷款公司试点管理暂行办法》(以下简称《暂行办法》)的规定,小额贷款公司开业后,需专营小额贷款业务,不得开展未经批准的其他业务。根据《暂行办法》第43条第4项的规定,小额贷款公司从事违法违规活动的,由相关部门依法进行查处,并视情节轻重依法责令整顿或取消业务资格、依法吊销营业执照;涉嫌犯罪的,依法移送司法机关处理。

但通过检索发现,中山市人民政府金融工作局曾在2014年发布过《中山市小额贷款公司增加票据贴现业务范围试行管理办法》,按照该办法的规定,小额贷款公司可以申请增加票据贴现业务范围,须经市金融局批准。但按照上述《非法金融机构和非法金融业务活动取缔办法》的规定,经营票据贴现业务的批准权应由人民银行享有。

综上所述,笔者认为,小贷公司能否开展票据贴现业务,关键在于是否取得人民银行的批准。

另外,根据法律法规的相关规定,小贷公司在从事贷款业务中可以通过票据质押的方式保障自己的债权。在票据质押项目中,质权人既可以根据《物权法》第219条的规定"与出质人协议以质押财产折价,也可以就拍卖、变卖质押财产所得的价款优先受偿”,也可以根据《票据法》第 35 条第 2 款的规定“行使汇票权利”。

简言之,小贷公司开展业务应在合法合规的框架下进行,避免因违规而遭受不必要的损失。

【第二篇　保证篇】

20.《独立保函规定》对融资担保行业有哪些影响?

问: **2016年11月22日,最高人民法院对外发布《关于审理独立保函纠纷案件若干问题的规定》(以下简称《独立保函规定》),以促进正确审理独立保函的纠纷问题。《独立保函规定》改变了我国法律及司法实务以往对于独立保函的态度。《独立保函规定》有哪些主要内容?对融资担保行业的有哪些影响?**

答: 关于《独立保函规定》,具体可以从以下几个层面分析:

一、《独立保函规定》主要内容

本次出台的独立保函司法解释共26条,主要包括六个方面的内容。

(一)明确了独立保函的法律性质

《独立保函规定》解决了独立保函在长期司法实践中法律性质不明的问题,明确界定了独立保函为银行或非银行金融机构作为开立人,以书面形式向受益人出具的,同意在受益人请求付款并提交符合保函要求的单据时,向其支付特定款项或在保函最高金额内付款的承诺。其通过第3条的规定,区分独立保函与担保法下的担保方式,引导独立保函沿着信用证规则的思路发展。

(二)统一国际与国内独立保函交易的效力规则

独立保函早期只适用于涉外海商事领域中,但随着独立保函适用范围的扩大,在国内诸多商事交易中都有独立保函的身影。国内独立保函无法适用国际惯例,但如果按照我国《担保法》的规定又只会约束独立保函的发展,所以,此次司法解释首次明确统一了国际和国内独立保函的效力认定规则。《独立保函规定》第23条规定,当事人约定在国内交易中适用独立保函的,人民法院不能以独立保函不具有涉外因素为由,否定保函独立性约定的效力。同时肯定了国际商会颁布的《见索即付保函统一规则》作为独立保函合同示范性条款的效力,当事人可以根据意思自治来选择是否对《见索即付保函统一规则》加以适用。

（三）明确独立保函的独立性原则和严格相符性原则

根据《独立保函规定》第 6 条的规定，只要独立保函受益人提交的单据与独立保函条款之间、单据与单据之间表面相符，保函开立人就应当根据保函约定的金额承担付款责任，即严格相符性原则。而独立性原则是指除存在保函欺诈的情形外，开立人不得以基础交易关系或独立保函申请关系对付款义务提出抗辩的，开立人的付款责任与基础交易履行状况无关。这两项原则切实保障了独立保函项下的付款确定、快捷、安全，使人们更为放心地进行经济交易。

（四）严格界定独立保函欺诈情形

对于独立保函欺诈问题，在《国际商会见索即付保函统一规则（VRDG758）》中并没有相关的规定，这一法律问题交由各国法律去解决。《独立保函规定》根据我国《民法通则》中确立的民事欺诈的构成法律规则，并参考国内外实际判例中对构成独立保函欺诈条件的描述，在第 12 条中进行了规定。第 12 条的规定以列举的方式对独立保函欺诈情形进行规制，并在第 5 项使用了兜底条款，使独立保函欺诈的判断更具有可操作性。

（五）明确申请保函止付的情形和证明标准

根据《独立保函规定》第 12 条、第 14 条的规定，法院裁定独立保函止付必须要满足以下三个条件：（1）存在独立保函欺诈情形；（2）情况紧急，不立即采取止付措施，将给止付申请人的合法权益造成难以弥补的损害；（3）止付申请人提供了足以弥补被申请人因止付可能遭受损失的担保。但《独立保函规定》赋予了止付申请人更高的证明标准，申请人对独立保函欺诈的证明必须达到具有高度可能性的标准。另外，《独立保函规定》明确，在开立人已经善意付款的情况下，独立保函的反担保不适用止付规则。

（六）依法确认开立保证金的金钱质权性质

《独立保函规定》第 24 条明确规定，对于按照特户管理并移交开立人占有的独立保函开立保证金，人民法院可以采取冻结措施，但不得扣划。该规定表明了开立保证金符合金钱特定化和移交占有两项条件，具有金钱质权的性质。

二、担保公司适用《独立保函规定》时应注意的问题

（一）担保公司是否具备开立独立保函的主体资格的问题

担保公司的保函业务通常是指为需要开立银行保函的企业提供担保或直接

出具保函的业务。根据《独立保函规定》第2条的规定，独立保函的开立人的范围被限定在银行及非银行金融机构中。何为“非银行金融机构”呢？根据《中国银监会非银行金融机构行政许可事项实施办法》第2条的规定，“本办法所称非银行金融机构，包括经银监会批准设立的金融资产管理公司、企业集团财务公司、金融租赁公司、汽车金融公司、货币经纪公司、消费金融公司、境外非银行金融机构驻华代表处等机构”。从该条规定来看，无论是非融资性担保公司还是非融资性担保公司，皆不属于银监会批准设立，故担保公司并不包含在非银行金融机构之列。因此，在《独立保函规定》下，担保公司是否具备开立独立保函的主体资格的问题是存在疑问的。那么，《独立保函规定》出台后，如果担保公司向申请人开具独立保函会产生何种效果呢？笔者认为，独立保函的认定可能会回归传统思路。由于担保公司并不属于《独立保函规定》中的独立保函开立主体，故对担保公司开具的独立保函的判定有可能会回归司法实践的传统做法，即涉外担保中承认独立保函的独立性，而非涉外独立保函约定则有可能被认定为无效约定。

然而，笔者认为《独立保函规定》有违民法上的平等原则。一方面，《独立保函规定》作为司法解释，限制了担保公司开立独立保函的资格，违反《民法通则》中“当事人在民事活动中的地位平等”的基本原则；另一方面，《独立保函规定》是根据《担保法》的规定，结合司法实践而制定的，《担保法》中尚且没有对独立担保主体身份有所限制，而《独立保函规定》却对独立保证主体做限缩性解释，存在越权嫌疑。

（二）担保公司为独立保函提供反担保时应可凭单据抗辩

担保公司可以为独立保函开立人履行独立保函项下付款义务后的追偿权提供反担保。一方面，担保公司可以通过对受益人要求的保函文本进行事先审核，要求保函文本中必须明确载明据以付款的单据和最高金额，并对单据提出一定的要求从而降低恶意索赔的风险。比如，要求单据中必须包括证明保函申请人违约的第三方监理公司报告、证明保函申请人违约的生效判决或者仲裁裁决等证明文件，可以加大保函受益人的索赔难度。

另一方面，尽管在《独立保函规定》中，独立保函排除一般保证或连带保证相关规定的适用，但却没有禁止为独立保证提供的反担保适用上述规定。当独立保函开立人履行独立保函项下的付款义务后，获得了对保函申请人的追偿权，担保公司依据反担保合同对追偿权提供担保。根据《担保法》第 20 条“一般保证和连带责任保证的保证人享有债务人的抗辩权”的规定可以得出,担保公司能够援用保函申请人的抗辩权。而根据《独立保函规定》第 9 条的规定,开立人依据独立保函付款后向保函申请人追偿的,人民法院应予支持,但受益人提交的单据存在不符点的除外。故当受益人提交的单据存在不符点时,保函申请人对开立人的追偿享有抗辩权,因此担保公司在该种情况下同样享有抗辩权。

(三)明确约定独立保函到期日

《独立保函规定》第 11 条规定,“独立保函具有下列情形之一,当事人主张独立保函权利义务终止的,人民法院应予支持:(一)独立保函载明的到期日或到期事件届至,受益人未提交符合独立保函要求的单据……”保证期间为担保法赋予保证人的一项重要的抗辩权利,既然独立保函不适用“担保法关于一般保证或连带保证规定”,那么关于保证期间的规定当然也不适用于独立保函。但根据上述第 11 条的规定,独立保函可以约定保函到期日或到期事件,其基本原理为附期限的合同或者附条件的合同。首先,担保公司一般不可以接受没有到期日的独立保函,俗称“敞口保函”;其次,保函到期日一定为明确确定的日期,不可含糊、模棱两可;最后,保函文本中还可以同时约定到期日和到期事件,并约定保函权利义务终止以先到者为准。

(四)担保公司面对独立保函欺诈的应对策略

在实践中,由于开立人仅需要对独立保函项下的单据作表面的审查,而单据往往是由独立保函的受益人提供的,此时就有可能发生独立保函欺诈的风险。《独立保函规定》首次以列举保函欺诈的四种情况加兜底条款的方式对独立保函欺诈作出解释。那么,作为为独立保函提供反担保的担保公司应当如何应对独立保函下的欺诈行为呢?

申请止付是应对独立保函欺诈的有效手段。根据《独立保函规定》第 13 条的规定,向人民法院申请止付的主体仅限于独立保函申请人、开立人与指示人。而由于担保公司是否具备开立独立保函的主体资格的问题仍然存疑,担保公司加入独立保函项目的方式一般是为独立保函开立人的追偿权提供反担保。当发生独立保函欺诈情形时,作为反担保人的担保公司在该司法解释下有可能会被认为不具有申请止付的权利。因此,如果担保公司发现独立保函项目有可能存在欺诈的风险时,应当尽快向有权申请止付的主体传递信息,借助他们的力量阻止开立人付款。此外,为避免申请止付主体怠于行使权利,担保公司在反担保合同、委托担保合同中也可以约定,有权申请止付的主体可以委托担保公司代为行使申请止付或者自行申请止付,否则担保公司有权拒绝承担保证责任。

(五)担保公司防范风险的根本措施是做好项目尽职调查

对于工程保函项目,不能因为其风险不同于贷款担保风险而认为不存在风险或者风险很少,更不能因此降低保前调研要求,抱有侥幸心理。做好工程保函项目的尽职调查可以从以下几个方面入手:

第一,保前调研的范围,不仅要重点考察实际承包人的履约能力和履约记录,还应注重对受益人信用、资产情况的调查。

第二,在施工合同履行过程中,要关注是否合法施工、价格调整情况、材料涨价等市场风险,以及发包方付款能力、工人工资支付保障等风险因素。

第三,除了对保函申请人的核心资产进行调查外,还应事先调查了解反担保人的主要资产,而不是仅仅签字或者盖章了事。

第四,加强保后跟踪检查,有利于及时发现问题,尽早采取化解措施。担保机构应对保后检查制定严格的规章制度并监督执行,并对保后检查的目的、内容和方式作出相应要求和指引。

第五,当得知可能发生索赔风险时,担保公司应立即与开函行、受益人等多方沟通、协调。此时重点是调查了解受益人索赔原因,寻求从根本上化解保函申请人与受益人之间矛盾的对策。同时,还应在要求开函行严格审查索赔文件,合理谨慎地履行赔偿义务同时,尽快促使被担保人与受益人达成和解,争取受益人撤回索赔文件或者放弃索赔权利。

21. 保证反担保可以是见索即付独立保函吗?

问: **我公司是一家融资担保公司,在为借款企业向银行借款提供融资担保的业务中,一般会要求借款企业的法定代表人或者关联公司向我公司提供连带责任保证反担保。听说最高人民法院出台了关于独立保函的司法解释,想请教我们可以要求借款企业的法定代表人或者关联公司向我公司出具见索即付独立保函吗?保函有效期和保证期间是什么关系?**

答: 根据自 2016 年 12 月 1 日起施行的最高人民法院《关于审理独立保函纠纷案件若干问题的规定》(以下简称《独立保函规定》)第 1 条的规定,独立保函是指银行或非银行金融机构作为开立人,以书面形式向受益人出具的,同意在受益人请求付款并提交符合保函要求的单据时,向其支付特定款项或在保函最高金额内付款的承诺。该司法解释明确了独立保函的开立人为银行或非银行金融机构,不包含个人或者普通企业。根据《担保法》第 7 条的规定,具有代为清偿债务能力的法人、其他组织或者公民,可以作保证人。在实践中,向融资性担保公司提供连带责任保证反担保的主体一般是借款企业的法定代表人或者关联公司,根据上述司法解释,贵公司不具备开立独立保函的主体资格。即使借款企业的法定代表人或者关联公司向贵司出具了所谓的独立保函,也极有可能被法院认定为非独立保函。最高人民法院于 2019 年 11 月 14 日公布的《全国法院民商事审判工作会议纪要》(坊间简称《九民纪要》)中明确,银行或者非银行金融机构之外的当事人开立的独立保函,以及当事人有关排除担保从属性的约定,应当认定无效。但是,根据“无效法律行为的转换”原理,在否定其独立担保效力的同时,应当将其认定为从属性担保。此时,如果主合同有效,则担保合同有效,担保人与主债务人承担连带保证责任。如果主合同无效,则该所谓的独立担保也随之无效,担保人无过错的,不承担责任;担保人有过错的,其承担民事责任的部分,不应超过债务人不能清偿部分的三分之一。

保函又称保证书，是指银行、保险公司、担保公司或担保人应申请人的请求，向受益人开立的一种书面信用担保凭证，以书面形式出具的、凭提交与承诺条件相符的书面索赔通知和其他类似单据即行付款的保证文件。保函有效期一般只在独立保函中使用，如《国际商会见索即付独立保函统一规则（URDG758）》（以下简称《统一规则》）第2条规定，“失效，指失效日或失效事件，或两者均被约定情况下的较早发生者；失效日，指保函中指明的最迟交单日期；失效事件指保函条款中约定导致保函失效的事件，无论是在该事件发生之后立即失效，还是此后指明的一段时间内失效。失效事件只有在下列情况下才视为发生：a.保函中指明的表明失效事件发生的单据向担保人提交之时；或者 b.如果保函中没有指明该种单据，则当根据担保人自身记录可以确定失效事件已经发生之时”。《独立保函规定》对该条予以借鉴，其中第11条规定，“独立保函具有下列情形之一，当事人主张独立保函权利义务终止的，人民法院应予支持：（一）独立保函载明的到期日或到期事件届至，受益人未提交符合独立保函要求的单据……”

由于我国《担保法》及其司法解释仅规定了保证期间，没有“有效期”这一概念，即使在非独立保函业务中约定了保函有效期，也可能被人民法院认定为没有约定保证期间或约定保证期间不明确。依照《担保法》有关规定，保证人与债权人未约定保证期间的，保证期间为主债务履行期届满之日起6个月。保证合同约定保证人承担保证责任直至主债务本息还清时止等类似内容的，视为约定不明，保证期间为主债务履行期间届满之日起2年。

如大连中合财富投资管理有限公司与孙某某合同纠纷案［（2017）辽02民终1730号］中，关于中合财富公司的保证期间，中合财富公司在履约保函中约定保函有效期至2016年3月1日，该日期也是华坤公司与孙某某之间主债务的履行期，辽宁省大连市中级人民法院视其为没有约定保证期间，将保证期间定位为主债务履行期届满之日起6个月。

而认定保证期间约定不明确的，则有卢某某与张某某、张某、张某某民间借贷纠纷案［（2016）鲁0105民初1725号］。该案件中，个人不可撤销的担保函载明“本担保函有效期自签发之日起，至担保范围内的一切经济责任履行完毕为止”，济南市天桥区人民法院认为该条款对保证期间约定不明，故保证期间依法应确定为主债务履行期届满之日起2年。而阳谷县人民法院在罗某某与张某某、孙某某民间借贷纠纷案[(2012)阳商初字第1045号]、西宁市城西区人民法院在西宁东方汇理资产管理有限公司和青海安纳电力安装调试有限公司、青海送变电工程公司合同案[(2017)青0104民初806号]中对类似案情也持有同样的观点。

综上所述,非独立保函业务中约定了保函有效期,一旦被人民法院认定为没有约定保证期间,将可能导致保证期间被缩短为主债务履行期届满之日起6个月。因此,在非独立担保中建议尽量避免使用保函有效期的概念,而应约定保证期间。

22. 保证人在哪些情况下可以拒绝承担保证责任?

问: 保证人在哪些情况下可以拒绝承担保证责任?

答: 根据法律法规及司法解释的规定,保证人在以下十种情况下可以拒绝承担保证责任:

一、已过保证期间

根据《担保法》的规定,保证期间有两种形式:一是约定期间,即保证合同中协议确定的保证期间,时间可长可短;二是法定期间,即在保证合同没有约定保证期间的情况下由法律规定的强制适用的保证期间,现行法律规定为主债务人履行期届满之日起6个月。保证期间的设立,在于明确保证责任有效存续时间,同时明确债权人按照法定方式向保证人行使权利的起止时间。如果债权人未在约定保证期间或者法定保证期间内按照法定方式向行使权利(一般保证中为对债务人提起诉讼或者申请仲裁;连带保证中为要求保证人承担保证责任),则保证人有权依法提出抗辩,免除其保证责任。

最高额保证合同对保证期间没有约定或者约定不明的,如合同约定有保证人清偿债务期限的,保证期间为清偿期限届满之日起6个月;没有约定的,保证期间为自最高额保证终止之日或自债权人收到保证人终止保证合同的书面通知到达之日起6个月。保证人对于通知到达债权人前所发生的债权,承担保证责任。

一般认为,保证期间届满,保证人免除保证责任意味着该项实体权利及请求权均消灭,并且不存在任何形式的恢复问题。此时保证期间是否经过属于案件的基本事实,即使保证人未提出保证期间已过的抗辩,法院也应依职权主动审查该项事实并援引作出免责判决。

二、主债务不成立或者存在缺陷

主合同虽然签订,但由于特殊原因而没有实际履行的,债权并未实际发生。在这种情况下,连带责任保证人自然可以拒绝债权人无中生有地履行保证责任的请求。主合同债务已逾诉讼时效,债权人就丧失了要求债务人履行债务的胜诉权,无法请求人民法院或者仲裁机构强制债务人履行债务。因此,连带责任保证人可以债权超过诉讼时效为由在债权人要求债权时提出抗辩,拒绝承担保证责任。即一般保证和连带责任保证的保证人享有债务人的抗辩权,包括:(1)主债务诉讼时效期间经过的抗辩权;(2)同时履行抗辩权;(3)先履行抗辩权;(4)不安抗辩权。

债务人放弃对债权人的抗辩权的,保证人仍可援用债务人对债权人的抗辩权。

三、债权人向保证人主张权利已过诉讼时效

在保证期间中,债权人主张权利的,保证责任确定。从确定保证责任时起,对于连带保证,即开始起算保证的诉讼时效。而对于一般保证,则从对债务人提起诉讼或者申请仲裁的判决或者仲裁裁决生效之日起算保证的诉讼时效。保证债务的诉讼时效期限,按照《民法总则》的规定应为 3 年。

还须注意的是,一般保证中,若主债务诉讼时效中断,保证债务诉讼时效中断;连带责任保证中,若主债务诉讼时效中断,保证债务诉讼时效不中断。一般保证和连带责任保证中,主债务诉讼时效中止的,保证债务的诉讼时效同时中止。

四、主合同无效或者保证合同无效

根据《担保法》第 5 条第 1 款的规定,当主合同无效时,担保合同也无效,保证人可以此为由向债权人提出抗辩,不承担担保责任。但应当注意的是,免除担保责任并不意味着没有其他法律责任。《担保法》第 5 条第 2 款同时规定:“担保合同被确认无效后,债务人、担保人、债权人有过错的,应当根据其过错各自承担相应的民事责任。”最高人民法院《关于适用〈中华人民共和国担保法〉若干问题的解释》第 7 条规定:“主合同有效而担保合同无效,债权人无过错的,担保人与债务人对主合同债权人的经济损失,承担连带赔偿责任;债权人、担保人有过错的,担保人承担民事责任的部分,不应超过债务人不能清偿部分的二分之一。”最高人民法院《关于适用〈中华人民共和国担保法〉若干问题的解释》第 8 条规定:“主合同无效而导致担保合同无效,担保人无过错的,担保人不承担民事责任;担保人有过错的,担保人承担民事责任的部分,不应超过债务人不能清偿部分的三分之一。”这就表明,当主合同无效时,只有保证人无过错的,才能完全免责;如果保证人对主合同无效负有过错的,也应当承担相应的民事责任。当然,保证人不能因为即使免除保证责任仍要承担民事责任而不行使主合同无效的抗辩权,毕竟承担相应的民事责任也比承担保证责任小许多。

五、一般保证的情况下,主债务未经诉讼或者仲裁,并且经强制执行仍不能清偿

一般保证的保证人在主债权人向其请求履行保证责任时,有权要求主债权人先就债务人财产诉请强制执行;在主合同债权债务纠纷未经审判或仲裁,并就主债务人财产依法强制执行仍不能履行债务前,保证人可以对主债权人拒绝承担保证责任,即一般保证人享有先诉抗辩权,又称检索抗辩权或先索抗辩权。

先诉抗辩权固然是为保护保证人的利益而设置的,但为了避免给债权人带来不利,大陆法系多数国家的民法典均明文规定了保证人不得行使先诉抗辩权的情形,对其加以限制。《担保法》第 17 条第 3 款规定,有下列情形之一的,保证人不得行使先诉抗辩权:(1)债务人住所变更致使债权人要求其履行债务发生重大困难的;(2)人民法院受理破产案件,中止执行程序的;(3)保证人以书面形式放弃先诉抗辩权的。

六、存在法定不承担保证责任的情形

根据《担保法》第 30 条及最高人民法院《关于适用〈中华人民共和国担保法〉若干问题的解释》第 40 条的规定,当出现下列情形之一时,保证人不承担民事责任:(1)主合同当事人双方串通,骗取保证人提供保证的;(2)主合同债权人采取欺诈、胁迫等手段,使保证人在违背真实意思的情况下提供保证的;(3)主合同债务人采取欺诈、胁迫等手段,使保证人在违背真实意思的情况下提供保证,并且债权人知道或者应当知道欺诈、胁迫事实的。

七、不成立保证的情形

例如,在借贷关系中,仅起联系、介绍作用的人,不承担保证责任。保证合同不成立或者不生效的,保证人不承担保证责任,但可能根据过错情况承担缔约过失责任。

八、债权转让或者主合同变更未经保证人同意

保证期间内,债权人依法将主债权转让给第三人的,保证债权同时转让,保证人在原保证担保的范围内对受让人承担保证责任。但保证人与债权人事先约定仅对特定的债权人承担保证责任或者禁止债权转让的,保证人不再承担保证责任。保证期间内,债权人许可债务人转让部分债务未经保证人书面同意的,保证人对未经其同意转让部分的债务,不再承担保证责任。但是,保证人仍应当对未转让部分的债务承担保证责任。

保证期间内,债权人与债务人对主合同数量、价款、币种、利率等内容做了变动,未经保证人同意的,如果减轻债务人的债务的,保证人仍应当对变更后的合同承担保证责任;如果加重债务人的债务的,保证人对加重的部分不承担保证责任。债权人与债务人对主合同履行期限做了变动,未经保证人书面同意的,保证期间为原合同约定的或者法律规定的期间。债权人与债务人协议变动主合同内容,但并未实际履行的,保证人仍应当承担保证责任。

九、债权人放弃物的担保

根据《物权法》第 176 条的规定,被担保的债权既有物的担保又有人的担保的,债务人不履行到期债务或者发生当事人约定的实现担保物权的情形,债权人应当按照约定实现债权;没有约定或者约定不明确,债务人自己提供物的担保的,债权人应当先就该物的担保实现债权;第三人提供物的担保的,债权人可以就物的担保实现债权,也可以要求保证人承担保证责任。提供担保的第三人承担担保责任后,有权向债务人追偿。

最高人民法院《关于适用〈中华人民共和国担保法〉若干问题的解释》第 123 条规定,同一债权上数个担保物权并存时,债权人放弃债务人提供的物的担保的,其他担保人在其放弃权利的范围内减轻或者免除担保责任。

那么,何为"当事人约定的实现担保物权的情形"呢?在中国农业发展银行乾安县支行保证合同纠纷再审审查与审判监督案[(2016)最高法民申 2612 号]中,最高人民法院认为,保证合同第 6.14 条约定:当债务人未履行债务时,无论债权人对主合同项下的债权是否拥有其他担保,债权人有权直接要求保证人承担担保责任。保证合同的上述约定是关于实现保证债权而非实现担保物权的约定,上述约定并不能必然得出已就担保物权的实现顺序与方式等作出了明确约定的结论,故不能将本案保证合同中的上述约定理解为《物权法》第 176 条规定的"当事人约定的实现担保物权的情形"。

而在黄山长江徽杭高速公路有限责任公司、上海新华闻投资有限公司与招商银行股份有限公司合肥马鞍山路支行借款担保合同纠纷案[(2011)民二终字第

113 号]中,不可撤销担保书中约定:“如借款人未按借款合同及时偿还贷款本息及其他相关费用,或发生《借款合同》规定的任何一项违约事件,贵行有权直接向本保证人追索,而无须贵行先行向借款人进行追索。即使有第三人为借款合同提供物的担保,贵行仍有权选择先行向本保证人进行追索。”最高人民法院认为原审法院根据《物权法》第 176 条的规定,判令新华闻公司承担保证责任并无不妥。

对比上述两个案件可以看出,“当事人约定的实现担保物权的情形”,是对担保物权的行使前提、顺序的一种具体安排,保证合同没有明确涉及实现担保物权的内容,不能认定已就担保物权的实现顺序与方式等作出了明确约定,不属于《物权法》规定的当事人约定的实现担保物权的情形。

十、债权人明知或应知债务人破产疏于申报和通知保证人

依《担保法》第 32 条的规定,法院受理债务人破产案件后,债权人未申报债权的,保证人可以参加破产财产分配,预先行使追偿权。但若债权人知道或应当知道债务人破产,既不申报债权,又不通知保证人,致使保证人无法加入破产程序,预先行使追偿权受阻的,根据最高人民法院《关于适用〈中华人民共和国担保法〉若干问题的解释》第 45 条的规定,保证人在该债权在破产程序中可能受偿的范围内免除保证。

23.《民法总则》规定的新诉讼时效制度对担保期间有什么影响?

问: **近日,最高人民法院发布了《关于适用〈中华人民共和国民法总则〉诉讼时效制度若干问题的解释》(以下简称《诉讼时效解释》)。这部新的司法解释对担保期间有什么影响吗?**

答: 2017年10月1日,《民法总则》开始施行。其第九章中将一般诉讼时效的规定由《民法通则》的2年改为3年,并删除了《民法通则》中关于短期诉讼时效(1年)的规定,诉讼时效期间自权利人知道或者应当知道权利受到损害以及义务人之日起计算。对于《民法总则》与《民法通则》诉讼时效如何衔接的问题,《民法总则》并没有规定。

2018年7月19日,最高人民法院发布《诉讼时效解释》,对前述问题作出了回应,并自2018年7月23日起施行。以下对诉讼时效新规适用、保证期间、抵押权行使期限与质权存续期间一一进行分析。

一、《诉讼时效解释》的具体内容

1.《民法总则》施行后起算诉讼时效的(见图23-1)

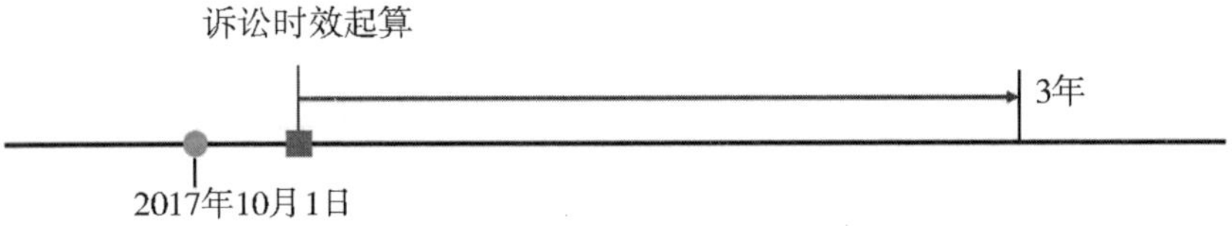

图23-1 《民法总则》施行后起算诉讼时效的

2.《民法总则》施行前起算诉讼时效的

(1)施行前未届满(见图 23－2)。

图 23－2　《民法总则》施行前诉讼时效未届满

(2)施行前已届满(见图 23－3)。

图 23－3　《民法总则》施行前诉讼时效已届满

3.《民法总则》施行后中止事由未消除的(见图 23－4)

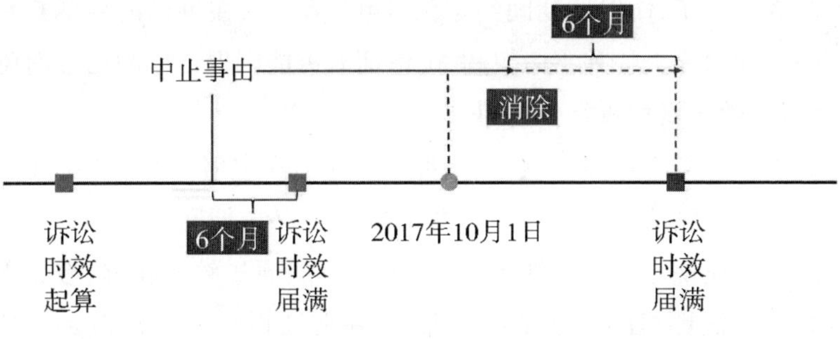

图 23－4　《民法总则》施行后中止事由未消除

4.《诉讼时效解释》与案件适用(见图 23－5)

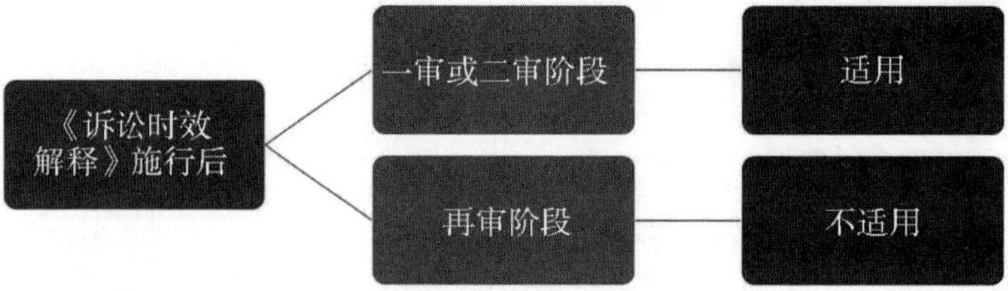

图 23－5 《诉讼时效解释》与案件适用

二、诉讼时效与保证期间

根据《担保法》第 25 条、第 26 条的规定,无论是一般保证还是连带保证,保证期间的起算点均为主债务履行期届满之日;如保证人与债权人未约定保证期间,保证期间为起算后 6 个月。在保证合同有约定的情况下,如保证合同约定的保证期间早于或者等于主债务履行期限的,视为没有约定,保证期间为主债务履行期届满之日起 6 个月。如保证合同约定保证人承担保证责任直至主债务本息还清时为止等类似内容的,视为约定不明,保证期间为主债务履行期届满之日起 2 年。

关于诉讼时效与保证期间的关系,保证期间和诉讼时效是前后相继作用的法律制度,保证期间作用的终结后,诉讼时效紧随其后开始起算。在普通债权的诉讼时效已改为 3 年的情况下,保证期间相应约定为 3 年有其现实意义。如果主债权的诉讼时效为 3 年,而保证期间约定为 2 年,债权人在诉讼时效的最后一年才开始对债务人和保证人一并主张权利,则保证人可能因保证期间已过而免责。

三、诉讼时效与抵押权行使期间

根据《物权法》第 202 条之规定,抵押权人应当在主债权诉讼时效期间行使抵押权;未行使的,人民法院不予保护。即抵押权受保护期间与其担保的主债权诉讼期间一致。上述规定为强制性规定,当事人不能通过约定排除,登记部门也不能另行要求登记抵押权的行使期间。那么,在普通诉讼时效已改为 3 年的情况下,抵押权行使期间也相应地调整为 3 年。

四、诉讼时效与质权存续期间

《物权法》并未规定质权的存续期间。其第 220 条第 1 款规定,出质人可以请求质权人在债务履行期届满后及时行使职权;质权人不行使的,出质人可以请求人民法院拍卖、变卖质押财产。《担保法》第 74 条规定质权与担保债权"同生同灭”,质权与其担保的债权同时存在,债权消灭的,质权也消灭。基于此,主债权诉讼时效的经过仅意味着债权人丧失胜诉权,而债权并未消灭,因此质权不受诉讼时效的限制。

《民法总则》与人们的生活、经营息息相关。诉讼时效制度是其重要制度之一,《民法总则》相比起《民法通则》有了较大的变化。因此,无论是债权人还是担保物权人,都需要慎重对待有关时效的规定,以免错过了期间而导致权利主张不能。

24. 一般诉讼时效变成3年了，保证期间可否约定为3年？

问：《民法总则》第188条规定，向人民法院请求保护民事权利的诉讼时效期间为3年；法律另有规定的，依照其规定。《民法总则》自2017年10月1日起施行了，保证合同中的保证期间是否须相应地约定为3年呢？

答： 关于保证期间与诉讼时效的关系，可见于教科书或者理论文章，这里不做赘述。概言之，保证期间和诉讼时效是前后相继作用的法律制度，保证期间作用终结后，诉讼时效紧随其后开始起算。由于保证合同单务无偿，所以法律上增设了保证期间以平衡保证人的利益。

关于保证期间的长短，根据《担保法》及其司法解释，相关规则如下：

(1)保证合同有约定的，从其约定；

(2)保证合同没有约定或者视为没有约定(约定的保证期间早于或者等于主债务履行期限)的，保证期间为6个月；

(3)保证合同约定不明(约定保证人承担保证责任直至主债务本息还清时为止等类似内容)的，保证期间为主债务履行期届满之日起2年；

(4)保证期间从主债务履行期届满之日起算；

(5)保证期间不因任何事由发生中断、中止、延长的法律后果。

因保证合同多数情况下为债权人起草，故一般会明确约定保证期间。在实务中，大多数保证合同约定的保证期间为2年。那么，这个2年究竟是从何而来呢？

有人认为，虽然法律并未明确规定当事人能够自行约定的最长保证期间只能是2年，但实践中大家都是这样理解和执行的，保证期间是除斥期间，不能仅因为诉讼时效变成3年了，保证合同当事人就当然可以将保证期间约定为3年了。这种说法乍一看似乎有点道理，但经不起仔细推敲。

首先，约定保证期间不能超过2年的看法没有任何法律和事实依据。其次，保证期间与诉讼时效确有不同，但不能因此就认为二者不能长短相同。

对于实践中可否约定超过2年的保证期间，且看有关司法判例。沧州市展翼轮胎销售有限公司、徐某某买卖合同纠纷一审案[(2017)沪0104民初14223号]判决书中写明，关于徐某某的保证期间，法院认为，徐某某对展翼公司承担连带责任保证。合同约定的保证期是主债权履行期限届满之日3年，主债权的履行期限根据发货单以及其他确认书上的规定确定。涉案订单的债务履行期届满之日为2013年12月25日止，故徐某某的保证期间至2016年12月25日止。该判决书认可合同约定的3年保证期间。

又如，河南舞钢农村商业银行股份有限公司与刁某某、贾某某金融借款合同纠纷再审案[(2016)豫04民再12号]判决书中写明，"舞钢农信社于2011年6月10日向人民法院提起诉讼，请求刁某某承担偿还贷款本息的责任，贾某某、王某某承担连带清偿责任，并未超出3年的保证期间，符合连带责任保证的债权人保证期间届满前要求保证人承担保证责任的条件，应当从此日起计算保证合同的诉讼时效。"该判决不仅认可了3年的保证期间，还明确了保证期间与诉讼时效二者之间的关系。

既然法院的判决书支持当事人约定的超过2年的保证期间，那为何实践中保证合同一般约定保证期间为2年呢？

笔者认为，主要原因可能是：第一，参照普通债权2年的诉讼时效；第二，习惯使然；第三，利益平衡，过长的保证期间毕竟对保证人不利。

回到题述的问题，既然普通债权的诉讼时效已改为3年，保证期间究竟要不要约定为3年呢？笔者的建议是肯定的。

首先，无论是法律还是司法判例都没有禁止这种做法，约定3年显然对债权人更为有利。

其次，这样做便于债权维护和管理。如果主债权的诉讼时效为3年，而保证期间约定为2年，债权人在诉讼时效的最后一年才开始对债务人和保证人一并主张权利，则保证人可能因保证期间已过而免责。

最后，这种做法与时俱进。合同版本好比人之成长，也须"苟日新，日日新"；也好比汽车保养，建议每半年修订完善一次。

而合同版本的更新和修补，实属风险防控的重要环节，非同儿戏，须委托专业人士的介入。请切记：好版本胜过好律师！

25. 对多人连带责任保证中的一人主张权利，是否会导致对其他保证人的诉讼时效中断？

问：对有多个连带保证人的债务，保证期间债权人仅对其中一个保证人主张权利，那么，对于其他连带保证人是否因债权人仅对其中一个保证人提出主张而对其他保证人产生诉讼时效中断的效力？《担保法》相关司法解释和关于诉讼时效的司法解释，对于这个问题，作出了相互冲突的规定。

答：在回答您的问题前，须先区分保证期间和诉讼时效这两种法律制度。

首先，保证期间和诉讼时效是两个不同的概念。

保证期间是指保证人能够允许债权人不行使权利而仍然承担保证责任的期间。在该期间内，若债仅人不积极向主债务人或保证人行使权利，保证人的保证责任即被免除。当事人约定或法律规定保证期间的目的在于对保证人利益的倾斜，因为保证合同是一种单务无偿合同，保证人只承担义务而不享有利益，为了平衡债权人和保证人间的利益关系，法律规定或当事人约定保证期间以对保证人的利益予以照顾，并敦促债权人尽快行使权利。

诉讼时效是指民事权利受到侵害的权利人在法定的时效期间内不行使权利，当时效期间届满时，人民法院对权利人的权利不再进行保护的制度。债权人没有在该期间主张权利，则可能丧失胜诉权。

二者的区别主要表现在：

(1)诉讼时效期间为请求权人得以请求法院以国家强制力保护其民事权利的法定期间，并且该期间为强制性规定，当事人不得以其意思而予以变更，它体现为国家对权利人意志的干预。而保证期间主要为约定期间，约定期间与否及期间的长短均由当事人自由决定。

(2)诉讼时效为可变期间，可因法定事由的发生而引起中断、中止或延长。而保证期间为不变期间，不因任何事由发生中断、中止、延长的法律后果。

(3)法律后果不同。诉讼时效届满后,实体权利本身并不消灭,仅诉权归于消灭。保证期间的效果为债权人在保证期间内若不行使权利则丧失保证债权。

(4)阻碍期间完成的事由不同。在诉讼时效中,因不可抗力或其他障碍不能行使请求权的,诉讼时效中止;因起诉、当事人一方提出请求及义务人同意履行义务而引起诉讼时效中断,阻碍诉讼时效完成。阻止保证期间完成的事由因保证人是否享有先诉抗辩权而有所不同,依《担保法》第25条第2款的规定,在一般保证中,阻止保证期间完成的事由为债权人向债务人提起诉讼或申请仲裁,而不是向保证人主张权利。依《担保法》第26条第2款的规定,在连带责任保证中,阻止保证期间完成并发生效力的事由为要求保证人承担保证责任。

保证债务的诉讼时效应从债权人得向保证人行使保证债权之日起计算。保证期间与保证诉讼时效的联系:

(1)只有保证期间未经过,才有保证债务诉讼时效期间适用的机会(必要);否则,保证债务(责任)不存在,其诉讼时效期间也就不存在了。

(2)保证期间未经过,不意味着保证责任最终能得到法院判决支持。支持与否,还要看其诉讼时效期间是否经过,诉讼时效期间经过,则胜诉权丧失。

其次,关于题述的问题,也须分别对待。

(1)关于诉讼时效问题,相关规定并无冲突。

最高人民法院《关于适用〈中华人民共和国担保法〉若干问题的解释》第20条规定,连带共同保证的债务人在主合同规定的债务履行期届满没有履行债务的,债权人可以要求债务人履行债务,也可以要求任何一个保证人承担全部保证责任。连带共同保证的保证人承担保证责任后,不能向债务人追偿的部分,由各连带保证人按其内部约定的比例分担。没有约定的,平均分担。

最高人民法院《关于审理民事案件适用诉讼时效制度若干问题的规定》第17条规定,对于连带债权人中的一人发生诉讼时效中断效力的事由,应当认定对其他连带债权人也发生诉讼时效中断的效力。

根据上述规定,对于多个连带保证人的债务,保证期间债权人仅对其中一个保证人主张权利,那么,对于其他连带保证人可以产生诉讼时效中断的效力。

(2)在保证期间内,当债权人仅对多个连带责任保证人的一人主张权利后,能否也视为对其他连带责任保证人主张了权利?

对此,法律没有明确规定,但司法实践倾向于认为,当债权人仅对多个连带责任保证人的一人主张权利后,也视为对其他连带责任保证人主张了权利。例如,在浙江省诸暨市康业医药有限公司、福建三明医药股份有限公司与浙江省诸暨市康业医药有限公司、福建三明医药股份有限公司等合同纠纷申请再审案[(2015)民申字第 2064 号]中,最高人民法院认为,在连带共同保证中,保证人是作为一个整体共同对债权人承担保证责任,债权人向共同保证人中的任何一人主张权利,都是债权人要求保证人承担保证责任的行为,其效力自然及于所有的保证人。本案中,三明医药公司向连带共同保证人之一的邱某某主张权利,其效力应当及于作为连带共同保证人的康业公司。原审判决认定三明医药公司的债权没有超过保证期间,判令康业公司承担保证责任并无不当。

26. 对于分离式保函，担保人是否享有追索权？

问：我是某融资担保公司员工，我有两个问题想咨询。第一个问题是关于分离式投标保函的。我公司为施工企业担保在银行开立投标保函，如果受益人要求索赔，银行只有出具的投标保函，未签约其他合同，银行是否有追索权？第二个问题是：我公司以申请人身份和银行签约承诺书为施工企业出具投标保函，但施工企业未与我公司签约委托合同，我公司是否有追索权？

答： 所谓分离式保函，是指开函行应担保公司的要求，以出具保函的形式向受益人承诺，当申请人指定的被保证人不履行合同约定的义务或承诺的事项时，由开函行按照保函约定代为履行债务或承担责任的保函。分离式保函业务的申请人与被保证人为不同主体，是新型的境内保证业务，解决了工程施工类企业在申请开立银行保函时需提供相关担保及保证金的难题。当被保证人在银行的授信不足的时候，可以选择担保公司作为第三方，与其签署分离式协议，这样在办理银行保函的时候，占用的就是担保公司在银行的授信，解决被保证人银行授信不足的问题。

对于第一个问题，银行虽然未与被保证人签订合同，但和担保公司签订了授信协议、保证合同或者质押合同，约定了当受益人索赔时，银行向担保公司追索的前提条件。因此，一般情况下，银行会选择要求担保公司先行垫付受益人索赔的款项，或者要求担保公司直接将索赔款项支付给受益人。并且，一旦银行出具了保函，银行和受益人之间成立了保证合同关系。根据《担保法》第31条的规定，保证人承担保证责任后，有权向债务人追偿。银行在承担保证责任后，有权选择向被保证人或者担保公司追偿，也可对二者一并追偿。

对于第二个问题，从风控角度讲，建议担保公司应和被保证人及其反担保人签订委托开函合同，约定被保证人（施工企业）委托担保公司以自己的名义代为向银行申请开立保函并提供保证反担保，担保公司代偿后有权向施工企业及其反担保人追偿等事项。在实践中,由于投标保函竞争激烈,相对于其他保函,担保公司一般倾向于认为投标保函为低风险业务,所以才有未签订合同即代为申请银行出具保函的实务操作。在这种情形下,担保公司只能基于承担了反担保责任的事实和《担保法》第 31 条的规定,向施工企业追偿。

27. 未事先约定责任份额的共同担保应如何处理?

问:我的一个朋友为借款人提供贷款担保,同时还有担保公司担保,后借款人不能按时还款,某银行债权人诉至法院,法院判决我朋友和担保公司共同承担连带责任保证,我朋友和担保公司之间事先并未约定各自的担保责任份额。现担保公司在债权人处有保证金未扣划和执行,该银行却要求法院执行我朋友名下的财产,这种做法是否违反法律规定?

答: 关于共同保证问题,根据有关法律规定,应遵循以下规则:

第一,共同保证分为连带共同保证和按份共同保证,前者是指债权人可以要求任何一个保证人承担全部保证责任,保证人都负有担保全部债权实现的义务;后者是指保证人按照保证合同约定的保证份额,对债权人承担保证责任。

第二,当事人没有约定是连带共同保证还是按份共同保证的,法律推定为连带共同保证。

第三,对于连带共同保证,连带共同保证的保证人以其相互之间约定各自承担的份额对抗债权人的,人民法院不予支持。债权人可以要求任何一个保证人承担全部保证责任。

第四,连带共同保证的保证人承担保证责任后,向债务人不能追偿的部分,由各连带保证人按其内部约定的比例分担。没有约定的,平均分担。

第五,按份共同保证的保证人按照保证合同约定的保证份额承担保证责任后,在其履行保证责任的范围内对债务人行使追偿权。

例如,在浙江省诸暨市康业医药有限公司、福建三明医药股份有限公司与浙江省诸暨市康业医药有限公司、福建三明医药股份有限公司等合同纠纷申请再审案[(2015)民申字第2064号]中,最高人民法院认为,根据2012年2月15日《协议书》,邱某某、康业公司分别对双溪公司尚欠债权人货款9 383 986.12元承担连带保证责任,双方与债权人没有约定具体的保证份额。邱某某、康业公司之间依法应认定为连带共同保证。

又如，在王某某与陈某甲、陈某乙等民间借贷纠纷二审案［（2015）苏民终字第00639 号］中，江苏省高级人民法院认为，最高人民法院《关于适用〈中华人民共和国担保法〉若干问题的解释》第 20 条第 1 款规定，连带共同保证的债务人在主合同规定的债务履行期届满没有履行债务的，债权人可以要求债务人履行债务，也可以要求任何一个保证人承担全部保证责任。王某某撤回对程立新的起诉，系王某某处分自身诉讼权利的行为，并不违反法律规定，陈某甲上诉称一审法院准予王某某撤诉不当，并无法律依据，二审法院不予支持。

本案中，由于法院判决您的朋友和担保公司共同承担连带责任保证，故银行要求法院执行您朋友名下的财产并不违反法律规定。现实中，共同担保还存在保证与抵押、质押或留置共存的情形，法律对于有些问题没有明确规定。关于混合担保中担保人之间的追偿问题，《全国法院民商事审判工作会议纪要》中提到，被担保的债权既有保证又有第三人提供的物的担保的，最高人民法院《关于适用〈中华人民共和国担保法〉若干问题的解释》第 38 条明确规定，承担了担保责任的担保人可以要求其他担保人清偿其应当分担的份额。但《物权法》第 176 条并未作出类似规定，根据《物权法》第 178 条“担保法与本法的规定不一致的，适用本法”的规定，承担了担保责任的担保人向其他担保人追偿的，人民法院不予支持，但担保人在担保合同中约定可以相互追偿的除外。

28. 拍卖房产担保业务中担保公司可否预先行使追偿权?

问: **我公司开展的某拍卖房购买贷款担保项目操作和进展如下:**

(1)客户通过网络司法拍卖竞得标的房产,并按照约定支付了首期款,其余款项申请了按揭贷款,我公司对该按揭贷款提供阶段性连带责任担保,即我司担保责任自出具保函之日起至标的房产抵押给贷款银行后解除;

(2)在标的房产经法院裁定竞拍成交后,但过户(标的房产尚未过户至客户名下)前,因客户涉及另案民间借贷纠纷,标的房产被第三人申请了预查封,并诉至法院;

(3)目前我公司尚未代偿,客户仍在正常支付利息,银行也暂未宣布提前收贷。

我公司在未代偿的情况下,可否作为第三人加入民间借贷案件诉讼?可否申请法院轮候查封该房产?

答: 关于贵司申请拍卖房产轮候查封的问题,答复如下:

(1)依据最高人民法院、国土资源部、建设部《关于依法规范人民法院执行和国土资源房地产管理部门协助执行若干问题的通知》第27条的规定,人民法院出具的《执行裁定书》具有变更物权的效力,涉案房产的所有权自该裁定送达贵司客户时转移。

参照最高人民法院、国土资源部、建设部《关于依法规范人民法院执行和国土资源房地产管理部门协助执行若干问题的通知》第15条、第16条的规定,人民法院可以通知不动产登记机关办理预查封登记,贵司有权依法对涉案房产申请预查封。

(2)本案中,贵司对贵司客户涉诉的民间借贷案件申请作为第三人参加诉讼,依据为该案处理结果同贵司有法律上的利害关系,但贵司对涉案房产没有独立请求权,故不能在该案中申请保全并预查封涉案房产。

(3)若贵司申请法院对涉案房产进行轮候查封,可另行提起诉讼,并向法院申请财产保全,查封涉案房产,关键在于委托担保合同约定,经审阅相关合同,有关合同依据如下:

①依据《二手楼赎楼贷款担保委托合同》第 13.1 条的规定,若贵司客户未履行或不适当履行借款合同或房地产买卖相关合同并造成贵司承担担保责任的,贵司除依法行使追偿权外,还有权要求贵司客户支付行使追偿权的所有费用及违约金。若贵司承担担保责任并取得追偿权后,可向贵司客户及有关反担保人追偿。

②依据《二手楼赎楼贷款担保委托合同》第 11.5 条的规定,贵司客户应确保涉案房产"未被依法查封、扣押、监管,不存在争议、被禁止或限制转让和抵押等情况",现涉案房产被第三方查封,贵司有权依据第 13.2 条约定选择要求贵司客户提前偿还贷款银行贷款、提供其他担保以解除贵司的担保责任或向贵司提供足值的反担保。

③依据《二手楼赎楼贷款担保委托合同》第 13.4 条的规定,如贵司有证据证明贵司客户有提供虚假材料骗取银行贷款、贵司担保、购房资格等,贵司有权要求贵司客户提前偿还贷款或提供贵司认可的方案解除贵司担保责任(此种方案需要事先征得贷款银行的同意)。

29. 质量保函原件退回，担保公司的担保责任能够解除吗？

问： 我们公司是一家融资性担保公司，半年前为客户提供担保，某银行向业主开具了一份质量保函，现保函期限未到（明年7月到期），现客户说业主不接受，要退保函，业主也不给出说明，想问这种情况我们的担保责任能够解除吗？

答： 对于您所提及的问题，主要有两种解决方案可供参考：

方案一：与客户、业主及银行商量，收回原已开具的质量保函，重新开具一份新的质量保函，如此则相当属于贵司注销一笔保函业务，重新开立一份保函。在收费上，可以对于已到期部分的保函费作出相应的扣减。当然，这种方案的前提是各方愿意就本保函项目继续合作。

方案二：如果各方不愿继续合作或者重开保函已无必要，则贵司可要求业主退还质量保函原件，并要求银行出具贵司反担保保证责任终止通知书。如果贵司与银行在合作协议中明确约定，当业务退还保函原件时，贵司的担保责任自动终止，则出具相应文件可能要容易得多。如果事先没有约定，则可能存在和银行沟通的问题。同时，为防范风险，贵司还可采取下列措施：

（1）要求业主出具质量保函原件退还银行且保证责任终止的说明；

（2）要求客户出具说明并保证贵司不因保函担保承担保证责任，否则贵司承担责任后仍有权向客户追偿。

至于贵司保证责任是否必然解除，因保函原件退还与贵司保证责任解除之间不存在必然关联，需要根据具体项目情况分析才能进行实质判断。如果质量保函中明确提交保函原件作为保函索赔必须提交的单据之一，则保函原件退还后，业务仍向银行索赔的风险将会大大降低。

30. 主合同与从合同分别约定诉讼和仲裁，能否一并向法院起诉？

问：借款合同约定争议解决方式为向法院起诉，保证合同约定向仲裁委员会申请仲裁，能否一并向法院起诉？

答： 首先，如果主从合同约定的争议解决方式皆为诉讼的，可以根据主合同确定案件管辖。最高人民法院《关于适用〈中华人民共和国担保法〉若干问题的解释》第129条规定，主合同和担保合同发生纠纷提起诉讼的，应当根据主合同确定案件管辖。担保人承担连带责任的担保合同发生纠纷，债权人向担保人主张权利的，应当由担保人住所地的法院管辖。主合同和担保合同选择管辖的法院不一致的，应当根据主合同确定案件管辖。

其次，若借款合同约定争议解决方式为向法院起诉，担保合同约定向仲裁委员会申请仲裁，不能适用上述规定，理由是：上述第129条司法解释的规定解决的是主从合同约定诉讼管辖不一致问题，而非主管问题。民事诉讼的主管指法院主管，是人民法院依法受理、审判解决一定范围内民事纠纷的权限，也是确定人民法院和国家其他机关、社会团体之间解决民事纠纷的分工和职权范围。既然担保合同约定了仲裁条款，就不能选择诉讼。仲裁裁决一经仲裁庭作出即发生法律效力，实行一裁终局制。而当事人没有订立仲裁协议或者仲裁协议无效的，才可以向人民法院起诉。在最高人民法院《关于成都优邦文具有限公司、王国建申请撤销深圳仲裁委员会（2011）深仲裁字第601号仲裁裁决一案的请示的复函》[（2013）民四他字第9号]中，最高人民法院的答复认为，案涉担保合同没有约定仲裁条款，仲裁庭关于主合同有仲裁条款，担保合同作为从合同应当受到主合同中仲裁条款约束的意见缺乏法律依据。

但是，在上诉人新乡中新化工有限责任公司与被上诉人郑某某、原审被告毕某某、刘某某民间借贷纠纷一案判决书[（2014）豫法民一终字第143号]案中，一审和二审法院皆认为，郑某某依据借款合同、保证合同提起借款担保合同诉讼，其中借款合同约定发生争议由郑某某所在地人民法院管辖，保证合同约定发生争议可申请濮阳仲裁委员会仲裁，由于保证合同是借款合同的从合同，因此，当二者就管辖问题约定不一致时，应以主合同为确定管辖的依据。后新乡中新化工有限责任公司不服河南省高级人民法院（2014）豫法民一终字第143号民事判决，向最高人民法院申请再审，再审裁定亦认定，虽然案涉保证合同约定了争议解决方式为仲裁，但由于该保证合同是借款合同的从合同，本案根据主合同约定，由人民法院管辖并无不当。由此看来，对此问题实践中仍存在争议。

最后，如果保证合同约定的为一般保证，则根据《担保法》第17条的规定，一般保证的保证人在主合同纠纷未经审判或者仲裁，并就债务人财产依法强制执行仍不能履行债务前，对债权人可以拒绝承担保证责任。如果保证合同约定的为连带保证，则债务人在主合同规定的债务履行期届满没有履行债务的，债权人可以要求债务人履行债务，也可以要求保证人在其保证范围内承担保证责任。

31. 主合同为合作框架协议的保证合同是否成立?

问: **甲公司与乙公司因项目合作实施的意愿签订了一份战略合作框架协议,约定了合作的方式以及内容、收益分享、双方的权利和义务、保密条款违约责任以及争议解决的方式等条款。战略合作框架协议签订以后,为了保障协议的顺利实施,甲公司与乙公司的实际控制人王某签订了一份书面的保证合同,约定王某以自有的合法财产向甲方提供连带责任保证担保,其中对保证担保的范围及方式进行了初步约定,但没有约定具体的债权金额和发生期间。上述合同签订后,甲、乙双方开展了数个具体项目合作,但王某并未就具体项目和甲方另行签订保证合同或者出具保证担保书。请问王某须承担保证责任吗?**

答: 《合同法》第 12 条规定,“合同的内容由当事人约定,一般包括以下条款:(一)当事人的名称或者姓名和住所;(二)标的;(三)数量;(四)质量;(五)价款或者报酬;(六)履行期限、地点和方式;(七)违约责任;(八)解决争议的方法。当事人可以参照各类合同的示范文本订立合同”。根据最高人民法院《关于适用〈中华人民共和国合同法〉若干问题的解释(二)》第 1 条的规定,双方当事人的名称或者姓名、标的和数量是合同成立的必备要素。

《担保法》第 15 条规定,“保证合同应当包括以下内容:(一)被保证的主债权种类、数额;(二)债务人履行债务的期限;(三)保证的方式;(四)保证担保的范围;(五)保证的期间;(六)双方认为需要约定的其他事项。保证合同不完全具备前款规定内容的,可以补正”。对于保证合同必须包括哪些必备要素,《担保法》并无特别规定,故也应结合上述司法解释确定。

战略合作框架协议无论从形式还是内容上,都是约定甲公司与乙公司开展项目合作的总体协议,如果形成债权债务关系的话,类似与银行与企业之间的综合授信合同,而相应的《保证合同》则属于最高额保证合同。最高额保证即属于人的担保中保证的一种特殊形式，是在最高债权额限度内对一定期间连续发生的不特定同种类债权提供的保证。《担保法》第14条规定，“保证人与债权人可以就单个主合同分别订立保证合同，也可以协议在最高债权额限度内就一定期间连续发生的借款合同或某项商品交易合同订立一个保证合同”。结合该条规定，可以得出，除了当事人名称或姓名外，最高额保证合同还应具备两个必备要素：一是担保最高债权限额；二是主债权发生期间。例如，在中国葛洲坝集团房地产开发有限公司与海口恒天晟实业有限公司、海南葛洲坝实业有限公司借款合同纠纷二审案[（2016）最高法民终240号]中，最高人民法院认为，合同双方应就债权种类数额、担保范围等合同主要条款达成合意并予以书面确认；被担保主债权，即保证合同的标的应当是特定化的、数额可以确定的、已经成立并合法有效的债权。如果保证合同中缺少特定化的被担保的债权种类和数额，保证合同应当被视为缺少必备的核心条款，因此保证合同不成立。

提问中所提及的保证合同虽然约定了和战略合作框架协议相一致的保证范围，但无论是战略合作框架协议还是保证合同，都没有确定主债权金额和主债权发生期间，因此应认定保证合同未成立。根据《合同法》的有关规定，如果当事人一方因违反依据诚实信用原则产生的先合同义务，导致合同不能成立、无效或被撤销的，有过错的一方应当赔偿他方所受的损失；双方都有过错的，各自向对方承担责任。

32. 最高额保证未约定决算期，保证期间如何起算？

问：2012 年 4 月 9 日，我与湖南 A 公司、罗某签订借款协议书，其中约定，A 公司因支付供应商货款或员工工资的需要向我提出借款申请，我可视能力和必要决定是否借款给 A 公司。借款额度为 500 万元整，单笔借款最长期限为 6 个月。借款协议书同时约定，罗某愿意以自己所持有的 A 公司股份作为担保财产，为 A 公司借款承担连带担保责任，担保期限为本协议签订之日至借款全部归还之日。借款协议书中虽然约定了债务履行期，但却缺少了最高额保证范围的决算期的约定，请问在此种情况下应从何时起计算最高额保证的保证期间呢？

答： 最高额保证属于保证的一种特殊形式，是在最高债权额限度内对一定期间连续发生的不特定同种类债权提供的保证，属于银行融资业务中一种较为常用的担保方式。而决算期，又称为债权确定期，它的作用在于划定最高额保证的保证范围，是判断最高额保证的保证期间起算点的时间标准。

一、保证期间的起算问题

保证期间为根据当事人的约定或者法律的规定，债权人应当向债务人（一般保证情况下）或者保证人（连带保证情况下）通过诉讼或仲裁的方式主张权利的期间。债权人没有在该期间内通过诉讼或仲裁的方式主张权利的，保证人不再承担保证责任。由上述定义可见，保证期间并非仅指保证人依照法律规定或者合同约定承担保证责任的期间，而且还是保证人能够允许或“容忍”债权人不积极行使权利的最长期间。

无论当事人约定了何种保证方式、保证期间长短如何，保证人的保证责任期间都应当从主债务人清偿期届满后开始计算。保证期间只能为保证人的保证责任发生后的一定期间，而不能是保证责任发生前的一定期间；不能与主债务履行期限相同，而只能于主债务履行期届满后开始。

然而,想要准确把握最高额保证的保证责任起算点问题,不仅要参照保证责任期间起算的一般原理,还要结合最高额保证的一些特别之处。笔者认为最高额保证的保证期间起算应分为两种情形:(1)对决算日前债务履行期已经届满的债务,统一从决算日起计算保证期间;(2)对决算日之后债务履行期才届满的债务,从每笔债务的履行期届满之日起计算保证期间。原因在于:

第一,最高额保证的保证责任期间的起算点应在决算日之后。一方面,由于最高额保证担保的债权具有不特定性,所以保证人承担责任的前提条件是已对债权进行决算,决算的目的就是使主债务和保证债务得以特定化,否则债权人无法要求保证人承担保证责任,保证责任也就无法开始。另一方面,如前所述,最高额保证人对在决算日到来之时,在最高保证额度内对最后债权余额承担保证责任,因而最高额保证所担保的不是多笔债务的简单叠加而是债务整体,保证人所担保的债务最高限额以一定期间届满时实际存在的债务为准。所以,最高额保证人的保证责任为决算期届满后的责任,债权发生期内,无论发生多少次债务,也无论债务总额为多大,均不发生保证责任。

第二,决算日不一定是主债务履行期届满之日。发生于决算日之前的主债务,其履行期既可能短于或等于决算期,又可能超过决算期;在后种情况下,若保证责任期间从最高额保证的决算日开始计算,则是先于主债务履行期届满之日计算保证责任期间,这明显违背了前述保证期间制度的基本原理。例如,甲公司为乙银行与丙公司之间的连续贷款合同提供最高额保证担保,约定贷款期间为2007年1月1日至2008年5月31日,最高债权额为人民币1000万元,每笔贷款发放日起满6个月即为到期,届时如丙公司未能履行债务,甲公司对本金、利息等全部债务代为清偿。该案例中,2008年5月31日即决算日,而决算日前所发生的债务,并非任何一笔债务的履行期限都必然要超过决算日,保证期间显然不能笼统地从决算日开始计算。

但司法实务中似乎并没有注意到两种起算情形的区分。如延津县盐业有限责任公司与河南投资集团有限公司借款担保合同纠纷案[(2011)豫法民一终字第95号]中,盐业公司和石油公司与延津中行共同签订的保证合同约定:盐业公司为石油公司在延津中行自1996年12月1日至2000年7月11日的借款提供不超过300万元余额的连带责任担保。法院径直适用最高人民法院《关于适用〈中华人民共和国担保法〉若干问题的解释》第 37 条的规定,认定该案的保证期间,即最高额保证合同约定的 2000 年 7 月 11 日终止之日起 6 个月。

相反地,在徐某军与江苏沪武建设集团有限公司民间借贷纠纷二审案[(2015)苏民终字第 00455 号]中,法院则认为,不能机械适用最高人民法院《关于适用〈中华人民共和国担保法〉若干问题的解释》第 37 条的规定。在主债务履行期超出决算日的情况下,应参照适用该司法解释第 32 条"保证合同约定的保证期间早于或者等于主债务履行期限的,视为没有约定,保证期间为主债务履行期届满之日起六个月"的规定。显然,在这个判决中,法院妥善地解决了"保证期间从决算日开始计算,则会出现先于主债务履行期届满之日即计算保证责任期间的情形"的问题,也促成了司法解释上下文的一致。

二、未约定决算期时,保证期间如何起算

以上所述的是决算期与主债务履行期均有约定的情况下,保证期间从何时起算的问题。那么,对于第一部分的案例所述的,如果仅约定了主债务履行期,却没有约定决算期,保证期间应如何起算呢? 根据《担保法》第 27 条的规定,保证人依照《担保法》第 14 条的规定就连续发生的债权作保证,未约定保证期间的,保证人可以随时书面通知债权人终止保证合同,但保证人对于通知到债权人前所发生的债权,承担保证责任。根据此条的规定,未约定决算期的最高额保证合同,保证人可以随时发出书面终止通知,通知送达之日即为该保证合同的决算日。然后再将决算期与各笔债务的履行期相比,确定保证期间的起算点。如在飞洲集团有限公司与杭州华富进出口有限公司、杭州华昌制衣有限公司买卖合同纠纷案[(2016)浙 10 民终 1101 号]中,一审法院认为,本案原告与被告华富公司之间的债务确定时间为被告华富公司向原告发函表明终止合同时。被告华富公司向原告表明终止合同后,原告与被告华富公司之间连续交易的整体债务已能确定,且根据前述对主合同履行期限的分析,本案主合同履行期限已早于终止合同前届满,故被告华昌公司的最高额担保责任在被告华富公司向原告表明终止合同时已能确定,保证期间应从 2013 年 12 月 12 日起算 6 个月,即 2014 年 6 月 12 日止。二审法院在判决中也对一审判决进行了维持。

三、保证债务的清偿期

最高人民法院《关于适用〈中华人民共和国担保法〉若干问题的解释》第 37 条

规定:"最高额保证合同对保证期间没有约定或者约定不明的,如最高额保证合同约定有保证人清偿债务期限的,保证期间为清偿期届满之日起六个月。没有约定债务清偿期限的,保证期间自最高额保证终止之日或自债权人收到保证人终止保证合同的书面通知到达之日起六个月。"该条对最高额保证合同对保证期间没有约定时,保证期间如何确定作出了规定,并于该条特别规定了保证债务的清偿期。其中,"最高额保证终止之日",即最高额保证合同约定的属于保证范围的债务发生的最后期日,即决算期;"债权人收到保证人终止保证合同的书面通知之日",适用于最高额保证合同没有约定决算期的情况。最高额保证的清偿期是根据最高额保证合同约定保证人清偿债务的期间,一般是决算期后的一段期间。在清偿期内,保证人以最高额为限,开始清偿决算期前发生的债务余额,清偿对象不是单笔债务,而是债务整体。

综上所述,基于现行法律规定,最高额保证期间的计算见表 32－1。

表 32－1　最高额保证期间的计算

	主债务届满日在决算日之前	主债务届满日在决算日之后
保证期间有约定	从决算日起计算	从每笔债务的履行期届满之日起计算
保证期间没有约定或约定不明	有清偿期的,从清偿期届满之日起算 6 个月	从每笔债务的履行期届满之日起计算 6 个月
	没有清偿期的,从决算期满之日起算 6 个月	
决算期没有约定	保证人书面终止通知送达之日为决算日,从决算日起计算 6 个月	保证人书面终止通知送达之日为决算日,从每笔债务的履行期届满之日起计算 6 个月

另外值得注意的是,如本文第一部分案例中出现"担保期限为本协议签订之日至借款全部归还之日"的约定,有法院认为应适用最高人民法院《关于适用〈中华人民共和国担保法〉若干问题的解释》第 32 条"保证合同约定保证人承担保证责任直至主债务本息还清时为止等类似内容的,视为约定不明,保证期间为主债务履行期届满之日起二年"之规定,[①]而非第 37 条之规定。

① (2014)吉民二终字第 50 号民事判决书。

33. 连带责任保证书中约定以股权提供担保，担保人承担何种责任？

问： 担保人向债权人出具了如下一份无限连带责任保证书（以下简称保证书），约定内容如下：

“根据××有限公司（以下简称甲方）与×××有限公司（以下简称乙方）于 2017 年 1 月 28 日签署的《借款合同》：

一、某某愿意以××有限公司 20% 股权为乙方向甲方提供无限连带责任保证担保，担保范围包括：甲方所提供的本金、代理费、逾期利息和管理费、违约金、赔偿金其他有关费用，以及贵公司实现债权的费用等（包括但不限于诉讼或仲裁费、财产保全或证据保全费、强制执行费、评估费、拍卖费、鉴定费、律师费、差旅费、调查取证费等），且为甲方保证乙方按照合同从甲方获得的资金应严格按照合同约定的用途使用，不得挪作他用。

二、本担保人保证对乙方在本保证书上第一条所述的担保范围内负有法律上和经济上代为清偿的义务和责任。若乙方未能按约履行借款合同中约定的债务，本担保人保证在收到甲方通知书后十个工作日内无条件的支付本保证书第一条所述的所有款项，不得有任何异议。

三、本担保书下的担保是本担保人的连续性义务和责任，其连续性不受任何争议、索赔和法律程序的影响，也不因上述协议或合同的任何修改、补充、删除，而受到影响或失效，更不受借款人与其他方签订的任何合同、协议、文件的制约。本担保书始终有效。

四、甲方主债权存在物的担保的，不论该物的担保是由乙方提供还是由第三人提供，甲方均有权要求担保人先承担保证责任，本担保人承诺不因此而提出抗辩。甲方放弃、变更或丧失其他担保权益的，本担保人的保证责任仍持续有效，不因此而无效或减免。”

保证书第 1 条写的是以其所持有的公司股权做担保，其他条款又看似

是一个保证担保，这是可以追究个人作为保证人的保证担保，还是只能追究他所持有的股权给出的担保？

答：首先，应确定该保证书是否合法。从私法自治的原则出发，该保证书在无其他法定无效原因的情况下，应属合法有效。

其次，如该保证书是合法有效的，若借款人无法偿还借款，就只能在担保人所持有××有限公司20%股权的范围内要求其承担担保责任，从这一角度来看，这一担保的内容是"特殊"的无限连带责任担保，即名义上虽为无限连带责任担保，但实际为限定范围的有限连带责任担保。《担保法》第21条规定，保证担保的范围包括主债权及利息、违约金、损害赔偿金和实现债权的费用。保证合同另有约定的，按照约定。当事人对保证担保的范围没有约定或者约定不明确的，保证人应当对全部债务承担责任。根据该条规定，当事人可以对保证担保的范围进行特殊约定。

最后，从该保证书的内容来看，属于"物保＋人保"的混合，对于"××有限公司20%股权"既未约定质押，也未办理质押登记，债权人依法不能享有优先受偿权。最高人民法院作出的李某某与商都县众邦亿兴能源材料有限责任公司、韩某某等民间借贷纠纷申诉、申请民事裁定书［（2015）民申字第3256号］中确定的裁判思路与本案相似。由于借款协议、借条中均约定以众邦公司所有的商都县商张公路北侧（工业园区）80 004平方米工业用地的国有土地使用证作为抵押，众邦公司在借款协议和借条上均加盖了印章，众邦公司与李某某达成了以上述土地使用权作为借款抵押担保的合意，原审法院认定当事人之间签订的抵押合同已经成立并生效，判令众邦公司在其担保的土地使用权范围内对案涉债务承担相应责任。最高人民法院认为，原审认为抵押合同成立，抵押权并未设立，李某某可以主张众邦公司在土地使用权范围内对债务承担连带清偿责任，但不能就土地使用权主张优先受偿，适用法律并无不当。综上所述，连带责任保证书中约定以××有限公司20%股权提供担保，担保人应以××有限公司20%股权范围内对借款合同项下担保范围内的债务承担连带清偿责任。

34. 人民法院受理债务人破产申请之前的债务清偿有何风险?

问: 我公司是一家融资担保公司,目前有个借款主体Z公司已被其他债权人起诉,现公司正在组织梳理该项目情况,如发现法律风险希望能尽快补签相关文件,该债务人欠我公司两笔委托贷款债务,其中一笔已到期,另一笔须到明年9月到期。因该债务人对公司关联企业Y公司还有数笔建设工程债权,现提出初步解决方案:

第一,非诉方案:由Z公司委托Y公司直接将相关应付款支付至我公司指定账户,用于偿还上述借款本息(补签的《委托付款函》)。或者我公司将对Z公司享有的债权转让给Y公司,由Y公司主张抵销。

第二,诉讼方案:根据合同约定宣布委托贷款合同提前到期,然后直接以我公司的名义对Z公司进行追偿。

目前,因Y公司尚有大量应付尾款应向Z公司支付,在不增加Y公司的风险前提下,我们更希望通过以非诉方式结清以上贷款。

烦请金律师针对以上项目及现状给予意见,尤其是:(1)Y公司代付的法律风险及应对措施(补签文件等);(2)如果Z公司进入破产程序对我司债权及第三方代付是否有影响及应对措施,万分感谢。

答: 首先,Z公司的提前清偿或者个别清偿存在被管理人申请法院撤销的风险。如Z公司进入破产程序,依照《企业破产法》第31条的规定,人民法院受理破产申请前1年内,涉及债务人财产的下列行为,管理人有权请求人民法院予以撤销:(1)无偿转让财产的;(2)以明显不合理的价格进行交易的;(3)对没有财产担保的债务提供财产担保的;(4)对未到期的债务提前清偿的;(5)放弃债权的。

《企业破产法》第32条规定,"人民法院受理破产申请前六个月内,债务人有本法第二条第一款规定的情形，仍对个别债权人进行清偿的，管理人有权请求人民法院予以撤销。但是，个别清偿使债务人财产受益的除外”。（《企业破产法》第 2 条规定，“企业法人不能清偿到期债务，并且资产不足以清偿全部债务或者明显缺乏清偿能力的，依照本法规定清理债务”。）

因此，贵司存在的风险，一是对未到期的债务提前清偿的风险；二是对个别债权人进行清偿的风险。

其次，防范上述风险可采取一定的措施。对前者进行防范的措施为提前使借款合同到期并经担保人书面确认，宣布到期的方式为签订补充协议约定或贵司根据合同约定宣布提前到期；对于后者建议尽量避免在人民法院受理破产申请前 6 个月内受偿或者延缓 Z 公司向法院申请破产的时间。

另外，根据最高人民法院《关于适用〈中华人民共和国企业破产法〉若干问题的规定（二）》第 15 条的规定，债务人经诉讼、仲裁、执行程序对债权人进行的个别清偿，管理人依据《企业破产法》第 32 条的规定请求撤销的，人民法院不予支持。但是，债务人与债权人恶意串通损害其他债权人利益的除外。

根据该条的规定，除非管理人能举证证明债务人与债权人恶意串通损害其他债权人利益，否则不能请求撤销债务人经诉讼、仲裁、执行程序对债权人进行的个别清偿。这里的恶意串通，主要是从订立合同的主观目的、合同订立与履行过程、关联关系、明显不合理低价、是否明知对方存在巨额债务等方面结合证据综合判断。因此，通过诉讼、仲裁、执行方式进行的个别清偿，可以降低因 Z 公司破产而导致个别清偿被法院撤销的风险（另有观点认为，前述诉讼、仲裁必须经过法院强制执行程序）。笔者建议：

（1）若 Z 公司所欠贵司的债务尚未到期，应尽快通过补充协议或者单方通知（须有合同依据）使债务提前到期；

（2）通过应收款清偿贵司债务的对价基本公平合理；

（3）通过仲裁和解可出具调解书和裁决书，可要求仲裁机构出具仲裁裁决书。

最后，关于债权抵销与破产受理的关系。《企业破产法》第 40 条规定的抵销，是债权人向管理人主张抵销，管理人是人民法院受理破产申请后指定的，而贵司所主张的抵销，是在 Z 公司破产申请被法院受理之前，而且是贵司对 Z 公司提出的，故不应适用《企业破产法》第 40 条的规定。根据《合同法》第 91 条的规定，债务相互抵销是合同权利义务终止的情形之一，故破产受理前的抵销，实际上仍为债务清偿问题。而无论是《企业破产法》第40条规定的抵销，还是其他条款规定的清偿，所要求的条件在实质上并无差异。

35. 借款人濒临破产时，担保人该如何应对？

问： **我司目前有一担保项目遇到以下情况：A 公司委托某银行向 B 公司贷款，由我司对该笔债务承担连带保证责任。同时由 B 公司的关联公司对我司提供反担保保证，并提供 10 套房产作为反担保抵押物。在贷款尚未到期之时，借款人 B 公司就出现了资不抵债的破产风险。在这种情况下，我们想问：**

(1)能否让债权人在债务人破产前处置债务人的房产呢？可能存在什么风险，又需要怎样防范这些风险？

(2)抵押房产中还有部分是个人的房产，这部分房产处置起来又存在哪些风险，我司需要如何防范？

(3)如果房产处置不能，债权人或我司需要采取什么措施来保障自身的权益？

(4)在进行这些操作时，我司需要签署哪些资料？

答： 关于问题 1，依据《企业破产法》第 31 条、第 32 条的规定，在破产申请受理前 1 年内，破产管理人有权请求人民法院予以撤销对未到期的债务提前清偿的；在破产申请受理前 6 个月内，债务人出现不能清偿到期债务并且资产不足以清偿全部债务或者明显缺乏清偿能力的情形而对个别债权人进行清偿的，管理人有权请求人民法院予以撤销。

鉴于目前 B 公司对 A 公司的债务为未到期债务，如提前清偿，可能会被人民法院撤销；同时如 B 公司半年内破产申请被受理，其对债权人的清偿可能属于个别清偿，也存在被人民法院撤销的风险。

笔者给出的防范建议是：

(1)如果偿还债务人非属于将要破产企业，则不适用上述规定，故债权人可接受非破产企业（如担保人）的清偿。

(2)如果该企业明示将要违约或者已违反合同约定，债权人可宣布债权提前到期，并在债权受偿后，尽量延迟该企业申请破产的时间。

关于问题2，对于抵押物的处置，比较安全的方式为依法请求法院拍卖、变卖抵押物优先受偿，或者在拍卖不成时以物抵债。但前提是贷款到期并且贵司已发生代偿。如抵押人向第三方转让贵司享有抵押权之房产，在征得贵司同意的情况下，贵司可以要求将转让价款用于清偿借款人所欠A公司的债务。

因B公司经营状况恶化，可能面临其他债权人申请人民法院查封、冻结、扣押其财产的问题，贵司享有抵押权的房产在解除抵押、办理过户环节可能被人民法院采取查封措施。因此，抵押权人在解除抵押之前需要对向东公司相关情况进行全面了解，并对过户时间及查封风险要有合理预估。

关于问题3，对于债权人而言，可以使贷款提前到期：

(1)债务人出现委托贷款合同约定之违约事件，债权人可根据约定宣布贷款提前到期，并要求债务人立即偿还所有贷款本金并结清利息。

(2)债务人没有出现委托贷款合同约定之违约事件，但鉴于债务人已濒临破产，如债务人向债权人书面声明其将不能履行还本付息义务，则债权人可以根据《合同法》第94条的规定，行使法定解除权，并要求其立即偿还全部借款本息。

对于贵司而言，可以在代偿后行使追偿权，也可以在代偿前行使预先追偿权。

(1)贵司代偿后依法向借款人及其担保人依法追偿，并立即对包括抵押物在内的财产申请财产保全。

依据《委托贷款合同》及《担保委托合同》，借款人逾期归还借款的，A公司(或委托银行)有权要求贵司代偿借款本金及利息等。贵司代偿后有权要求借款人偿还代偿款本息、违约金，并要求反担保保证人承担连带保证清偿责任，变卖、拍卖抵押人之抵押房产优先受偿。但是借款人一旦进入破产清算程序，贵司实现债权的成本将增大。

因借款人及反担保人可能对其他债权人负债，贵司虽然对抵押房产享有抵押权，但若借款人其他债权人为实现债权对借款人及反担保人房产进行查封，届时贵司在抵押房产处置上也处于被动地位。特别提醒的是，优先受偿权不等于优先处置权。

(2)若法院受理债务人的破产申请，贵司在代偿后可依法向法院申报债权。申报债权时，书面说明债权的数额和有无财产担保，并提交有关证据。《企业破产法》第 109 条规定，对破产人的特定财产享有担保权的权利人，对该特定财产享有优先受偿的权利。第 110 条规定，享有该法第 109 条规定权利的债权人行使优先受偿权利未能完全受偿的，其未受偿的债权作为普通债权；放弃优先受偿权利的，其债权作为普通债权。

（3）若法院受理债务人的破产申请，贵司在实施代偿前也可以预先行使追偿权。《担保法》第 32 条规定，人民法院受理债务人破产案件后，债权人未申报债权的，保证人可以参加破产财产分配，预先行使追偿权。因此，在债权人未申报债权时，贵司也可以化被动为主动，预先行使追偿权。

关于问题 4，笔者认为：

（1）鉴于债务人已濒临破产，贵司无论是否提前代偿，都应尽量督促债权人使贷款提前到期并让借款人及其担保人在到期通知书上签字确认，到期方法如上所述。

（2）如果可能，可要求债务人立即增加反担保，并依法办理相应的登记手续。但根据《企业破产法》第 31 条的规定，在人民法院受理破产申请前 1 年内发生增加担保的，存在将来管理人请求人民法院予以撤销的风险。

（3）立即对债务人及其担保人进行保后检查，重点在于发现财产线索（包括但不限于银行存款、不动产、股权、机器设备、应收账款等），并做好立即保全准备。

（4）若贵司发生代偿，应取得相应的代偿证明。贵司代偿后，如债务人及其担保人愿意配合，可立即达成仲裁协议，向仲裁机构申请仲裁调解，以快速确定实体权利。

（5）若债务人已陷入破产，则可依法向法院提交债权申报申请及相关证明材料。如债务人未进入破产程序，则应尽快向人民法院起诉（若未能达成仲裁协议）或者申请强制执行（若已完成仲裁调解）。

36. 免除部分保证人责任或者仅起诉部分保证人有何法律风险?

问: **2017 年,李某、杨某和王某等三人为某公司向我借款 100 万元的债务提供连带共同责任保证。现在因借款公司逾期未偿,我想要起诉公司偿还借款,并要求保证人承担保证责任。但因王某与我有生意上合作关系,我想要不追究王某的保证责任,那么请问:**

第一,如果我向王某出具《承诺函》放弃其保证责任,是否会影响我对其他保证人的追偿?

第二,如果我并非出具《承诺函》,而只是对其不予起诉,又会造成什么法律后果呢? 我在以后是否还可以对其追偿?

答: **一、第一个问题是连带责任保证前提下,主债权人明确承诺放弃共同保证中其中一个连带保证人的保证责任时,保证责任应当如何分配的问题**

针对该争议问题主要有两种观点:第一种观点认为,债权人放弃行为无效,其无法免除某一保证人的保证责任,本案三名保证人仍需对所有债务承担连带保证责任。第二种观点认为,债权人放弃行为有效,其免除某一保证人的保证责任时,该共同保证未约定保证人份额,视为各保证人平均分配,则另两名保证人对本案债务的剩余部分承担连带保证责任。

笔者认为,第一种观点有违背当事人意思自治、处分权利的自由之嫌,没有法律依据,故不予采纳。第二种观点符合法律规定,且合情合理。《担保法》第 12 条规定:“同一债务有两个以上保证人的,保证人应当按照保证合同约定的保证份额,承担保证责任。没有约定保证份额的,保证人承担连带责任,债权人可以要求任何一个保证人承担全部保证责任,保证人都负有担保全部债权实现的义务。已经承担保证责任的保证人,有权向债务人追偿,或者要求承担连带责任的其他保证人清偿其应当承担的份额。”您享有自由处分自己的权利,但损害了其他保证人追偿的法定权利,所以,其他担保人的担保责任应相应减轻。

本案中,您明确承诺放弃对王某诉请,其他担保人的担保责任在被免除的责任的范围内应相应减轻。依最高人民法院《关于适用〈中华人民共和国担保法〉若干问题的解释》第 20 条第 2 款“连带共同保证的保证人承担保证责任后,向债务人不能追偿的部分,由各连带保证人按其内部约定的比例分担。没有约定的,平均分担”的规定,现各当事人无证据证明连带保证人之间对担保份额有内部约定,应按平均分担处理。您放弃对三个担保人中其中一个的诉请,应视为免除总债务 1/3 的保证份额,其余两个担保人应对主债务的 2/3 承担连带保证责任。债权人自愿放弃部分保证人的保证债务,是自由处分权的体现,因根据上述担保法司法解释,在保证人未约定保证份额下,由每个保证人平均分担。因此该意思自治并未加重其他保证人的负担,损害剩余保证人合法权益,故应为合法有效。

二、第二个问题涉及当债权人未明确放弃某一保证人的保证债权,而只起诉某部分保证人要求承担保证责任时,其余保证人是否还须承担保证责任的问题

(一)起诉其他保证人的事实与法律基础

根据《担保法》第 12 条及最高人民法院《关于适用〈中华人民共和国担保法〉若干问题的解释》第 20 条第 2 款的规定,在共同保证人之间的内部法律关系中,基于公平原则,连带共同保证的保证人承担保证责任后,有权要求其他保证人承担相应的份额,不受债权人是否在保证期间内向未承担保证责任的保证人主张过保证责任的影响。而连带共同保证人对外系一个整体的保证关系,每一个保证人无论有没有被债权人直接主张履行保证责任,在符合法定责任免除的要件前仍有义务承担保证责任。

《担保法》第 18 条第 2 款规定,“债权人可以要求债务人履行债务,也可以要求保证人在其保证范围内承担保证责任”。根据该规定,债权人可以选择起诉对象来行使诉权,“可以”代表可以选择一个或者可以选择几个保证人行使权利。法条所赋予的权利是行使“选择权”而不是行使“放弃权”,债权人选择向部分保证人行使权利不代表放弃对另外一部分保证人的权利,除非债权人自行作出放弃对其他保证人主张权利的意思表示。若债权人并未向其他保证人主张过权利,也没有放弃对其主张权利,按照民法精神、按照法理一般解释应当作此推定:未明示放弃权利即推定为未曾放弃权利,权利一直保留至失效之时或明示放弃之时。法院不能以债权人未对其他保证人提起诉讼,就当然认定原告放弃对被申请人的诉权。因此,未向部分保证人主张权利不代表放弃了权利,只是对权利的行使对象进行选择。未被主张的部分保证人仍有义务承担保证责任。

(二)是否涉及"一事不再理"

根据最高人民法院《关于适用〈中华人民共和国民事诉讼法〉的解释》第247条的规定,"一事不再理"要同时符合下列条件的,方才构成重复起诉,"(一)后诉与前诉的当事人相同;(二)后诉与前诉的诉讼标的相同;(三)后诉与前诉的诉讼请求相同,或者后诉的诉讼请求实质上否定前诉裁判结果"。

在本案中,如果债权人已经提起了一次诉讼,但债务人及部分保证人经过执行仍不能清偿债务。那么,此时再次基于"同一债权债务关系"再次起诉,是否是"一事二诉"呢?笔者认为不是,理由如下:

首先,债权人并未向其他保证人主张过权利,请求尚未被起诉的其他保证人承担连带责任,前诉与后诉之间的当事人与之前不同,不符合"一事二诉"的第一要件。

其次,诉讼标的不相同,前诉标的为完整的债务人所欠债务的债权债务关系,后诉的标的为前诉中不能清偿的部分的债权债务关系。且每个保证人的保证责任虽对外是一个整体,对内也相对独立,即便保证人系连带责任,最终都有份额划分至每个保证人。

最后,诉求也不尽相同,后诉的诉求是请求保证人承担保证责任,偿还前诉中不能清偿的部分的债务或者请求尚未起诉的其他保证人与前面已经起诉的保证人承担连带保证责任,与前诉中请求债务人和保证人偿还全部债务是不同的。

故两案之间没有违反"一事不再理"的原则,可以另案起诉。

(三)连带共同保证的关联关系问题与诉讼时效计算

连带债务的核心是连带债务人之间的连带性,根据最高人民法院《关于审理民事案件适用诉讼时效制度若干问题的规定》第17条的规定,"对于连带债务人中的一人发生诉讼时效中断效力的事由,应当认定对其他连带债务人也发生诉讼时效中断的效力"。就多数债务人中的一人发生效力的事项,对于其他债务人也发生同样的效力。连带共同保证也是为同一主债务设定的保证,在有意思联络的情况下,完全可以看作一种特殊的连带债务人,债权人可要求任一保证人承担保证责任,其他保证人也发生诉讼时效中断的效果。因此,笔者认为,在有意思联络的连带担保合同中,债权人在保证期间内向任一保证人主张权利都意味着其向其他承担连带保证责任的共同保证人主张了权利。

连带保证人的存在是加强了债权人签订合同的可能,甚至起了决定性的作用。如果仅因诉讼中并未起诉所有的连带保证人,便推定视为放弃保证的处分的意思表示,那么对债权人来说是极为不公的。故从立法本意上分析,不宜认定保证人可以因此免除保证责任。笔者认为,连带共同保证合同中仅起诉部分保证人后,还能在诉讼时效期限内继续起诉其他保证人。

综上所述,在存在多人保证的合同纠纷中,笔者建议:债权人在签订合同前应通过有效方法调查保证人的财务状况,并在事后进行监督,以免在出现纠纷时无法知悉其财产状况和行踪,而使追究保证责任遇到障碍。同时,应避免在借款主合同中或者在出现纠纷后约定签订免除某一保证人保证责任协议或者出具类似承诺函,并且若能一起起诉所有保证人尽量一次起诉,从而使追偿风险最小化。

37. 未经股东会决议的公司对外担保是否有效？

问：公司实行对外担保时如果未经股东会决议，或者股东会决议存在瑕疵的，是否会影响担保协议的效力？

答： 关于公司对外担保是否需要出具公司决议，以及未出具股东会决议对担保协议效力的关系，在实践中和理论上都存有许多分歧。我们可以先看相关法律的规定。

《担保法》除了对保证人的主体资格作出一般性规定外，无明确关于公司对外担保的规定。最高人民法院《关于适用〈中华人民共和国担保法〉若干问题的解释》第 4 条规定："董事、经理违反《中华人民共和国公司法》第六十条的规定，以公司资产为本公司的股东或者其他个人债务提供担保的，担保合同无效。除债权人知道或者应当知道的外，债务人、担保人应当对债权人的损失承担连带赔偿责任。"第 11 条规定："法人或者其他组织的法定代表人、负责人超越权限订立的担保合同，除相对人知道或者应当知道其超越权限的以外，该代表行为有效。"

《公司法》分别于 2005 年 10 月 27 日、2013 年 12 月 28 日、2018 年 10 月 26 日修订后，最高人民法院《关于适用〈中华人民共和国担保法〉若干问题的解释》中提到的《公司法》第 60 条实际上已经并入现行《公司法》第 148 条"董事、高级管理人员不得有下列行为"第 3 项："违反公司章程的规定，未经股东会、股东大会或者董事会同意，将公司资金借贷给他人或者以公司财产为他人提供担保。"

《公司法》关于公司对外担保的规定为第 16 条，该条规定，公司向其他企业投资或者为他人提供担保，依照公司章程的规定，由董事会或者股东会、股东大会决议；公司章程对投资或者担保的总额及单项投资或者担保的数额有限额规定的，不得超过规定的限额。公司为公司股东或者实际控制人提供担保的，必须经股东会或者股东大会决议。前款规定的股东或者受前款规定的实际控制人支配的股东，不得参加前款规定事项的表决。该项表决由出席会议的其他股东所持表决权的过半数通过。该条规定在《公司法》总则部分，应当同时适用于有限公司和股份有限公司。

并且，《公司法》第121条规定："上市公司在一年内购买、出售重大资产或者担保金额超过公司资产总额百分之三十的，应当由股东大会作出决议，并经出席会议的股东所持表决权的三分之二以上通过。"该条为《公司法》关于上市公司对外担保的特别规定，除此外证监会和证券交易所也对上市公司对外担保作出了许多规定。

《全国法院民商事审判工作会议纪要》指出，担保行为不是法定代表人所能单独决定的事项，而必须以公司股东（大）会、董事会等公司机关的决议作为授权的基础和来源。法定代表人未经授权擅自为他人提供担保的，构成越权代表，人民法院应当根据《合同法》第50条关于法定代表人越权代表的规定，区分订立合同时债权人是否善意分别认定合同效力：债权人善意的，合同有效；反之，合同无效。

前条所称的善意，是指债权人不知道或者不应当知道法定代表人超越权限订立担保合同。《公司法》第16条对关联担保和非关联担保的决议机关作出了区别规定。相应地，在善意的判断标准上也应当有所区别。一种情形是，为公司股东或者实际控制人提供关联担保，《公司法》第16条明确规定必须由股东（大）会决议；未经股东（大）会决议，构成越权代表。在此情况下，债权人主张担保主合同有效，应当提供证据证明其在订立合同时对股东（大）会决议进行了审查，决议的表决程序符合《公司法》第16条的规定，即在排除被担保股东表决权的情况下，该项表决由出席会议的其他股东所持表决权的过半数通过，签字人员也符合公司章程的规定。另一种情形是，公司为公司股东或者实际控制人以外的人提供非关联担保。根据《公司法》第16条的规定，此时由公司章程规定是由董事会决议还是股东（大）会决议。无论章程是否对决议机关作出规定，也无论章程规定决议机关为董事会还是股东（大）会，根据《民法总则》第61条第3款关于"法人章程或者法人权力机构对法定代表人代表权的限制，不得对抗善意相对人"的规定，只要债权人能够证明其在订立担保合同时对董事会决议或者股东（大）会决议进行了审查，同意决议的人数及签字人员符合公司章程的规定，就应当认定其构成善意，但公司能够证明债权人明知公司章程对决议机关有明确规定的除外。

债权人对公司机关决议内容的审查一般限于形式审查，只要求尽到必要的注意义务即可，标准不宜太过严苛。公司以机关决议系法定代表人伪造或者变造、决议程序违法、签章（名）不实、担保金额超过法定限额等事由抗辩债权人非善意的，人民法院一般不予支持。但是，公司有证据证明债权人明知决议系伪造或者变造的除外。

存在下列情形的，即便债权人知道或者应当知道没有公司机关决议，也应当认定担保合同符合公司的真实意思表示，合同有效：

（1）公司是以为他人提供担保为主营业务的担保公司，或者是开展保函业务的银行或者非银行金融机构；

（2）公司为其直接或者间接控制的公司开展经营活动向债权人提供担保；

（3）公司与主债务人之间存在相互担保等商业合作关系；

（4）担保合同系由单独或者共同持有公司 2/3 以上有表决权的股东签字同意。

依据前述规定，担保合同有效，债权人请求公司承担担保责任的，人民法院依法予以支持；担保合同无效，债权人请求公司承担担保责任的，人民法院不予支持，但可以按照《担保法》及有关司法解释关于担保无效的规定处理。公司举证证明债权人明知法定代表人超越权限或者机关决议系伪造或者变造，债权人请求公司承担合同无效后的民事责任的，人民法院不予支持。

法定代表人的越权担保行为给公司造成损失，公司请求法定代表人承担赔偿责任的，人民法院依法予以支持。公司没有提起诉讼，股东依据《公司法》第 151 条的规定请求法定代表人承担赔偿责任的，人民法院依法予以支持。

债权人根据上市公司公开披露的关于担保事项已经董事会或者股东大会决议通过的信息订立的担保合同，人民法院应当认定有效。

法定代表人以公司名义与债务人约定加入债务并通知债权人或者向债权人表示愿意加入债务，该约定的效力问题，参照《全国法院民商事审判工作会议纪要》关于公司为他人提供担保的有关规则处理。

当然，在此前的判例中也有不同的观点。在中建材集团进出口公司诉北京大地恒通经贸有限公司、北京天元盛唐投资有限公司、天宝盛世科技发展（北京）有限公司、江苏银大科技有限公司、四川宜宾俄欧工程发展有限公司进出口代理合同纠纷案①中，北京市高级人民法院认为，《公司法》第 16 条第 1 款规定："公司向其他企业投资或者为他人提供担保，依照公司章程的规定，由董事会或者股东会、股东大会决议；公司章程对投资或者担保的总额及单项投资或者担保的数额有限额规定的，不得超过规定的限额。"该条第 2 款规定："公司为公司股东或者实际控制人提供担保的，必须经股东会或者股东大会决议。"但公司违反前述条款的规定，与他人订立担保合同的，不能简单认定合同无效。第一，该条款并未明确规定公司违反上述规定对外提供担保导致担保合同无效；第二，公司内部决议程序，不得约束第三人；第三，该条款并非效力性强制性的规定；第四，依据该条款认定担保合同无效，不利于维护合同的稳定和交易的安全。相比之下，《全国法院民商事审判工作会议纪要》提出的裁判思路显著增加了债权人的注意义务。

综上所述，仅凭《公司法》第 16 条不能一概认为未经股东会决议或者股东会决议瑕疵的对外担保行为无效，还须结合其他相关规定一同考虑。实践中对于担保人是公司法人的，建议债权人对公司章程和相关决议进行必要的审查。

---

① 《中建材集团进出口公司诉北京大地恒通经贸有限公司、北京天元盛唐投资有限公司、天宝盛世科技发展（北京）有限公司、江苏银大科技有限公司、四川宜宾俄欧工程发展有限公司进出口代理合同纠纷案》，载《最高人民法院公报》2011 年第 2 期。

38. 借款人违约后可暂不起诉连带责任保证人吗?

问:2017年2月,我公司与王某某、Y银行签订委托贷款协议,约定我公司委托Y银行向王某某发放贷款2000万元用于公司经营,贷款期限为1年,年利率为15%,按月付息,到期还本。同日,我公司与李某某、王某某签订保证合同,约定李某某以其拥有合法处分权的财产向我公司提供保证担保,担保范围为:委托贷款协议项下的借款本金、利息及逾期利息、违约金、为实现债权支出的全部费用等,保证方式为连带保证责任。后王某某及李某某皆未依约履行还款及担保义务,出于特殊原因考虑,我公司拟向借款人王某某提起诉讼,暂时不起诉保证人李某某。请问这样做可以吗?

答:依据《合同法》第107条之规定,当事人一方不履行合同义务或者履行合同义务不符合约定的,应当承担继续履行、采取补救措施或者赔偿损失等违约责任。现借款人王某某、担保人李某某未依约履行还款、付息及担保的义务,贵司有权要求其承担违约责任。

根据《担保法》第18条之规定,当事人在保证合同中约定保证人与债务人对债务承担连带责任的,为连带责任保证。连带责任保证的债务人在主合同规定的债务履行期届满没有履行债务的,债权人可以要求债务人履行债务,也可以要求保证人在其保证范围内承担保证责任。

根据最高人民法院《关于适用〈中华人民共和国担保法〉若干问题的解释》第20条第1款的规定,连带共同保证的债务人在主合同规定的债务履行期届满没有履行债务的,债权人可以要求债务人履行债务,也可以要求任何一个保证人承担全部保证责任。因此,贵司可以要求借款人王某某履行债务,也可以要求保证人承担全部保证责任。

如最高人民法院在牛某某、冯某某小额借款合同纠纷再审审查与审判监督案[(2017)最高法民申3672号]裁定书中认为,"……根据上述法律规定,巨丰公司

(债权人)有权起诉本案的保证人牛某某,要求其承担保证责任。至于巨丰公司是否要求案涉借款之外的借款人与保证人承担责任,系巨丰公司对自身权益处分问题,与牛某某无关……”

又如高县人民法院在四川骊盟贸易有限公司、徐某某因保证合同纠纷[(2015)川民终字第896号]二审民事判决书中认为,“……最高人民法院《关于适用〈中华人民共和国担保法〉若干问题的解释》第20条第1款明确规定,连带保证的债务人未履行债务的,债权人可以要求债务人履行债务,也可以要求保证人承担保证责任。根据该条文的精神,债权人是既可向债务人主张权利,也可以向提供连带责任保证的保证人主张权利的……”

那么,如债权人起诉债务人并获得生效判决后再次起诉保证人,这是否违反“一事不再理”原则呢?在滕州市大地机床股份有限公司、中国农业银行股份有限公司枣庄分行与滕州市大地机床股份有限公司、中国农业银行股份有限公司枣庄分行保证合同纠纷申请再审案[(2015)民申字第154号]中,最高人民法院认为,枣庄农行曾就本案债权以债务人木业公司、保证人枣庄华峰纸业有限公司、戴武兵为被告提起另案诉讼,山东省枣庄市中级人民法院作出(2009)枣商初字第17号民事判决,该判决已发生法律效力。另案中,枣庄农行虽未向大地公司主张权利,但并未明确放弃对大地公司享有的担保权,不能视为其自认大地公司不是本案债权的保证人。之后,枣庄农行就上述判决未得履行部分债权要求大地公司承担保证责任,并不违反《民事诉讼法》的相关规定。大地公司主张枣庄农行提起本案诉讼违反“一事不再理”原则,缺乏法律依据,不能成立。

此外,根据《担保法》第26条第2款之规定,在合同约定的保证期间和前款规定的保证期间,债权人未要求保证人承担保证责任的,保证人免除保证责任。因此,如贵司需保证人承担保证责任,应在保证期间内提出。

综上所述,贵司可以要求借款人王某某履行债务,也可以要求保证人承担全部保证责任。故贵司有权暂时仅对借款人王某某提起民事诉讼;在保证期间内,也有权就未获清偿的部分另行要求保证人李某某承担保证责任。

39. 约定借款人未还清欠款时提供担保是否构成一般保证？

问： **保证人出具的担保函中承诺，"如借款人在期限内未还清欠款，则本人保证在期限内为借款人还清所欠的借款本金、利息、违约金等一切费用"。这是否意味着保证人提供的是一般保证呢？**

答： 根据《担保法》第 17 条第 1 款、第 2 款的规定，当事人在保证合同中约定，债务人不能履行债务时，由保证人承担保证责任的，为一般保证。一般保证的保证人在主合同纠纷未经审判或者仲裁，并就债务人财产依法强制执行仍不能履行债务前，对债权人可以拒绝承担保证责任。但是"未还清欠款"是否等同于"不能履行债务"呢？答案并非如此。

第一种情况是"不能清偿"而不是"未清偿"。"不能清偿"指债务人欠缺清偿能力，而"未清偿"只是债务未受清偿的实际状态，与债务人的清偿能力没有关系。一般保证人或无效保证人承担民事责任的条件均是"不能清偿"，不以债务"未受清偿"为标准。① 最高人民法院《关于适用〈中华人民共和国担保法〉若干问题的解释》第 131 条规定，本解释所称"不能清偿"指对债务人的存款、现金、有价证券、成品、半成品、原材料、交通工具等可以执行的动产和其他方便执行的财产执行完毕后，债务仍未能得到清偿的状态，验证了"不能清偿"所指的是债务人能力状态而非事实状态。

尽管"不能清偿"和"未清偿"在表达意思上确有不同，但从司法实践中可以看到有时法官对两者并未区分。如在李某、张某保证合同纠纷二审案[（2016）云 03 民终 1718 号]中，云南省曲靖市中级人民法院认为借据载明："到期借款人未还清借款时，担保人承担担保责任……款项为车款转借。"由此可以看出，最终上诉人张某与原审被告曹某某形成借款法律关系，上诉人张某为债权人，原审被告曹

---

① 参见刘德权、俞宏雷主编：《最高人民法院司法观点集成（新编版）· 商事卷Ⅳ》，中国法制出版社 2017 年版，第 2454 页。

某某为债务人,上诉人李某为一般保证人。即法院将未清偿等同于不能清偿。

而在田某某与冉瑞华民间借贷纠纷二审案[(2015)渝四中法民终字第00318号]中,重庆市第四中级人民法院则认为,从田某某以担保人的身份在李某某出具的欠条上加载的注明内容"如到期李某某未还清以上此款,由担保人田某某还清以上金额53 000元"可以看出,田某某和冉某某没有按照《担保法》第17条第1款"当事人在保证合同中约定,债务人不能履行债务时,由保证人承担保证责任的,为一般保证"的规定,作出田某某提供保证的方式符合一般保证特征的明确约定。按照《担保法》第19条"当事人对保证方式没有约定或者约定不明确的,按照连带责任保证承担保证责任"的规定,法院认定田某某为李某某负有的债务向冉某某提供的保证是连带责任保证。即"未还清"不能等同于"不能还清",一般保证的约定须严格按照《担保法》关于一般保证的规定进行,否则将被视为对保证方式无约定或约定不明确。

第二种情况是,约定为"借款人不能还清欠款时提供担保"。不能清偿与未能清偿表达的是不是同一含义呢?笔者认为答案是肯定的。如惠州市腾发信用担保有限公司与许某某、高某某民间借贷纠纷一审案[(2016)粤1322民初2188号]中,法院认为,根据原告、被告在借款合同中约定,如借款人未能清偿本息,则由被告高某某承担清偿责任。依《担保法》第17条第1款之规定"当事人在保证合同中约定,债务人不能履行债务时,由保证人承担保证责任的,为一般保证。"因此,被告高某某应对上述借款承担一般保证责任。

又如,在广东盈信建材有限公司与陈某坤保证合同纠纷一审案[(2017)粤0104民初16143号]中,一审法院认为,被告在《担保承诺书》中承诺:如珠海市和润物流股份有限公司在2016年6月30日前未能清偿所欠货款,被告愿意以自己的财产进行担保,符合《担保法》第17条第1款"当事人在保证合同中约定,债务人不能履行债务时,由保证人承担保证责任的,为一般保证"的规定,故被告的《担保承诺书》属于一般保证。

第三种情况是,保证人与债权人约定,债务人不能按期还款时提供担保。在这种情况下,司法实践的处理体现了其对一般保证约定的"不能清偿"的苛刻。最高人民法院在中国信达资产管理公司贵阳办事处与贵阳开磷有限责任公司借款合同纠纷案[最高人民法院(2008)民二终字第106号]中认为,借款合同中表述有

“不能”字样，如果单纯使用“不能”字样，则具有客观上债务人确无能力偿还借款的含义，此时保证人方承担保证责任可以认定为一般保证责任；但是，该“不能”字样是与“按期”结合在一起使用，则不能将其理解为确实无力偿还借款的客观能力的约定，仅是表明到期不能偿还即产生保证责任，因此应认定为连带保证责任。

综上所述，对于约定借款人未还清欠款时提供担保是否构成一般保证，笔者认为应不构成。但因各地司法实践存在差异，笔者建议，保证人在签订保证合同时应注意对于保证方式条款的表述，以免造成本意提供一般保证，最终须承担连带保证责任的风险。

40. 融资担保公司开展诉讼保全担保业务存在哪些困境和出路?

问: **我公司属于一家融资担保公司,近期有开展诉讼保全担保业务的打算,但听其他开展相关业务的同行介绍,行业内存在一定的困境,请问有哪些困境和解决之道?**

答: 诉讼保全担保属于担保公司的业务范围之一,而且只要业务来源稳定、风险控制得当,完全可以做到实际承担较低风险并获得可观的收益。《融资性担保公司管理暂行办法》《融资担保公司监督管理条例》皆已明确规定诉讼保全担保是融资性担保公司的兼营业务之一,而现实中,不少地方的融资(性)担保公司开展此类业务其实面临困境。

一、困境之一:业务通道问题

为什么通道是首要问题? 应该说,担保公司只要是开展担保业务,都存在这个问题。比如,融资性担保,银行是否愿意给予担保公司授信额度往往是担保公司能否开展相关业务的决定性因素,即使是非融资性担保,有关债权人是否认可担保公司的信用也是开展担保业务的首要前提。但是,相对于获得银行授信来说,担保公司保函或者银行保函获得法院认可更难。原因在于:一方面,担保公司是为解决中小企业融资难问题而产生的,无论是从社会需求、政府支持还是大众理解上来看,担保公司切入融资担保业务都是合情合理,尽管诉讼保全担保也存在需求和提供担保难的问题,但并未引起各级政府的重视;另一方面,法律对于诉讼保全担保的具体担保方式并未作规定,实践中有赖于各地法院做法。

如何解决通道问题? 对这个问题,笔者总结出以下几点建议:

(一)根本之道

立法上求得突破,借《民事诉讼法》修改或者出台有关司法解释之机,明确规定法院可以接受担保公司或者银行出具的诉讼保函。当然并不是所有担保公司或银行的保函都能接受,而是设定一定的门槛和条件,允许具备条件的担保公司或银行出具保函。尽管这样的期待近乎理想,但并非不可能,随着担保行业的发达和担保公司的兴起,担保公司提供的信用增级作用正日益广泛和受到重视。

(二)开拓之道

万事开头难,但事在人为。虽然法律没有明确规定,但按照民事领域法无明文禁止即允许之原则,以及民事诉讼上的处分原则,限制担保公司提供的保函担保是没有法律依据的,而限制银行保函担保,则不仅没有法律依据可循,更在情理上难容。担保公司可以与当地法院积极沟通,通过申报资信材料、存放一定比例的保证金等措施,促使法院认可担保公司的担保能力。实践中,近年来,不断地有法院(广东省居多)出台了关于担保公司提供诉讼保函的准入规定和操作流程,作为重要的一项便民措施,担保公司应积极联系争取获得准入资格。

(三)陈仓之道

如果担保公司出具的保函暂时不能被法院接受,则提议法院接受银行或者其他金融机构出具的保函,担保公司可以运用在银行等金融机构的到担保授信额度开展诉讼保全担保业务。对于银行来说,因为担保公司承担全部保证责任,银行仅作形式审查并收取一定比例的手续费,无疑增加了银行的低风险收入。只要银行保函能被法院接受,担保公司仅需与银行沟通联系,取得银行对开展此类业务合作的支持即可。如上所述,这方面的难度相对争取法院接受担保公司保函要小得多。

(四)退守之道

实践中,确实有不少法院不接受任何机构(包括银行)出具的保函,仅认可金钱或者实务担保。法院对此并不出具任何决定、裁定或者判决,担保公司或当事人不服的,连法律救济渠道都没有。在经过努力仍无办法的情况下,只得回归传统担保方式,以自有或者他人的金钱、实物财产提供诉讼保全担保。用自有财产提供担保成本过高或者数量有限的,可以考虑与有闲钱或者闲置房产(指产权明晰且未提供抵押)者合作,担保公司审核项目、承担最终风险,双方按约定比例分享收益。

近年来,融资担保公司提供诉讼保全担保越来越成为人们津津乐道的话题,也有越来越多的法院出台有关规定,允许符合一定条件的担保公司提供信用担保。应该说,担保公司解决业务通道问题,只要肯积极努力,还是有一定希望的。

二、困境之二:业务来源问题

担保公司的所有业务都面临来源问题,业务种类不同,来源渠道各异,业务宣传和推广中的大道相通。但诉讼案件的发生一般具有一定的偶然性,按照常规的市场开拓手段进行诉讼保全业务开拓,可能难以奏效。下面针对诉讼保全担保业务的特点,介绍常见的业务来源:

(一)律师或律师事务所

这是首选的业务来源。当今社会,打官司不请律师的已是少数,律师对于债务追偿案件的支招,常见的如申请诉讼保全,力求不战而屈人之兵。至于如何与律师或律师事务所保持合作或联系,常见的如发宣传单、邮件、短信,甚至直接打电话,但效果肯定不佳。直接走访,可能需花费的时间成本过巨,事倍功半。笔者认为,以下几种方式可能效果比上述方式要更好:第一,在省、市协会主办律师刊物乃至《中国律师》上刊登广告,如中国投资担保有限公司在几乎每期的《中国律师》杂志上都刊登有专版财产保全担保宣传彩页。第二,在省市级乃至全国律协网站上发布广告、帖子。第三,定期或不定期与律所合作举办诉讼保全业务交流活动,当然需要前期充分的联络和准备。第四,在各种论坛、交流会上发表演讲等。

(二)建立了业务通道的法院

获得法院或法官推荐的前提当然是担保公司或者银行出具的保函获得认可。一般来说,事先采取保全措施的案子,和解、调解的可能性更大,而且不用担心原告胜诉后的执行问题,推荐保全担保机构对于法院来说也是一项便民措施。担保公司也可在建立业务通道的法院附近发布广告(如果条件允许的话),或者安排业务人员到法院立案庭协助律师或者当事人取号、排队、填写资料,顺便发放名片、资料。

(三)业界名气和口碑

名气和口碑是拓展任何业务的根本,无论多么高明的营销方式,都离不开这个根本。业务通道建立、业务品种齐全再加上收费合理、服务质量和效力提高,当事人的口口相传要胜过无数宣传。口碑积累到一定程度就会形成担保公司独特的名气、品牌,并带来成数效应。

三、困境之三:风险控制问题

与一般担保业务如综合授信担保、贷款担保、银行承兑汇票担保、商业承兑汇票贴现担保、进口开证担保等相比，相似之处在于诉讼保全担保业务的法律风险主要也是代偿风险和追偿权不能实现的风险，不同之处在于担保的当事人、担保的主债权、担保的范围和担保期限等方面存在一定的差别。

（一）代偿风险控制

在前期审查阶段，首先要审查企业营业执照、起诉状及其相关的证据材料或能够证明申请人对被申请人享有债权的其他文书材料、诉讼保全申请书、律师提供的法律意见书和被申请人营业执照等基本资料。如果法院已经受理案件，还须对法院受理案件通知书、开庭通知及其他诉讼文书进行审查，重点在于查明：(1)是否存在诉讼争议，且争议的解决是否具有财产给付之内容；(2)是否具备诉讼保全的理由，如不立即采取财产保全措施将有可能使利害关系人的合法权益遭受难以弥补的损害；(3)申请人是否具备原告的主体资格；(4)诉讼请求是否适当以及证据材料是否确实、充分；(5)被申请人是否为适格的被告，以及申请保全的财产权属是否明确。须指出的是，因为担保公司审查争议的目的在于防范代偿风险，而不是代替人民法院解决争议，所以前期审查主要是书面、单方审查，这和人民法院通过质证和言辞审理查明的案件事实肯定是有些出入的。

（二）求偿风险的控制

在前期审查中，仍不可忽略一般担保业务的常规审查项目，如申请人的资产状况、生产经营状况、履约信用等情况，目的主要在于确保求偿权能得以实现。前期审查通过后，担保公司应及时安排业务人员对企业提供的情况进行实地核实，并审查相关证据材料原件。调查人员根据对企业的资格审查情况，汇总所有原始资料及信用评价结果，出具详细的评审报告。经担保公司内部审批通过后，对于风险较大的项目，可要求申请人提供反担保，既可以由第三方提供保证反担保，也可以用申请人或者第三人用土地使用权或其他财产提供抵押、质押反担保。

（三）保后管理

出具财产保全担保之后的担保管理是风险控制全过程的重要阶段，包括从人民法院采取保全措施之日起到案件审理并执行终结时止的各个环节的保后管理活动。保后管理的目的是监督谨慎采取诉讼策略和遵守担保服务合同义务，减少担保公司风险。保后担保管理应实行分工负责与部门合作制度，并建立相应的责任机制。担保公司应与被担保方在担保服务合同中明确约定，被担保方应将所有与诉讼阶段有关的诉讼文书和资料及时提交担保人,并及时通报诉讼中出现的一切可能影响诉讼进程的特殊情况。

四、困境之四:审批效率问题

相对于银行等金融机构,担保公司的生命力和竞争力在于其灵活性、高效性等诸多方面。为了有效地识别和防范风险,担保公司必须针对不同的业务制定不同的受理条件、操作流程、审核要点、收费标准、管理方式等,具体还应做到以下几个方面。

(一)受理条件可以放宽

被担保人可以是法律上具备诉讼主体资格的任何当事人,如公民、法人或其他组织,只要有权提起民事诉讼并申请财产保全,都可以成为担保申请人。根据有关司法解释,可以作为民事诉讼的当事人的其他组织包括:(1)依法登记领取营业执照的私营独资企业、合伙组织;(2)依法登记领取营业执照的合伙型联营企业;(3)依法登记领取我国营业执照的中外合作经营企业、外资企业;(4)经民政部门核准登记领取社会团体登记证的社会团体;(5)法人依法设立并领取营业执照的分支机构;(6)中国人民银行、各专业银行设在各地的分支机构;(7)中国人民保险公司设在各地的分支机构;(8)经核准登记领取营业执照的乡镇、街道、村办企业;(9)符合法律规定条件的其他组织。

(二)业务流程可以从简

和融资性担保业务必须注重第一还款来源考察不同,诉讼财产保全担保主要在于对诉讼案件有关事实和法律的分析判断,保全是否存在错误,因此诉讼财产保全担保业务考察的风险点与融资性担保业务存在很大的不同。担保公司常见的错误在于,用融资性担保业务的思路和流程来开展诉讼保全担保业务,造成过度调查和时间拖延,使申请人失去先机和采取保全措施的意义。诉讼保全担保业务可以在以下几个方面简化。

1. 资料提供和审查

重点首先在于与案件事实有关的证据材料,其次是法院的诉讼文书(如有),还包括保函申请人以及其提供的反担保人的主要资产情况。简言之,与案件有关的材料,包括被申请人及保全财产的基本资料,可尽量要求多提供,以便分析和掌握案情,判断是否存在保全错误的可能。而与被担保人偿付能力有关的资产负债情况，也尽可能要求提供，但不必像融资性担保业务那样要求面面俱到。

2. 审核流程简化

不是所有的项目皆应走完整个上会流程，可适当下放一定权利给有关部门或者业务审核小组，以便提高审核效率。在项目评审过程中，可适当邀请律师等专业人士参与，如果当事人已聘请律师，可要求当事人的律师到场对有关法律问题进行具体说明。对于标的较大且疑难复杂的案件，可要求专业律师对项目风险判断和防范措施提出法律意见。

3. 出函流程走快捷通道

根据担保项目的轻重缓急，建议担保公司内部建立紧急项目快捷通道，制定非常规措施确保项目审核通过后的出函流程尽量缩短，公司所有业务流程环节必须通力配合。担保公司要赢得竞争优势，必须在效率上满足客户要求，即使收费稍高，但效率若能保证，也能勉强为客户所接受；但如果出函效率太低，即使收费相当低廉，也难以赢得客户的认可。

（三）收费标准可以降低

对于担保公司来说，非融资性担保业务的风险要远低于融资性担保业务，但诉讼保全担保业务风险在非融资性担保业务里面还算较低的。为了控制风险，担保公司一方面要进行项目尽职调查，另一方面要收取一定的担保费并提取相应的风险准备金，根据风险与收益相匹配的一般规则，担保业务风险越大，收费就应当越高；反之，收费就应当降低。对于诉讼保全担保应当如何收费，国家或者地方都没有规定上下限，笔者认为，诉讼保函的担保费收取标准以适当低于工程保函收费标准为宜。

总之，融资担保公司虽然可以把诉讼保函作为一项担保业务来开展，但必须正视其在有关条件、要求、收费和风险控制手段方面与其他担保业务的区别。融资担保公司要想在夹缝中求得生存和发展，就必须业务品种多样化，对市场需求保持高度的敏感性和灵活性。

41. 涉及“外保内贷”的担保合同是否有效？

问：2014年12月8日，A银行与B公司签订流动资金借款合同，约定B公司向银行借款2亿元，借款期为6个月。同日，A银行分别与C公司、香港D公司签订保证合同，合同均约定，C公司、香港D公司为B公司在借款合同项下的债务承担连带保证责任，保证期间为主债务履行期届满之日起2年。在A银行向B公司发放贷款后，除了前两期B公司按时偿还借款利息外，此后B公司再也没有偿还借款本息。香港D公司属于境外主体，与A银行签订的保证合同属于外保内贷之情形，请问该保证合同有效吗？

答： 所谓“外保内贷”，是指在境外机构或个人提供担保（保证、抵押、质押等）条件下，由境内金融机构向境内中资企业发放本外币贷款。

在实务中，影响“外保内贷”担保合同效力的情形主要存在以下几种：

一、未履行相关程序性手续

一直以来，外保内贷政策对境内中资企业限制非常严格，根据国家相关规定，境外机构或自然人为境内借款提供担保的，应遵守国家关于外债管理的规定。查阅我国相关的法律法规可以发现，国家对外保内贷的监管态度，从“不得接受外资银行和境外机构提供的各种外汇担保”①，到经外汇局批准可外保内贷，②再到《外债登记管理办法》《跨境担保外汇管理规定》的实施，对外保内贷业务限制正在慢慢放松。

根据《外债登记管理办法》《外债登记管理操作指引》的相关规定，中资企业可在分局核定的外保内贷额度内，直接签订外保内贷合同。中资企业外保内贷项

---

① 参见《关于加强境内金融机构外汇担保项下人民币贷款业务管理的通知》（银发〔1998〕458号，已废止）第2条。

② 参见《国家外汇管理局关于完善外债管理有关问题的通知》（汇发〔2005〕74号，已失效）第4条第4款。

下发生境外担保履约的，境内债务人应到所在地外汇局办理短期外债签约登记及相关信息备案。那么如未履行相关外汇管理手续，在发生债务人到期未履行债务情形时，是否可以认定借款合同及担保合同合法有效呢？这个问题存在争议。

笔者认为，有关外保内贷等外债方面的规定很大程度是为了控制对外借款规模和规范国家对外汇的流出、流入管理，因此，如未按照规定履行相关手续，存在因违反《合同法》第 52 条第 2 项"恶意串通，损害国家、集体或者第三人利益"的规定，或因违反《合同法》第 52 条第 4 项"损害社会公共利益"的规定而认定担保合同无效的风险。

司法实践中也存在合同因缺乏相应手续被认定无效的案例。如凤凰县国土资源局与湖南德夯电力有限责任公司建设用地使用权出让合同纠纷案中，最高人民法院认为，虽然委托征地协议系双方当事人真实意思表示，但在电力公司不具备相关用地规划手续的情况下，双方约定由国土局征收尚属集体所有的土地并以协议方式低价出让土地使用权，属于恶意串通损害国家利益的行为，根据《合同法》第 52 条第 2 项之规定，该协议应当认定无效。[①]

但同时应该注意到的是，司法实践中法院对于合同无效越来越采取一种审慎态度。如从最高人民法院《关于审理外商投资企业纠纷案件若干问题的规定(一)》中关于外商投资企业经营中股权转让合同、股权质押合同效力认定的原则来看，对于未经批准的合同，法院在认定合同无效方面是相当谨慎的，一般不会因合同未经主管机关审批而认定无效，而仅认定合同未生效。也有司法案例表明，确认合同效力的法律依据是全国人大及其常委会制定的法律和国务院制定的行政法规，而不是地方性法规和行政规章等；违反行政规章的行为应由主管部门依据相关的行政规章进行处理，而不应作为判定合同无效的依据。[②] 在本文第一部分的案例中，法院也认定"外保内贷"的担保合同有效，香港 D 公司应当对债务承担连带保证责任。

二、能否类推适用最高人民法院《关于适用〈中华人民共和国担保法〉若干问题的解释》的规定认定合同无效

根据最高人民法院《关于适用〈中华人民共和国担保法〉若干问题的解释》第

---

① (2014)民一终字第 277 号民事判决书。

② (1999)经终字第 431 号民事判决书。

6条第1项、第2项的规定,[①]未经国家有关主管部门批准或者登记对外担保的,或者未经国家有关主管部门批准或者登记,为境外机构向境内债权人提供担保的,担保合同无效。此为对外担保无效的情形。那么对于"外保内贷"下的境外机构为境内企业提供担保的情形,是否可以类推适用该条司法解释之规定呢?

笔者认为,所谓类推适用,是指执法、司法机关在处理案件时,对在法律上没有明文规定的,可以在一定条件下比照适用最相类似的法律条文进行处理。[②] 法官在类推适用时,对类似性的判断,即系争案件是否与法律规定的案型相类似,是类推适用的核心。对类似性的判定标准,学术界多有争论。但无论是根据构成要件类似说、实质一致说还是同一思想基础说,"外保内贷"均不能通过类推适用上述规定从而认定合同无效。原因在于:第一,"外保内贷"的担保人为境外机构,而对外担保的担保人则为境内机构,二者在主体身份上完全不相同。第二,尽管最高人民法院《关于适用〈中华人民共和国担保法〉若干问题的解释》第6条与"外保内贷"的管理性规定的法规意旨,都是基于国家外汇管理的需要。但是对外担保所应管控的是外汇流出,而"外保内贷"所管控的则是外汇流入,两种管控模式不能等同看待。因此,从以上两方面判断,"外保内贷"不能通过类推适用最高人民法院《关于适用〈中华人民共和国担保法〉若干问题的解释》第6条。在前述第一部分的案例中,最终法院也判决认为,本案的担保非系我国法律规定的对外担保,故B公司提出的香港D公司在本案中的担保系对外担保,因该担保未经登记而无效的主张,缺乏事实和法律依据。

三、提供担保的行为违反担保人所在国的法律,是否导致合同无效?

在"外保内贷"的案件中,由于担保人一方为境外机构,在提供担保的时候可能涉及需要遵循担保人所在国或地区与担保相关的法律。那么当担保人提供担保的行为违反了所在国或地区的法律时,是否会导致合同无效呢?

笔者认为,在此种情况下,担保合同的效力与该合同争议应适用的准据法有莫大的关系。即如果该涉外纠纷在我国法院提起诉讼,根据我国法律的相关规定

---

① 最高人民法院《关于适用〈中华人民共和国担保法〉若干问题的解释》第6条规定:"有下列情形之一的,对外担保合同无效:(一)未经国家有关主管部门批准或者登记对外担保的;(二)未经国家有关主管部门批准或者登记,为境外机构向境内债权人提供担保的……"

② 参见屈茂辉:《类推适用的私法价值与司法运用》,载《法学研究》2005年第1期。

应适用担保人所在国或地区的准据法，而担保行为又是违反当地法律规定的，担保合同存在被认定为无效的风险。根据《涉外民事关系法律适用法》第 41 条的规定，当事人可以协议选择合同适用的法律。当事人没有选择的，适用履行义务最能体现该合同特征的一方当事人经常居所地法律或者其他与该合同有最密切联系的法律。因此，在“外保内贷”的业务中，境内机构应在合同中预先选择好纠纷适用的法律，以免因不熟悉担保人所在国或地区的法律而导致合同无效的情况发生或者在境外机构签订担保合同的同时，要求其提供由担保人所在国或地区的律师所出具的法律意见。

四、总结

目前，我国对于“外保内贷”的法律依据为国家外汇管理局发布的部门规章，法律、法规以及相关司法解释中尚不存在对“外保内贷”的相关规定，这也是“外保内贷”的担保合同的效力存在不确定性的重要因素。因此在从事“外保内贷”业务的时候，作为债权人的金融机构需要关注担保行为的程序性要求，以防范因缺少相应的手续而导致担保合同无效的风险。

42. 工程保函担保业务如何防控法律风险?

问: **随着"一带一路"建设以及企业"走出去"战略的持续深入推进,独立保函业务的规模和体量已远远超过商业跟单信用证。与独立保函商业实践高速发展的趋势相对应的是,诉至法院的独立保函纠纷案件逐年增多。2016 年 11 月 22 日,最高人民法院发布《关于审理独立保函纠纷案件若干问题的规定》,于同年 12 月 1 日正式施行,这也就确认了独立保函的法律地位。我公司拟开展工程保函担保业务,请问如何防控法律风险?相对于其他担保业务,出函流程该如何优化设计?**

答: 见索即付保函多用于工程建设领域,大多数受益人对于担保机构直接开具的保函并不认可,实践中担保机构多以反担保人为被担保人开具银行保函提供担保的方式开展此类业务。

一、相关法律风险

(一)建筑行业法律风险

由于建筑市场竞争非常激烈,发包方(甲方)在合同谈判中占据优势,往往利用不公平合同条款压迫承包方,甚至开工日久仍不签订施工合同,合同订立后双方不按照合同履行义务,合同修改也未书面落实,留下争议隐患。而承包方迫于生计,往往被迫接受显失公平的合同条件。并且,在利益驱动下,不少建筑企业或者包工头通过挂靠其他单位,借用其他单位的名义和资质投标或者签订合同,以规避法律、法规的强制性规定和招标文件要求。名义承包人与实际承包人不一致且背景关系复杂,看似简单的施工合同背后隐藏多方博弈,违法违规现象屡禁不绝。

(二)基础合同风险

被担保人未能履行基础合同是受益人提出索赔的基本前提条件,也是见索即付保函的应有之义。在建筑市场激烈的竞争过程中,被担保人未能依约履行合同，以双方违约的情形最为常见，也存在施工碰到较大技术难度，原材料价格上涨而合同事先未约定价格调整，施工方拖欠工人工资造成工人罢工闹事等多种合同继续履行障碍。

（三）受益人恶意索赔风险

在建设工程合同履行过程中，当受益人与承包人就基础合同发生纠纷时，即使受益人违反合同是造成纠纷的主要原因，为了在谈判中增加筹码和逼迫承包人就范，受益人也动辄以保函索赔为要挟甚至付诸实施。根据《国际商会见索即付保函统一规则（URDG758）》的规定，国内法律可制定防止欺诈性、明显滥用或者不正当索赔的规则，欺诈性例外是申请法院强制止付的重要依据。但由于我国目前的法律还没有相关规定，担保人和被担保人在明知受益人恶意索赔的情况下，仍缺乏明确有效的反击手段。

（四）保函文本风险

受益人往往对保函文本有一定的要求，不允许做任何修改，且一般要求担保人承诺"在保函有效期内，当申请人违反相关的合同规定，在收到你方依据本保函发出的要求支付的书面通知后，立即无条件支付不超过保证金额的款项"，并规定其他有利于受益人的条款。开函行为了维护自己的信誉，避免卷入基础合同纠纷，在担保机构承担全部保证责任的情况下，很容易倾向于兑现其于保函中所作出的承诺。因此，过于容易索赔的银行保函近似于银行支票。

（五）债务追偿风险

通常认为，保函担保风险要显著低于融资类担保风险，故对被担保人及其反担保人的资信调查相对宽松。特别是明知存在挂靠关系的异地企业，由于核实被挂靠方财务数据和现场考察较为困难，加上同行业竞争和保函时限要求，保函担保项目的调研评审和反担保要求反而更容易流于形式。担保机构赔付后的债务追偿风险主要体现在：（1）被担保人的资产情况、财务数据未进行实地调查、核实；（2）被担保人主要账号、保函项下工程收款账号、其他工程项目账号收集不全；（3）收取保证金比例过低，反担保个人或企业无任何资产信息，或虽提供了资产清单但未予核实。

二、见索即付保函的法律风险防范策略

良好的风险防范制度和风险控制文化是担保机构可持续发展的核心动力。

如上分析,因保函担保的基础合同不同和见索即付性质,保函担保项目的法律风险呈现出不同于融资担保的特点。因此,在担保业务法律风险一般控制的基础上,还须针对保函担保项目的特点采取合理措施。

(一)做好保前尽职调研是防范项目出现风险的关键

对于保函项目,不能因为其风险不同于贷款担保风险而认为不存在风险或者很少风险,更不能因此降低保前调研要求,抱有侥幸心理。保前调研的范围,不仅要重点考察实际承包人的履约能力和履约记录,还应注重对受益人信用、资产情况的调查,因为在双务合同履行中,仅有一方具备履约能力和履约意愿是远远不够的。

(二)须注重基础合同的风险分析和防范

在施工合同履行过程中,是否合法施工、价格调整情况、材料涨价等市场风险、发包方付款能力、工人工资支付保障等都是应当重点关注的风险因素。一旦发现风险隐患,要对其进行认真分析和判断,尽可能采取相应的防范措施。

(三)争取有利的保函文本,适当增加保函索赔难度

保函文本审核不能流于形式,审核意见必须连同评审报告的其他内容一并上会评审。对于保函条款极为苛刻且不同意修改的保函担保,须慎重考虑是否接受,综合各种因素后作出最后结论;可以协商修改的保函文本,应设法增加保函索赔的难度;受益人对保函文本无任何要求的,则须出具对银行及担保机构最为有利的保函格式。

(四)反担保须落实到具体财产

应牢控被担保人重要和核心资产,否则难以让其实际承担责任。对反担保人,同样也应事先调查了解其主要资产,而不是仅仅签字或者盖章了事。在承保阶段,应密切关注保证人的财产变化。除此之外,还应在保前发现实际承包人并让其承担主要的反担保责任。实践表明,实际承包人对保函无责任往往导致对其承包行为的不负责任,其违约风险的加大等于保函索赔风险的增加。保函赔付风险出现后,若再要求实际承包人承担反担保责任,无异于"虎口拔牙"。

(五)应加强承保后的检查

加强保后跟踪检查,有利于及时发现问题,尽早采取化解措施。担保机构应对保后检查制定严格的规章制度并监督执行,并对保后检查的目的、内容和方式

作出相应要求和指引。当得知可能发生索赔风险时，担保机构应立即与开函行、受益人等多方沟通、协调。在要求银行严格审查索赔文件，合理谨慎地履行赔偿义务同时，尽快促使被担保人与受益人达成和解，争取受益人撤回索赔文件或者放弃索赔权利。

（六）财产保全措施

若开函行审核索赔文件后决定赔付，担保机构可要求被担保人以受益人为被告提起诉讼，并申请诉前或者诉讼财产保全措施，请求法院裁定通知开函行暂停保函项下赔付，待基础合同纠纷解决后，视生效判决或裁定结果决定最终是否赔付，以避免给担保机构或者被担保人造成无法挽回的经济损失。但由于我国现有法律并没规定保函欺诈或不当索赔例外的规则，被担保人只能依据《民事诉讼法》的相关规定提出上述请求，实践中法院是否作出上述裁定，有待具体裁量。

三、保函业务出函流程优化

工程保函、诉讼保函是担保机构的主要业务范围之一，相对于融资担保项目，也属于风险较低的非融资担保业务。担保保函业务一般对时限要求比较高，担保机构要想获得竞争优势，就必须提高出函效率。

（一）项目评审

保函评审可分为保函小组会签、上会评审两种，可考虑根据会签条件从严，上会条件从宽的原则予以划分：

1. 保函小组会签

下列保函项目实行保函小组会签（呈批表须附最后确定的保函格式），如：

（1）单笔金额300万元以下的市政工程投标保函；

（2）额度项下单笔金额300万元以下的市政工程履约保函、预付款保函、进度款保函、税款保付保函；

（3）按照额度评审意见可免予上会的保函，如1000万元以下的诉讼保函、投标保函等。

2. 上会评审

（1）除了可以实行保函小组会签的保函项目外，其余保函一律应上会评审；

（2）可由保函小组会签的保函项目，保函小组认为需要上会的，应当上会评审；

(3)可由保函小组会签的保函项目,项目经理申请上会的,可以上会评审。

(二)明确银行手续费、担保费、保证金收取标准

关于担保费、保证金的收取标准,公司应公布明确的指导意见,容易造成项目谈判、评审及合同制作中的效率低下,甚至出现差错。因此建议担保业务部门在经过咨询和调查的基础上整理并公布:

(1)各家银行保函手续费的收取标准:含银行费用的,公司与银行合作协议约定的收取手续费标准;不含银行费用的,银行自行收取手续费的通常标准。

(2)担保费、保证金的最低收取标准(特殊项目申请调低的,须上会决定),可以根据企业资质、工程性质、是否挂靠等情形区别制定。

(三)出函流程优化

1. 合同制作

(1)《保函申请书》的法律性质相当于要约,其内容可以为《开立保函委托合同》或者《开立保函确认书》所涵盖,因此可免予制作,只需将最后确定的保函格式附在《开立保函委托合同》或者《开立保函确认书》之后(盖骑缝章)即可。

(2)保函申请人的股东会决议或者董事会决议,属于企业内部经营决策,委托他人提供担保并非《公司法》规定必须经过股东会决议或者董事会决议的事项,其是否提供,并不影响委托保证合同的效力,即使提供,也无法核实其真实性,故可以免予提供。但对于反担保保证人为公司的而言,由于《公司法》明确规定,公司向其他企业投资或者为他人提供担保,依照公司章程的规定,由董事会或者股东会、股东大会决议,该规定对于担保合同效力的影响存在争议,还是要求提供为妥。

(3)公司与银行之间的保证合同既然为固定格式,因此可以考虑将其内容纳入合作协议,无须每笔业务单独签署或提供。若约定担保公司就保函项下保函申请人的债务向银行提供反担保,不仅担保范围可以相对减少,银行与企业之间的开立保函合同也无必要向担保公司提供,办理具体保函业务时,公司只需向银行发出《出函通知书》即可。

因此,对于额度项下单笔保函,《开立保函确认书》加上《出函通知书》即已满足出函合同文件要求。

2. 合同审核

(1)一般情况下,项目经理制作合同,部门审核,然后签约,但下列合同可以在

签约之前先交法务经理审核:①没有固定版本的合同;②虽有固定版本,但评审会要求增加特别内容的合同,或者须对固定版本作出修改的合同;③需要特别谨慎的风险项目合同;④经过法律事务部部长同意提前审核的其他合同。

(2)实行合同出错通报制度。为了促进项目经理认真制作合同,减少不必要的错误,强化部门审核功能,法务经理应当对合同出错记录在案,法律事务部每周(或每月)定期统计并对合同出错进行通报,通报内容包括项目名称、项目经理及所在部门、出错内容、出错原因等,对出错较多的项目经理及所在部门提出批评。

3. 优先通道

由于保函的时限性要求,要提高出函效率,应规定在项目受理、调研、评审、保函格式审核、合同审核、公司签字盖章、收费确认和审核出函各个环节,实行A、B角负责制和保函优先处理原则。

【第三篇　抵押篇】

43. 抵押物被刑事机关查封后存在何种风险?

问:我司有一项目借款企业的实际控制人因涉嫌犯罪被刑事机关采取强制措施,项目抵押物(登记在企业名下)目前也被刑事机关查封,请问如果之后项目出现风险,对我们处置抵押物会有何影响呢?

答:本案中贵司的项目抵押物可能存在以下法律风险:

一、被刑事机关认定为赃款赃物并予以追缴

根据最高人民法院《关于刑事裁判涉财产部分执行的若干规定》(以下简称《刑事涉财产执行规定》)第11条的规定,被执行人将刑事裁判认定为赃款赃物的涉案财物用于清偿债务、转让或者设置其他权利负担,具有下列情形之一的,人民法院应予追缴:(1)第三人明知是涉案财物而接受的;(2)第三人无偿或者以明显低于市场的价格取得涉案财物的;(3)第三人通过非法债务清偿或者违法犯罪活动取得涉案财物的;(4)第三人通过其他恶意方式取得涉案财物的。

第三人善意取得涉案财物的,执行程序中不予追缴。作为原所有人的被害人对该涉案财物主张权利的,人民法院应当告知其通过诉讼程序处理。即如果刑事机关认为抵押物系赃款赃物的情况下,抵押物可能会面临被刑事机关追缴的风险,此时贵司应证明抵押权是基于合法真实的交易,通过合法有效的途径设立的,即证明自身获得抵押权是善意的。

如在交通银行股份有限公司中山分行与张某某、高某某金融借款合同纠纷一审案[(2014)中一法民二初字第2178号]中,中山市第一人民法院认为,本案所涉抵押权既符合《物权法》第106条关于善意取得所有权以外其他物权的规定,且不违反法律法规禁止性规定,应认定合法有效。当张某某、高某某不履行债务时,交行中山分行有权以该财产折价或者以拍卖、变卖所得的价款在抵押担保范围优先受偿。如被害单位因交行中山分行行使抵押权而无法取回涉案土地的,被害单位有权依据《刑事涉财产执行规定》第11条第2款关于"第三人善意取得涉案财物的，执行程序中不予追缴。作为原所有人的被害人对该涉案财物主张权利的，人民法院应当告知其通过诉讼程序处理”的规定，另案主张权利。

至于对赃款赃物如何认定，根据广东省高级人民法院《关于刑事案件赃款赃物适用法律问题的若干指导意见》第 1 条的规定，犯罪分子违法所得的一切财物及其孳息，均属赃款赃物。如在本案，如果抵押物系实际控制人使用违法所得的资金购买的，即使抵押物登记在企业名下，也有可能被认定为赃款赃物。

二、对抵押物的优先受偿权受到影响

根据《刑事涉财产执行规定》第 13 条的规定，被执行人在执行中同时承担刑事责任、民事责任，其财产不足以支付的，按照下列顺序执行：(1)人身损害赔偿中的医疗费用；(2)退赔被害人的损失；(3)其他民事债务；(4)罚金；(5)没收财产。债权人对执行标的依法享有优先受偿权，其主张优先受偿的，人民法院应当在前款第 1 项规定的医疗费用受偿后，予以支持。

如在靳某、张某金融借款合同纠纷执行审查类执行案件[(2018)粤 03 执复 36 号]中，深圳市中级人民法院认为，根据上述《刑事涉财产执行规定》第 13 条的规定，债权人对执行标的依法享有优先受偿权，其主张优先受偿的，人民法院应当在前款第 1 项规定的医疗费用受偿后，予以支持。本案中，申请执行人系涉案房产的抵押权人，依法对涉案房产享有合法有效的抵押权。除上述规定的第 1 项情形外，抵押权人的优先受偿权在刑事案件中依然受到法律保护。复议申请人所提的异议不属于上述规定的第 1 项情形，复议申请人主张被执行人王某某对赃款置业的房产不具有合法所有权，王某某将上述房产抵押的行为无效，以此为由请求排除本案执行，因已有生效判决确认申请执行人系涉案房产的抵押权人，故对复议申请人的该项主张，法院不予支持。

因此，在刑事机关认为涉案抵押物属于实际控制人所有的情况下，贵司作为抵押权人，享有优先受偿权，贵司的债权可以在人身损害赔偿中的医疗费用(如刑事案件涉及)后获得清偿。

三、在执行过程中需要与有关部门进行协商解决

但在实践中，该类案件往往涉及多个部门的协调和沟通，根据最高人民法院、最高人民检察院、公安部等《关于印发〈公安机关办理刑事案件适用查封、冻结措施有关规定〉的通知》第 47 条的规定，要求查封、冻结涉案财物的有关国家机关之间，因查封、冻结事项发生争议的，应当自行协商解决。协商不成的，由其共同上级机关决定；分属不同部门的，由其各自的上级机关协商解决。协助执行的部门和单位按照有关争议机关协商一致后达成的书面意见办理。该通知第 48 条规定，需要查封、冻结的或者已被查封、冻结的涉案财物，涉及扣押或者民事诉讼中的抵押、质押或者民事执行等特殊情况的，公安机关应当根据查封、冻结财物的权属状态和争议问题，与相关国家机关协商解决。协商不成的，各自报请上级机关协商解决。协助执行的部门和单位按照有关争议机关协商一致后达成的书面意见办理。

因此，如涉案抵押物存在已被刑事机关查封的情形，在执行中可能需要与不同机关之间进行协商解决，才能顺利处置不动产。

44. 已办理抵押登记并收取担保费用，可否通知银行暂停放款？

问：我司拟为一客户提供贷款担保，现已与该客户签署相关法律合同文件（合同文件暂未给予客户），且已办理抵押登记及收取相关担保费用。现经公司谨慎考虑通知银行暂停发放该客户的贷款，请问我司是否会因上述行为构成违约，客户是否可以以此追究我司违约责任？

答：因在合同中贵司并未承诺提供担保的条件，若对方主张贵司应当提供担保，法院可能根据公平原则审核贵司是否有提供担保的义务。一般情况下，签订合同并办理抵押登记，收取担保费后担保公司就可以向银行出具放款通知书。特殊原因导致贵司在向银行出具放款通知书之前中止提供担保的，虽于情理上也较为常见，但最好有合同约定的依据，如贵司发现委托人存在经营状况恶化、银行宣布提前收贷、被其他债权人起诉等。建议贵司在委托担保合同中明确约定贵司通知银行放款的前提条件和贵司有权通知银行暂停放款的情形。

此外，贵司还可主张行使《合同法》上的不安抗辩权。所谓不安抗辩权，是指在有先后履行顺序的双务合同中，应先履行义务的一方有确切证据证明对方当事人有难以给付之虞时，有中止履行并有条件地解除合同的权利。

《合同法》第68条规定，应当先履行债务的当事人，有确切证据证明对方有下列情形之一的，可以中止履行：(1)经营状况严重恶化；(2)转移财产、抽逃资金，以逃避债务；(3)丧失商业信誉；(4)有丧失或者可能丧失履行债务能力的其他情形。当事人没有确切证据中止履行的，应当承担违约责任。

须注意的是，根据《合同法》第69条的规定，当事人依照该法第68条的规定中止履行的，应当及时通知对方。对方提供适当担保时，应当恢复履行。中止履行后，对方在合理期限内未恢复履行能力并且未提供适当担保的，中止履行的一方可以解除合同。

就本项目而言，因贵司并未向对方提供委托担保合同，对方难以举证证明与贵司之间的合同关系，故相关诉讼的风险应该不大。但建议贵司取得并保留客户经营状况严重恶化或者存在重大风险的确切证据，并与客户友好协商，及时退还担保费用并配合解除抵押登记，以免引起纠纷。

45. 债权人与抵押人协商和解可能导致保证人的责任减免吗?

问:我司有一风险项目,债权金额约为 5000 万元,有保证、抵押反担保。抵押房产目前市值约 3000 万元,抵押人提出与我司和解,向我司支付 2400 万元后解除其抵押责任。若以比市场价格低的金额和解解除抵押后,其他保证人是否会有权要求我司就放弃的债权部分减免其保证责任?

答: 首先,贵司没有也不能放弃剩余债权;如已放弃,就不存在向其他保证人追偿的问题了。

其次,关于人保与物保并存的问题,《物权法》有相应的规定。《物权法》第 176 条规定,被担保的债权既有物的担保又有人的担保的,债务人不履行到期债务或者发生当事人约定的实现担保物权的情形,债权人应当按照约定实现债权;没有约定或者约定不明确,债务人自己提供物的担保的,债权人应当先就该物的担保实现债权;第三人提供物的担保的,债权人可以就物的担保实现债权,也可以要求保证人承担保证责任。提供担保的第三人承担担保责任后,有权向债务人追偿。

根据该规定,当事人有约定的按约定;如果没有约定或者约定不明的,债务人自己提供物的担保的,债权人应当先就该物的担保实现债权,第三人提供物的担保的,贵司有权选择。如果不属于贵司应先实现担保物权的情形,贵司可以就剩余的债权要求保证人承担保证责任;反之则存在保证人主张部分免责的风险。

再次,关于和解价款问题,建议参照市场价格。《物权法》第 195 条规定:"债务人不履行到期债务或者发生当事人约定的实现抵押权的情形,抵押权人可以与抵押人协议以抵押财产折价或者以拍卖、变卖该抵押财产所得的价款优先受偿。协议损害其他债权人利益的,其他债权人可以在知道或者应当知道撤销事由之日起一年内请求人民法院撤销该协议。抵押权人与抵押人未就抵押权实现方式达成协议的,抵押权人可以请求人民法院拍卖、变卖抵押财产。抵押财产折价或者变卖的,应当参照市场价格。”

贵司与抵押人和解,属于与抵押人就抵押权的实现达成一致协议,应当参照市场价格,并且不得损害其他债权人利益。所谓损害其他债权人利益,主要是以物抵债过分低于市场价格,损害了其他债权人的利益。

债权人以低于市场的价格与抵押人达成协议,法律并未禁止,况且何为市场价格,也不能随意下结论,司法拍卖、变卖抵押物也需要支付一定的成本。但既然《物权法》对于协议价格已有应当参照市场价格的要求,建议贵司与抵押人协议价格不要过于低于市场价格(不低于市场价格的70%),并且应当有评估报告作为参考依据。

最后,如抵押物和解的价格比市场价格要低,保证人是否可以就其中的差额主张免除保证责任呢?笔者认为应该区分两种情况:一种情况是,抵押物为债务人提供的,根据《物权法》第194条的规定,债务人以自己的财产设定抵押,抵押权人放弃该抵押权、抵押权顺位或者变更抵押权的,其他担保人在抵押权人丧失优先受偿权益的范围内免除担保责任,但其他担保人承诺仍然提供担保的除外。因此在此种情况下保证人可以就差额部分主张免除保证责任。另一种情况是,抵押物为第三人提供,根据《物权法》第176条的规定,保证人和物上保证人的地位是平等的,清偿次序上不需要分先后。因此,即便在债权人放弃在第三人提供的担保物上的担保物权的,保证人也不享有在债权人放弃担保物权价值范围内免责的权利。同理可推知,在抵押物和解的价格比市场价格要低的情况下,保证人也不可以就差额部分主张免除保证责任。

46. 抵押房产二次流拍且变卖未成交后怎么办?

问: **我司某项目的抵押房产被另案查封,目前由深圳市某区法院处置,评估价2000 万元,起拍价 1700 万元,经两次流拍、一次变卖仍未成交。据了解,首封人债权约 250 多万元,其间我司曾向法院申请该案参与分配。请问现我司如申请以物抵债是否合理合法?如申请以物抵债注意哪些事项,有何风险?如还存在其他方案,请问优先选择何种方案才更加合适?**

答: 关于贵司所提的就抵押房产是否可以申请以物抵债的问题,根据最高人民法院《关于人民法院民事执行中拍卖、变卖财产的规定》(以下简称《拍卖、变卖规定》)第 26 条的规定,在拍卖的不动产第一次流拍时到场的申请执行人或者其他执行债权人即可申请以物抵债。第 28 条第 1 款规定,对于第二次拍卖仍流拍的不动产或者其他财产权,人民法院可以依照本规定第 19 条的规定将其作价交申请执行人或者其他执行债权人抵债。申请执行人或者其他执行债权人拒绝接受或者依法不能交付其抵债的,应当在 60 日内进行第三次拍卖。

最高人民法院《关于认真做好网络司法拍卖与网络司法变卖衔接工作的通知》第 2 条规定,网拍二拍流拍后,人民法院应当于 10 日内询问申请执行人或其他执行债权人是否接受以物抵债。不接受以物抵债的,人民法院应当于网拍二拍流拍之日起 15 日内发布网络司法变卖公告。该法第 7 条规定,变卖期内无人出价的,变卖期结束时变卖程序结束,相关财产按相关司法解释和规范性文件依法处置。

根据广东省高级人民法院执行局《关于执行程序法律适用若干问题的参考意见》问题十的处理意见:委托拍卖的不动产及其他财产权经三次拍卖流拍,或者动产经两次拍卖流拍,网络拍卖的财产经两次拍卖流拍,不能依法变卖或者以物抵债的,人民法院可以重新委托评估、拍卖。因此,在目前阶段,贵司可以选择行使申请以物抵债或申请法院举行第三次拍卖。

结合《拍卖、变卖规定》第 28 条第 2 款的规定，如贵司既不申请第三次拍卖，也拒绝以物抵债，则存在该执行标的可能被法院解除查封、冻结，将该财产退还被执行人的法律风险。但根据上述广东省高级人民法院执行局《关于执行程序法律适用若干问题的参考意见》问题十的主要理由：委托拍卖的动产及网络拍卖的动产、不动产和其他财产权经过两次拍卖流拍后，不能依法变卖或者以物抵债的，执行法院也可以根据市场价格变化，重新启动评估、拍卖程序，而非必须立即解除查封、冻结措施。根据上述规定，执行法院享有一定的裁量权，建议贵司与执行法官沟通，争取对贵司更为有利的处理方案。

如贵司选择以物抵债，在贵司申请以物抵债后不能全部实现债权的，贵司仍可就剩余未受偿的债权向执行法院申请继续执行。

47. 抵押权人、建设工程优先受偿权人、首轮查封申请人之间的分配顺序是怎样的?

问: 我公司是一家融资担保公司,2016年7月28日,我公司与S公司签订委托保证合同,我公司受S公司委托,为S公司与Y银行签订的借款合同项下贷款提供连带责任保证,并与Y银行签订了保证合同。Y银行据此向S公司发放了合计人民币2000万元贷款。同时,G公司以其名下位于J省某地7幢房产及其上土地使用权提供抵押反担保,与我公司签订抵押反担保合同及抵押物价值确认书,并依法办理了房产抵押登记手续。因当地国土部门拒绝配合,未能办理土地使用权抵押登记。

S公司出现逾期未能偿还上述借款本息,我公司分三笔合计代偿约1600万元,并分三个案件分别向法院起诉。2017年6月9日,L法院作出判决书,确定我公司有权对G公司位于J省某地7幢房产行使抵押权,以上述房产折价或者以拍卖、变卖所得价款优先受偿。上述判决于2016年7月19日生效。

2017年11月12日,L法院作出另外一份判决书,其中涉及本案抵押人G公司的判决如下:贵司有权对G公司名下位于J省某地7幢房产行使抵押权,以上述房产折价或者以拍卖、变卖所得价款优先受偿。上述判决于2018年2月生效。

2017年11月29日,L法院作出第三份判决书,其中涉及本案抵押人G公司的判决如下:贵司有权对G公司名下位于J省某地面积为28 456.47平方米工业用地使用权,J省某地7幢房产行使抵押权,以上述土地及房产折价或者以拍卖、变卖所得价款优先受偿。上述判决于2018年3月19日生效。

2017年5月27日,J省某中级人民法院作出判决书,判决:G公司向Z公司支付工程款15 695 370.08元及利息,若G公司未履行付款义务,Z公

司有权对涉案工程的变卖、拍卖款优先受偿。

此外,G 公司名下涉案 7 幢抵押房产已于 2016 年 11 月 22 日被 Z 公司申请法院首轮查封。涉案 7 幢抵押房产所在土地使用权被另一民间借贷债权人王某申请法院首轮查封。根据 J 省某中级人民法院委托评估机构对涉案 7 幢抵押房产及其上土地使用权评估结果,预计拍卖所得价款不足清偿上述所有债务。请问:

(1)我公司对涉案房产及土地使用权是否享有抵押权?

(2)抵押权人、建设工程优先受偿权人、首轮查封人我公司之间的受偿顺序应当如何?

答: **一、关于贵司能否对涉案土地及房产同时享有抵押权的问题**

根据《物权法》第 182 条的规定,以建筑物抵押的,该建筑物占用范围内的建设用地使用权一并抵押。以建设用地使用权抵押的,该土地上的建筑物一并抵押。抵押人未依照前款规定一并抵押的,未抵押的财产视为一并抵押。即尽管贵司未就 J 省某地的土地使用权进行抵押登记,但贵司已完成该土地上的 7 幢房产的抵押登记,依上述《物权法》的规定,应认为土地使用权也一并进行了抵押,贵司可以就土地及 7 幢房产行使抵押权。

但是,L 法院作出的三份判决书中,有两份判决并未确认贵司对涉案土地使用权享有抵押权,贵司也未上诉,三份判决书皆已生效。故只有一份判决确定贵司对涉案房屋及土地享有抵押权,贵司可在该两份判决生效之日起 6 个月内向上一级法院申请再审。

二、关于建设工程价款优先受偿权与抵押权并存的问题

(一)建设工程款优先权与抵押权受偿顺序

《合同法》第 286 条规定,发包人未按照约定支付价款的,承包人可以催告发包人在合理期限内支付价款。发包人逾期不支付的,除按照建设工程的性质不宜折价、拍卖的以外,承包人可以与发包人协议将该工程折价,也可以申请人民法院将该工程依法拍卖。建设工程的价款就该工程折价或者拍卖的价款优先受偿。对于同一房产上的建设工程价款优先受偿权与抵押权并存时应如何处理,最高人民法院《关于建设工程价款优先受偿权问题的批复》中写明,人民法院在审理房地产纠纷案件和办理执行案件中,应当依照《合同法》第 286 条的规定,认定建筑工程的承包人的优先受偿权优于抵押权和其他债权。即建设工程款权利人应优先于抵押权人受偿。

(二)建设工程款优先权的受偿范围

根据最高人民法院《关于建设工程价款优先受偿权问题的批复》第 3 条的规定,建筑工程价款包括承包人为建设工程应当支付的工作人员报酬、材料款等实际支出的费用,不包括承包人因发包人违约所造成的损失。对于工程款的利息是否属于违约所造成的损失,司法实践中存在不同的看法。最高人民法院在中国建设银行股份有限公司广州天河支行与广州房实工程总承包有限公司、广州洪德置业有限公司金融借款合同纠纷二审判决书中指出,"洪德公司拖欠上述工程款所产生的利息不属于最高人民法院《关于建设工程价款优先受偿权问题的批复》中优先受偿的范围,也即房实公司对上述利息不享有优先受偿权……"该案中,该院认定工程款的逾期利息应属于违约所造成的损失,不被包括在优先受偿范围内。但广东省高级人民法院《关于审理建设工程合同纠纷案件疑难问题的解答》第 15 条规定,利息属于工程价款的法定孳息,承包人主张利息属于工程价款优先受偿权范围的,应予支持。

(三)建设工程款优先权是否及于土地使用权

如前所述,《合同法》规定承包人可以就工程折价或者拍卖的价款优先受偿。对于上述"工程"是否包括工程所占用的建设用地呢?目前法律法规并没有明确的规定。但有部分地区法院给出了细化规定,广东省高级人民法院《全省民事审判工作会议纪要》规定,建设工程价款优先受偿的范围仅限于建设工程价值,不包括建设工程范围内的建设用地使用权价值。

综上所述,根据本案的情况,G 公司名下房地产拍卖所得价款应由 Z 公司优先受偿,贵司基于抵押权所享有的对拍卖款优先受偿权应排在 Z 公司之后。尽管存在争议,贵司仍可主张 Z 公司优先受偿的范围仅包括其对工程的实际费用支出,并不包括利息,并且 Z 公司不能就涉案土地拍卖价款优先受偿。

三、首封债权对抵押权的影响

鉴于本案的情况为抵押物已由首封法院强制执行,目前抵押物的第二次拍卖已经完成。本案不存在首封法院与优先债权法院的冲突问题。根据最高人民法院《关于适用〈中华人民共和国担保法〉若干问题的解释》第 55 条的规定,已经设定抵押的财产被采取查封、扣押等财产保全或者执行措施的,不影响抵押权的效力。即首先查封抵押物并不会对贵司对抵押物拍卖款享有的优先受偿权造成实体性障碍。

综上所述,在本案中,贵司享有的抵押权依生效判决确定,贵司基于房产抵押权所享有的优先受偿权在工程款优先权之后受偿,房产部分执行拍卖款的分配顺序应为:Z公司之工程款——贵司享有优先受偿权的债务——无抵押担保的债务;土地使用权部分执行拍卖款的分配顺序应为:贵司享有优先受偿权的债务——Z公司之工程款及其他无抵押担保的债务。

48. 抵押权人和债权人可以不是同一人吗?

问: **抵押权人和贷款方可以不是同一个人吗?比如,企业间借款,抵押人能否把房产抵押给另一个贷款方指定的个人?**

答: 所谓抵押,是指抵押人和债权人以书面形式订立约定,不转移抵押财产的占有,将该财产作为债权的担保。当债务人不履行债务时,债权人有权依法以该财产折价或者以拍卖、变卖该财产的价款优先受偿。在抵押担保法律关系中,存在抵押权人、债权人、债务人、抵押人等多个主体,一般情况下,抵押权人和债权人是同一主体,抵押人可以为债务人,也可以是第三人。

一、通常情况下,抵押权人和债权人必须保持一致

通常抵押权人和债权人必须保持一致的理由有两点:第一,抵押权具有从属性。从属性是抵押权的重要特征之一,指的是抵押权的发生、转移和消灭都应当从属于债权。根据《物权法》第172条的规定,设定担保物权,应当依照本法和其他法律的规定订立担保合同。担保合同是主债权债务合同的从合同。有债权才有抵押权,因此从属性是抵押权的重要特性,体现在抵押权的成立以债权的成立为前提。《物权法》第192条规定,关于抵押权不得与债权分离而单独转让或者作为其他债权的担保的规定,亦明确了抵押权处分上的从属性。

第二,抵押权必须经过公示。公示公信原则是公示原则和公信原则的合称,目的是保护交易安全,特别是保护当事人对公示的信赖利益。所谓公示,是指物权在变动时,必须将物权变动的事实通过一定的公示方法向社会公开,从而使第三人知道物权变动的情况,以避免第三人遭受损害并保护交易安全。《物权法》第9条规定:"不动产物权的设立、变更、转让和消灭,经依法登记,发生效力;未经登记,不发生效力,但法律另有规定的除外。"该条是以立法的方式对公示公信原则的确立。《物权法》还明确规定,以不动产抵押的,应当办理抵押登记。抵押权自登记时设立。

抵押权人和债权人是否必须为同一人，在理论上也存在争议，如有的学者就坚持认为抵押权人和债权人在任何情况下都是同一人；但有的学者认为，在特定情况下，二者也可分离。[①]

二、但在实践中，确实存在债权人和抵押权人不一致的情况

债权人与抵押权人不一致的情况主要有：

(1)债权转让导致新的债权人与原抵押权人不一致，且并未办理抵押权变更登记。

(2)在委托贷款业务中，债权人为银行，抵押权人为委托人，出现这种情况的原因是银行不愿意承担抵押登记的风险和责任。

(3)网络借贷平台上出借人人数众多加上网上签署电子合同，不便办理抵押权人为众多债权人的抵押登记，故安排众多债权人共同委托某一债权人代表作为抵押权人，办理抵押登记手续。

(4)规避登记机关设置的限制条件，如部分登记机关不予办理某些主体的不动产抵押登记，故委托其他主体来"代持"不动产抵押权。

对于第一种情形，详见其他问答，这里不再重复。本文现仅就其他三种情形进行分析。

对于第二种情形，委托贷款业务中的债权人与抵押权人不一致，这种现象较为常见。这种情形法院一般对于委托人行使抵押权的请求予以支持。例如，在重庆兆群投资有限公司与重庆恩纬西实业发展有限公司、重庆华龙盈科实业有限公司、重庆华龙盈科光电股份有限公司、吴某江、吴某勇借款合同纠纷案[(2014)渝高法民初字第00073号]中，法院判决认为，虽然当事人签订的抵押合同和他项权证书均载明抵押权人为富滇银行重庆分行，但因该抵押担保的主债权人为兆群投资公司，且在本案所涉委托贷款法律关系中，富滇银行重庆分行仅为受托贷款人，其行为的法律后果仍应当归于委托贷款人兆群投资公司，富滇银行重庆分行亦在庭审中认可该抵押物权的实际权利人应为兆群投资公司。故兆群投资公司应为该抵押物权的实际权利人，其有权以拍卖、变卖抵押财产所得价款在主债权确定的范围内优先受偿。但由于该抵押物权为第二顺位，兆群投资公司应当对拍卖、

① 参见高圣平:《担保法论》，法律出版社2009年版，第294页。

变卖抵押财产所得价款超出第一顺位的担保债权的部分优先受偿。

又如，在北京长富投资基金（以下简称长富基金）与武汉中森华世纪房地产开发有限公司（以下简称中森华房地产公司）等委托贷款合同纠纷案中，长富基金、兴业银行武汉分行与中森华房地产公司签订委托贷款合同，约定长富基金委托兴业银行武汉分行向中森华房地产公司贷款6.3亿元，借款用途为徐东村城中村综合改造项目。中森华房地产公司将拥有的位于武汉市洪山区徐东村K1地块面积为25 134.12平方米的土地使用权（证号武国用〔2012〕第X1号）与K5地块面积10 313.48平方米的在建工程及面积为5424.82平方米的土地使用权（证号武国用〔2012〕第X2号）抵押给兴业银行武汉分行；中森华投资公司以其持有的49%的股权为中森华房地产公司在本协议项下的全部债务提供质押担保并质押给兴业银行武汉分行。后长富基金提起本案诉讼，主张中森华房地产公司未按委托贷款合同及抵押合同的约定办理K2、K3、K4地块土地使用权及在建工程抵押，且抵押的在建工程大部分被出售，已构成违约，要求终止合同，提前收回借款，并对抵押物和质押股权主张优先受偿权。一审、二审法院基于《合同法》第402条的规定，认定长富基金可以自己名义直接向中森华房地产公司主张权利，本案中的抵押合同、股权质押合同、连带保证合同和抵押、质押登记的名义权利人是兴业银行武汉分行，但因中森华房地产公司及担保人对长富基金委托兴业银行武汉分行发放贷款及担保的实际权利人是长富基金均是明知的，且兴业银行武汉分行对长富基金直接主张担保权利不持异议，故本案的担保合同应直接约束长富基金、中森华房地产公司及担保人，长富基金就其债权对中森华房地产公司及其他担保人提供的担保物的处置价款享有优先受偿权。

对于第三种情形，由于近年来P2P网络借贷行业潮起潮落，借款人通过网络借贷平台借款并提供房产抵押的所谓"抵押标"模式也是司空见惯。如上所述，网络借贷具有人数众多、电子合同的特殊性，无法按线下民间借贷业务办理抵押登记，因此通常是平台上的所有出借人委托某一出借人作为债权人代表"代持"抵押权。这种模式的合法性及效力究竟如何？

广东省互联网金融风险专项整治工作领导小组办公室于2018年2月1日印发了《关于进一步做好全省网络借贷信息中介机构整改验收有关事项的通知》，其附件《广东省网络借贷信息中介机构整改验收问题自查指引表》中明确，借款人可以将抵(质)押物抵(质)押在出借人(或经授权的出借人代表)名下,只要不是由平台及其关联方实际控制抵(质)押物即可。按照该通知,抵(质)押物抵(质)押在经授权的出借人代表名下,且非由平台及其关联方实际控制,符合监管整改的要求。

在司法判例方面,法院也有确认支持的案例。例如,在磐石众智(天津)资产管理有限公司与杨某某民间借贷纠纷案中,全体资金借出方一致同意,委托搜易贷指定资金借出方之一纪某某与甲方办理房屋抵押登记手续,并将甲方提供的抵押物登记到其名下。后纪某某出具了一份抵押权转让声明,确认:该不动产抵押权已随主债权一并转让给债权受让方磐石公司。一审法院缺席判决支持磐石众智(天津)资产管理有限公司对杨某某所有的位于天津市西青区精武镇京华道南侧瑞安里 X 房产拍卖或变卖的价款,按照抵押登记顺序享有优先受偿权。

但这并非没有风险,在实际操作中,为了办理抵押登记,抵押人与债权人代表须另行按登记机关的要求签订线下借款合同、抵押合同,因此导致线上合同和线下合同同时存在的"阴阳合同"现象,债权人和抵押权人一致,实际合同和备案合同不一致,可能增加债权人实现抵押权的风险。

对于第四种情形,实践中也有不少先例。王某某与安徽国瑞投资集团有限公司等民间借贷纠纷案[(2015)民一终字第 107 号]即为此类。2013 年 1 月 20 日,王某某(出借人)与阳光半岛公司(借款人)签订借款合同,约定:借款金额为16 950万元,借款期限为 7 个月,由借款人提供其名下不低于 500 亩土地使用权作为还款的担保并进行抵押登记,另行签订土地抵押合同。2013 年 1 月 20 日,阳光半岛公司(抵押人)与国瑞公司(抵押权人)签订土地抵押合同,约定:为担保本合同第一条所述"主合同"项下债务的履行,抵押人自愿将登记在其名下的土地使用权为"主合同"出借人王某某的债权设立抵押担保。该合同签订后,双方向寿县国土资源局申请抵押登记,该局于 2013 年 1 月 21 日颁发寿抵他项(2013)第 009 号他项权证,载明:土地他项权利人为国瑞公司;义务人为阳光半岛公司。一审法院认为,王某某虽为债权人,但不是抵押合同约定和他项权证载明的抵押权人;国瑞公司虽系抵押合同约定和他项权证载明的抵押权人,对阳光半岛公司却不享有债权,故阳光半岛公司、国瑞公司签订土地抵押合同中关于该合同担保的主合同为王某某与阳光半岛公司之间的借款合同的约定,以及据此设定抵押权不符合法律规定。故王某某依据案涉土地抵押合同及他项权证主张其案涉土地使用权享有优先受偿权法律依据不足，一审法院不予支持。王某某不服一审判决提起上诉，二审法院认为，在抵押登记制度不健全，抵押登记部门不准予将土地使用权抵押登记在自然人名下的情形下，阳光半岛公司和王某某同意由国瑞公司与阳光半岛公司签订土地抵押合同，以国瑞公司名义办理抵押登记，为阳光半岛公司与王某某之间的借款合同提供抵押担保，实质是阳光半岛公司与王某某为了履行双方之间的《借款合同》而做的一种交易安排。这样的交易安排体现了阳光半岛公司与王某某以涉案土地使用权为双方之间的借款提供抵押担保的真实意思表示，且不违反法律、行政法规的强制性规定。故涉案借款合同、土地抵押合同均属合法有效。阳光半岛公司与国瑞公司之间《土地抵押合同》关于涉案土地使用权为王某某债权提供抵押担保的约定，对于阳光半岛公司、国瑞公司和王某某内部之间具有约束力。在没有信赖登记的善意第三人主张权利的情形下，应依据当事人约定来确定权利归属。根据阳光半岛公司与国瑞公司签订的土地抵押合同约定，王某某对涉案土地使用权享有实际抵押权，为涉案土地使用权的实际抵押权人；国瑞公司只是土地抵押合同约定的名义上抵押权人，对涉案土地使用权不享有抵押权，且国瑞公司在诉讼中也未主张任何权利。因登记制度不健全、登记部门不准予将土地使用权抵押登记在自然人名下原因，导致本案债权人与登记上的抵押权人不一致，只是债权人和抵押权人形式上不一致，实质上债权人和抵押权人仍为同一，并不产生抵押权与债权实质上分离。王某某既是借款合同的债权人，也是土地抵押合同约定的涉案土地使用权的实际抵押权人，王某某对阳光半岛公司享有的债权实质上就是抵押担保的主债权。故王某某作为本案债权人享有涉案土地使用权的抵押权，符合《物权法》第 179 条关于抵押权的一般规定。

综上所述，针对您所提问题，笔者认为：

第一，基于抵押权的从属性和物权法上的公示公信原则，抵押权人和债权人原则上必须为同一人，从风险防控的角度，这也是最为安全的做法。

第二，基于委托代理的基本原理，在不违反法律的强制性规定，加之不损害国家利益、社会公共利益、他人利益的前提下，应允许债权人将抵押权委托给他人并以他人的名义代为登记，实践中已有司法判决支持的案例。抵押人、抵押权人、债权人之间关于抵押担保的合同约定效力在三者内部有效，但不能以此对抗善意第三人。

第三，抵押权人和债权人不一致存在一些于特殊的情形，抵押权最终能否行使须根据具体的情形判断，抵押人的抗辩和法官的自由裁量都可能使案件审理结果存在不确定因素。

49. 抵押物被其他法院查封了怎么办?

问: **我是某担保公司的法务人员。近期我公司有个追偿项目,情况是这样的:借款企业向 A 银行申请了 1200 万元的一年期贷款,A 银行要求每月等额还款 30 万元,余款到期一次还清,委托我公司提供保证担保,并以其法定代表人王某名下的一套别墅作为抵押反担保。贷款到期前 2 个月,借款企业因经营陷入困境、负债过多,导致资金链断裂,未能按月偿还银行借款,A 银行后根据借款合同约定宣布贷款提前到期,我公司依约代偿本金及利息 900 多万元。同时,上述抵押物被另案民间借贷债权人申请法院执行过程中查封。请问我公司应该怎么办?**

答: 首先,贵公司可以申请法院轮候查封并通过与执行法院协调处置抵押物,获得优先受偿。

最高人民法院《关于人民法院民事执行中查封、扣押、冻结财产的规定》第 28 条规定:“对已被人民法院查封、扣押、冻结的财产,其他人民法院可以进行轮候查封、扣押、冻结。查封、扣押、冻结解除的,登记在先的轮候查封、扣押、冻结即自动生效。”所以,贵公司可以起诉借款人及其担保人,并对上述抵押物采取保全措施,申请法院进行轮候查封。

在执行过程中,贵公司可以申请执行法院协调首轮查封法院对抵押物进行处置。最高人民法院《关于人民法院民事执行中拍卖、变卖财产的规定》第 9 条规定:“保留价确定后,依据本次拍卖保留价计算,拍卖所得价款在清偿优先债权和强制执行费用后无剩余可能的,应当在实施拍卖前将有关情况通知申请执行人。申请执行人于收到通知后五日内申请继续拍卖的,人民法院应当准许,但应当重新确定保留价;重新确定的保留价应当大于该优先债权及强制执行费用的总额。依照前款规定流拍的,拍卖费用由申请执行人负担。”最高人民法院《关于首先查封法院与优先债权执行法院处分查封财产有关问题的批复》对于解决首封处分权与优先受偿债权之间冲突问题已有明确规定。已进入其他法院执行程序的债权对查封财产有顺位在先的担保物权、优先权(该债权以下简称优先债权),自首先查封之日起已超过60日,且首先查封法院就该查封财产尚未发布拍卖公告或者进入变卖程序的,优先债权执行法院可以要求将该查封财产移送执行。若存在前述情形,贵公司可以向执行法院申请联系首先查封法院,要求移送执行法院处置抵押物。

其次,贵公司作为抵押权人有权直接向执行法院申请参与分配。

2015年2月施行的最高人民法院《关于适用〈中华人民共和国民事诉讼法〉的解释》第508条规定:"被执行人为公民或者其他组织,在执行程序开始后,被执行人的其他已经取得执行依据的债权人发现被执行人的财产不能清偿所有债权的,可以向人民法院申请参与分配。对人民法院查封、扣押、冻结的财产有优先权、担保物权的债权人,可以直接申请参与分配,主张优先受偿权。"按照该司法解释的规定,贵公司可以直接向查封抵押物的法院申请参与分配,主张优先受偿权。

50. 首先查封人与优先债权人之间应如何处理清偿顺序问题?

问:在债权追偿过程中,我司为房产抵押权人,但该抵押物被另案债权人首封,如果被首封法院执行或者被我司申请的法院执行,当拍卖执行款不足以偿还债务人债务时,我司作为优先受偿人,是否需要将执行款向首封人补偿;如果补偿,多少比例合适,法律上是否有明确规定?

答: 关于首先查封人与优先债权人之间的利益冲突与协调,主要涉及优先处置与清偿顺序两个问题。

关于优先处置问题,现主要规定于最高人民法院《关于首先查封法院与优先债权执行法院处分查封财产有关问题的批复》。该规定主要是关于法院处分查封财产的程序规定。

关于贵司所关注清偿顺序问题,分以下两种情形:

一、被执行人的财产足以清偿

最高人民法院《关于人民法院执行工作若干问题的规定(试行)》(以下简称《执行规定》)第 88 条规定,多份生效法律文书确定金钱给付内容的多个债权人分别对同一被执行人申请执行,各债权人对执行标的物均无担保物权的,按照执行法院采取执行措施的先后顺序受偿。多个债权人的债权种类不同的,基于所有权和担保物权而享有的债权,优先于金钱债权受偿。有多个担保物权的,按照各担保物权成立的先后顺序清偿。一份生效法律文书确定金钱给付内容的多个债权人对同一被执行人申请执行,执行的财产不足清偿全部债务,各债权人对执行标的物均无担保物权的,按照各债权比例受偿。

根据前述规定,多份生效法律文书确定金钱给付内容的多个债权人分别对同一被执行人申请执行的,担保物权债权优先于普通债权受偿,而普通债权依据采取执行措施的先后顺序受偿。在笔者办理的某仲裁执行案件中,由于被执行人未能履行裁决所定义务,为维护申请人的合法权益,申请人依法向法院申请强制执行,在执行过程中,法院依法查扣了抵押物的部分租金收入。根据《物权法》第197条、《担保法》第47条及最高人民法院《关于适用〈中华人民共和国担保法〉若干问题的解释》第64条的规定,债务人不履行到期债务或者发生当事人约定的实现抵押权的情形,致使抵押房屋被人民法院依法扣押的,自扣押之日起抵押权人有权收取租金。所收取的租金,首先用于清偿收取租金产生的费用,其次用于清偿主债权的利息,最后有剩余的再用于清偿主债权。其他债权人并非抵押权人,也未对抵押物采取查扣措施,故未能参与分配。

二、被执行人的财产不足清偿

(一)被执行人为企业法人

《执行规定》第89条规定,被执行人为企业法人,其财产不足清偿全部债务的,可告知当事人依法申请被执行人破产。最高人民法院《关于适用〈中华人民共和国民事诉讼法〉的解释》(以下简称《民诉法司法解释2015》)第513条规定,在执行中,作为被执行人的企业法人符合《企业破产法》第2条第1款规定情形的,执行法院经申请执行人之一或者被执行人同意,应当裁定中止对该被执行人的执行,将执行案件相关材料移送被执行人住所地人民法院。该法第516条规定,当事人不同意移送破产或者被执行人住所地人民法院不受理破产案件的,执行法院就执行变价所得财产,在扣除执行费用及清偿优先受偿的债权后,对于普通债权,按照财产保全和执行中查封、扣押、冻结财产的先后顺序清偿。为促进和规范执行案件移送破产审查工作,保障执行程序与破产程序的有序衔接,最高人民法院还出台了《关于执行案件移送破产审查若干问题的指导意见》。根据前述规定,除非经当事人申请或者执行法院移送被执行企业法人破产,适用破产程序和清偿顺序外,清偿的先后顺序为:执行费用—优先受偿债权—普通债权(按照财产保全和执行中查封、扣押、冻结财产的先后顺序清偿)。

(二)被执行人为公民或者其他组织

《民诉法司法解释2015》第508条规定,被执行人为公民或者其他组织,在执行程序开始后,被执行人的其他已经取得执行依据的债权人发现被执行人的财产不能清偿所有债权的,可以向人民法院申请参与分配。对人民法院查封、扣押、冻结的财产有优先权、担保物权的债权人,可以直接申请参与分配,主张优先受偿权。第510条规定,参与分配执行中,执行所得价款扣除执行费用,并清偿应当优先受偿的债权后，对于普通债权，原则上按照其占全部申请参与分配债权数额的比例受偿。清偿后的剩余债务，被执行人应当继续清偿。债权人发现被执行人有其他财产的，可以随时请求人民法院执行。根据前述规定，清偿的先后顺序为：执行费用——优先受偿债权——普通债权（原则上按比例受偿）。对于“原则上按比例”是否也有例外，以及例外程度如何，实践中存在一定的争论。例如，浙江省高级人民法院《关于在立案和审判中兼顾案件执行问题座谈会纪要》第 3 条第 4 项规定首先申请财产保全并成功保全债务人财产的债权人在参与该财产变价所得价款的分配时，可适当多分，但最高不得超过 20%（1∶1.2 的系数）。浙江省高级人民法院印发《关于多个债权人对同一被执行人申请执行和执行异议处理中若干疑难问题的解答》第 13 条对具体如何确定分配比例进行了明确，举例说明如下：“甲、乙、丙均申请执行丁，申请执行标的额分别为 200 万元、300 万元和 100 万元，符合参与分配条件。在诉讼中，甲首先申请财产保全并成功保全丁的全部财产，后拍卖得款 300 万元。主持分配的法院决定给甲多分 20%（增加 0.2 的系数）。分配时，先计算出乙、丙的受偿比例（以 A 指代），确定系数 1，再乘以（1 +20%）得出甲的受偿比例。乙、丙受偿比例的计算方法为：甲债权 200 万元 × A ×（1 + 20%）+（乙债权 300 万元 + 丙债权 100 万元）× A = 可分配金额 300 万元，由此计算出 A =46.875%。则甲的受偿比例为 46.875% ×1.2 =56.25%。”该解答还指出，当首先申请财产保全并成功保全债务人财产的债权人的申请执行标的额远大于可分配金额，或者其他债权人的受偿比例已经较高（达到 83.34% 以上）时，奖励的系数应视情降低，以免出现首先申请财产保全并成功保全债务人财产的债权人分走全部款项或超额受偿的情况。

但在上诉人王某某因与被上诉人方某、一审第三人朱某某执行分配方案异议之诉案[（2016）苏 13 民终 3346 号]中，一审、二审法院皆认为，王某某虽然最先申请人民法院对涉案财产进行了查封，但法院的查封不是王某某对被查封财产享有优先受偿权的依据，其仍是涉案财产的普通债权人。即便撇开该案例不说，“原则上按比例受偿”也足以对首先查封人主张多分的请求构成限制。

题述问题实际上是清偿顺序问题，相对于普通债权，优先债权无论是在哪种情形都有优先受偿的权利。浙江省高级人民法院《关于在立案和审判中兼顾案件执行问题座谈会纪要》规定的“申请财产保全的债权人成功保全被执行人财产的，在参与分配时,除扣其为保全、处置该财产所支出的合理的差旅费用、垫付的评估费等外,还可适当多分,但最高不得超过 20%(1:1.2 的系数)”,实际上是解决普通债权之间的分配问题,否则就明显欠缺法律依据。贵司作为优先债权人,当然无须在执行过程中给予他债权人任何补偿,只有在法院主持有关执行分配方案的调解中,存在是否可以对其他债权人作出适当让步的问题。《民事诉讼法》第 13 条规定,当事人有权在法律规定的范围内处分自己的民事权利和诉讼权利。在实践中,为了顺利推动执行,快速实现债权,优先债权人放弃少部分的利益以尽快实现诉讼目标的情形也比较常见,但关于是否让步,建议贵司根据案件实际情况和贵司内部决策流程确定。至于让步的比例,属于当事人意思自治范畴,可参照上述浙江省高级人民法院的有关规定,以不超过 20% 为限。例如,在笔者代理人的某“搭便车”实现抵押权的案件中,为了保障房产拍卖顺利进行,笔者代理的 B 担保公司经过多次谈判,以在机器设备拍卖款分配方面作出 20% 的让步为条件,终于取得了首先查封人同意法院拍卖房产,所得价款全部向 B 担保公司清偿。而在机器设备的处理上,充分发挥出了另一债权人 Y 公司的行业经验优势,顺利卖出了高价。

建议贵司加大贷(保)后跟踪力度,当发现在债务人存在偿债务危机时,应于第一时间迅速对担保财产申请诉前(讼)保全,以免造成执行中的被动。在执行分配过程中,尽管存在多方利益冲突,但如果最终各方握手言和,共同处置抵押物并按约定比例受偿,也不失为一种明智抉择。

51. 委托贷款展期，是否需要办理抵押变更登记？

问：我司于 2017 年 4 月与某公司开展委托贷款业务而签订了委托贷款合同（主合同）、保证担保合同、抵押担保合同以及应收账款质押担保合同（从合同），该合同委托贷款款 1000 万元，合同约定分次放款。现我司计划与该公司将委托贷款业务项下的第三笔放款 200 万元的租赁期限展期 1 年，双方签订展期协议，展期协议延长主债权期限会取得保证人和抵押人的书面同意，但不重新办理抵押登记手续（原抵押权办理登记期限为 1 年），请问这样是否对抵押权有影响？若对方违约，我司是否可以享有该抵押优先受偿权？

答：您的问题实际是委托贷款展期的情况下，抵押登记是否需办理变更的问题。根据《物权法》第 6 条的规定，不动产物权的设立、变更、转让和消灭，应当依照法律规定登记。《不动产登记暂行条例实施细则》第 26 条第 5 项规定，抵押担保的范围、主债权数额、债务履行期限、抵押权顺位发生变化的，不动产权利人可以向不动产登记机构申请变更登记。此处规定的是“可以”而非“必须”。而实践中房产登记部门一般不予办理。

关于抵押登记期限，担保法和物权法上并没有这个概念。最高人民法院《关于适用〈中华人民共和国担保法〉若干问题的解释》第 12 条规定，当事人约定的或者登记部门要求登记的担保期间，对担保物权的存续不具有法律约束力。《物权法》第 202 条规定，抵押权人应当在主债权诉讼时效期间行使抵押权；未行使的，人民法院不予保护。

在泉州市丰泽区清源房地产开发有限公司、王某瑞、王某利与被申请人中国工商银行股份有限公司泉州洛江支行、原审第三人林某某借款合同纠纷案［（2014）民申字第 629 号］中，最高人民法院认为，关于工行洛江支行是否就抵押物享有优先受偿权的问题。法院认为，虽然三方当事人于 2009 年 10 月 30 日签订委托贷款展期协议，约定将该贷款期限向后顺延 3 个月，但展期协议并未发生新的债权债务关系,故展期后的债权仍属于最高额抵押合同约定的担保范围。且在借款原约定的期限届满时,清源公司作出股东会决议,决定申请办理贷款展期,在该决议书中,清源公司股东一致同意展期后的贷款担保,仍按照本案最高额抵押合同执行。虽然清源公司作为抵押人,工行洛江支行作为抵押权人,未就展期后的抵押问题另行签订新的抵押合同,但从双方的意思表示和实际履行情况来看,应当认为,清源公司同意继续以最高额抵押合同项下抵押物为展期后的借款提供担保,而工行洛江支行亦接受了该担保。因此清源公司以委托贷款展期协议签订后,工行洛江支行与清源公司没有续签抵押合同,因而丧失对抵押物的抵押权的主张,缺乏事实和法律依据,法院不予采信。

因此,展期协议签订后,虽然未办理抵押登记变更,但抵押权应该还能在法律规定的期限内继续行使。不过也不能认为没有风险,毕竟登记备案的抵押合同与实际签订的合同存在不一致的情形,未经备案登记的合同变更可能存在无法对抗善意第三人的风险。最高人民法院《关于适用〈中华人民共和国担保法〉若干问题的解释》第 61 条规定,抵押物登记记载的内容与抵押合同约定的内容不一致的,以登记记载的内容为准。因此,建议贵司采取更为安全的做法,即注销原有抵押登记,根据新的合同重新办理抵押登记手续。

52. 房产买受人可否代为清偿债务以解除抵押登记？

问： 我司为一家融资担保公司，担保的借款企业尚有一笔贷款于 2018 年 6 月到期，抵押人向我司提供一套房产作为反担保，并已办理抵押登记。2017 年，抵押人欲将该房产以 900 万元人民币价格出售，与买受人签订房屋买卖合同，后因房价上涨，卖方违约。买受人起诉后，一审法院判决要求卖方继续履行该合同，抵押人不服一审判决提起上诉；目前该案在二审过程中。因该房产抵押在我司名下，不具有强制过户的条件。买受人已申请将该房产查封，现买受人同意将借款企业未偿还的剩余贷款转入我司作为保证金，希望我司可以解除房产抵押。房屋买卖合同纠纷将于 2018 年 6 月 1 日开庭，买受人希望我司尽快配合解除抵押登记。该借款企业尚欠贷款 235 万元人民币，银行已扣除我司在银行的保证金，我司即将取得代偿证明。请问抵押期间，抵押人与买受人签订的房屋买卖合同是否有效，该案的诉讼对我司的抵押权有何影响？

答： 一、《房屋买卖合同》的效力问题

《物权法》第 191 条规定："抵押期间，抵押人经抵押权人同意转让抵押财产的，应当将转让所得的价款向抵押权人提前清偿债务或者提存。转让的价款超过债权数额的部分归抵押人所有，不足部分由债务人清偿。抵押期间，抵押人未经抵押权人同意，不得转让抵押财产，但受让人代为清偿债务消灭抵押权的除外。"

对于抵押期间，抵押人未经抵押权人同意签订的房屋买卖合同是否有效，实践中存在一定的分歧。一种观点认为，抵押权限制了所有权的处分权能，以抵押物的市场交易价值担保债权的实现。抵押权已成立，未经抵押权人同意，进行处分，因所有权处分权能业已受限，其处分属于无权处分，依据无权处分规则处理。抵押期间未经抵押权人同意擅自转让抵押物的合同，并非当然无效的合同，可以视为"效力待定"的合同。另一种观点认为，转让抵押财产行为的实现，需要进行

两个行为，一个是签订转让抵押财产买卖合同的债权行为，另一个是抵押财产所有权变动的物权行为。而转让抵押财产债权行为并不是必须经过抵押权人的同意，因为抵押人与买受人签订转让抵押财产合同的行为，只是一个债权行为，并不会直接导致抵押财产物权变动的结果，抵押人未经抵押权人同意，与他人签订抵押财产转让合同行为并不会导致抵押权的消灭，抵押权人仍可以行使抵押权。抵押人仍是抵押物的所有权人，有权将抵押物自由转让给他人。

笔者倾向于第二种观点，即房屋买卖合同有效，只不过抵押期间，抵押人未经抵押权人同意，不能办理房屋过户登记。抵押人签订房屋买卖合同虽然未经贵司同意，但也并未实际损害抵押权人的利益。

二、关于受让人代为清偿债务

根据上述《物权法》第191条第2款的规定，受让人可以代为清偿债务，受让人可以代为清偿债务后，由于主债权消灭，抵押权也就同时消灭。故虽在抵押期间，抵押人未经抵押权人同意，也可以转让抵押财产。如上分析，此处的转让抵押财产，特指办理房屋过户登记手续。

此外，根据《合同法》第84条的规定，债务人将合同的义务全部或者部分转移给第三人的，应当经债权人同意。按照学理观点，债务承担，按照承担后原债务人是否免责为标准，可以分为免责的债务承担和并存的债务承担。免责的债务承担，是指债务人经债权人同意，将其债务部分或全部移转给第三人负担。并存的债务承担，是指债务人不脱离债的关系，第三人加入债的关系，与债务人共同承担债务。在并存的债务承担中，由于原债务人没有脱离债的关系，对债权人的利益不会发生影响，因而原则上无须债权人的同意，只要债务人或第三人通知债权人即可发生效力。就本案而言，如果买受人代替债务人向银行清偿贷款，银行不知道买受人与抵押人之间的诉讼纠纷，银行一般可以同意。在此前提下，主债务清偿完毕，贵司担保责任解除，可以解除抵押登记。

三、关于诉讼判决结果对贵司抵押权的影响

尽管房屋买卖合同是否有效存在一定的争议，但根据贵司陈述，该案一审已判决继续履行，即表明一审法院认可房屋买卖合同的效力。根据司法实践并结合本案的情况，二审维持一审判决的可能性较大。笔者认为，无论二审判决结果如何，贵司的抵押权皆不受任何影响，理由如下：

第一,如前所述,未经抵押权人同意,抵押物并非不可转让,只不过不能发生物权变动效力,况且买受人可以通过代为清偿债务化解过户阻碍。

第二,对贵司而言,抵押权依法设立并办理抵押登记,享有法律规定的优先受偿权,该抵押权不能因房屋买卖合同的签订和履行受到影响,否则抵押权人的优先受偿权就没有意义。

第三,贵司享有抵押物的核心权利为优先受偿权而并非处分等其他权利,抵押物担保的全部债权获得清偿,是贵司解除抵押登记的唯一前提。

例如,我国台湾地区"民法"规定,不动产所有人设定抵押权后,得将不动产转让与他人。但其抵押权不因此而受影响。《物权法》虽无明确规定,但实质效果相同。

根据以上分析,贵司作为抵押权人,配合解除抵押登记的唯一前提是抵押物担保的债权已获得全部清偿,贵司的担保责任终止。贵司可依次选择下列方案:

方案一:通过协商和解或者执行判决促使买受人代借款企业清偿全部债务(银行贷款本息或者贵司代偿款本息、违约金等)后,贵司解除房屋抵押登记。此为优先考虑方案,可使贵司免遭诉累,节省受偿时间。

方案二:若买受人不愿意或者抵押人阻挠导致买受人不能代借款企业清偿全部债务(银行贷款本息或者贵司代偿款本息、违约金等),贵司向贷款银行代偿后,可依法申请法院拍卖、变卖抵押物优先受偿。

53. 主债权和抵押权一并转让时需关注哪些法律问题?

问: 关于债权转让的问题,在《合同法》中存在相关的规定,但如果债权转让的同时伴有抵押权一并转让的,需要关注哪些法律问题呢?

答: 债权转让,是指合同债权人将其债权全部或者部分转让给第三人的行为。债权转让分为全部转让和部分转让。债权全部让与第三人,第三人取代原债权人成为原合同关系的新的债权人,原合同债权人因合同转让而丧失合同债权人权利,债权部分让与第三人,第三人成为合同债权人加入原合同关系,成为新的债权人。

根据《合同法》第 81 条的规定,债权人转让权利的,受让人取得与债权有关的从权利,但该从权利专属于债权人自身的除外。《物权法》第 192 条规定:"抵押权不得与债权分离而单独转让或者作为其他债权的担保。债权转让的,担保该债权的抵押权一并转让,但法律另有规定或者当事人另有约定的除外。"对于主债权和抵押权一并转让的相关法律问题,分析如下:

一、债权转让须通知债务人和抵押人

《合同法》第 80 条规定:债权人转让权利的,应当通知债务人。未经通知,该转让对债务人不发生效力。根据该条规定,债权转让后,是否通知债务人及抵押人将成为债权转让是否对债务人和抵押人发生法律效力的关键。

例如,在卢某某与深圳市嘉某科技发展有限公司、吴某等合同纠纷一审案[(2016)粤 0303 民初 6647 号]中,2015 年 1 月 31 日,原告与第三人高某公司签订债权转让协议书,后者将其在(2013)深中法商初字第 55 号民事判决书项下的债权及抵押权转让给原告,第三人高某公司就此向三被告邮寄了债权转让通知书。2015 年,原告向深圳市中级人民法院提起诉讼,请求判令被告嘉某公司向原告清偿 1500 万元及确认原告对被告吴某、陈某某提供的抵押物享有优先受偿权。该院认为,原告与第三人高某公司签订的《债权转让协议书》系双方当事人真实意思表示，其内容不违反法律和行政法规的强制性规定，属有效合同。合同生效后，第三人高某公司向被告嘉某公司发出债权转让通知书，被告嘉某公司收到高某公司发出的债权转让通知书，以及被告吴某、陈某某收到本院送达起诉状时，各被告已知悉债权人高某公司将权利转让给原告，故涉案债权转让对三被告已发生效力，原告因此取得高某公司在（2013）深中法商初字第55号民事判决书项下的债权及相应的抵押担保权。

而在深圳市安某某投资担保有限公司与刘某民间借贷纠纷一审案[（2016）粤0304民初10992号]中，深圳市福田区人民法院认为，原告虽提交其与案外人邵某签订之《债权及抵押权转让合同》，但其未提交充分有效之证据证明该债权转让已经通知被告。至于原告主张案外人邵某已向本案《借款担保协议》载明之被告送达地址以邮政快递方式邮寄送达该债权转让协议，并主张根据《借款担保协议》之约定案外人邵某已履行通知义务，法院认为，一方面，案外人邵某投递之快递被拒收，不属于该协议所载明之“有关本协议相关文件、资料等一经送达本协议确定的地址，即视为送达”中所约定之“送达”；另一方面，被告作为债务人应获债权转让之通知，系法律规定之债权转让生效要件，当事人约定不得违反该约定。故原告向被告主张债权，没有法律和事实依据，该院依法不予支持。故该院判决驳回了原告深圳市安某某投资担保有限公司的全部诉讼请求。

可见，同样都是采取邮寄送达债权转让通知，不同的案件会有不同的审理结果。除了案情的不同之外，法官的自由裁量也是重要的因素。

二、抵押权一并转让后，是否须办理抵押权变更登记

针对金融资产管理公司，最高人民法院对此曾出台了相应的司法解释。最高人民法院《关于审理涉及金融资产管理公司收购、管理、处置国有银行不良贷款形成的资产的案件适用法律若干问题的规定》第9条规定：“金融资产管理公司受让有抵押担保的债权后，可以依法取得对债权的抵押权，原抵押权登记继续有效。”该条能否适用于金融资产管理公司之外的其他民事主体呢？按照民法上的平等原则，应当一视同仁。

在湖南绿某某糖业有限公司、丁某耀等与湖南绿某某糖业有限公司、丁某耀等借款合同纠纷申请再审案[（2015）民申字第2040号]中，再审申请人湖南绿某某糖业有限公司（以下简称绿某某公司）、丁某耀因与被申请人怀化市某城区城市建设投资有限公司(以下简称城建投公司)、一审第三人庄某借款合同纠纷一案,不服湖南省高级人民法院(2014)湘高法民二终字第143号民事判决,向最高人民法院申请再审。再审理由之一为,未办理抵押权变更登记,城建投公司依法不享有抵押物权。《城市房地产抵押管理办法》第37条规定:"抵押权可以随债权转让,抵押权转让时,应当签订抵押权转让合同,并办理抵押权变更登记。"虽然绿某某公司与农发行怀化分行在贷款时签订了最高额抵押合同并办理了抵押登记,城建投公司受让债权时并未依法办理涉及厂房、土地使用权在内的抵押权变更登记手续。因此,再审申请人认为,城建投公司对绿某某公司不享有抵押物权。最高人民法院经审查认为,《物权法》第192条规定:"抵押权不得与债权分离而单独转让或者作为其他债权的担保。债权转让的,担保该债权的抵押权一并转让,但法律另有规定或者当事人另有约定的除外。"本条系关于抵押权处分从属性的规定,抵押权作为从权利应随债权转让而转让。债权受让人取得的抵押权系基于法律的明确规定,并非基于新的抵押合同重新设定抵押权,故不因受让人未及时办理抵押权变更登记手续而消灭。本案中城建投公司受让农发行怀化分行对绿某某公司享有的债权,依据法律规定有权受让与案涉债权相关的抵押权,一审、二审法院据此判定抵押权继续有效,并无不当。最高人民法院遂裁定驳回了湖南绿某某糖业有限公司、丁某耀的再审申请。

《全国法院民商事审判工作会议纪要》中也有明确规定,抵押权是从属于主合同的从权利,根据"从随主"规则,债权转让的,除法律另有规定或者当事人另有约定外,担保该债权的抵押权一并转让。受让人向抵押人主张行使抵押权,抵押人以受让人不是抵押合同的当事人、未办理变更登记等为由提出抗辩的,人民法院不予支持。

三、生效法律文书确定的权利人在进入执行程序前合法转让债权的,债权受让人即权利承受人可否作为申请执行人直接申请执行

指导案例34号:李某玲、李某裕申请执行厦门某洋实业(集团)股份有限公司、厦门某洋实业总公司执行复议案[(2012)执复字第26号]对此给予了肯定的答案。

原告投资2234中国第一号基金公司(Investments 2234 China Fund I B. V.,以下简称2234公司)与被告厦门某洋实业(集团)股份有限公司(以下简称某洋股份公司)、厦门某洋实业总公司(以下简称某洋实业公司)借款合同纠纷一案,2012年1月11日由最高人民法院作出终审判决,判令:某洋实业公司应于判决生效之日起偿还2234公司借款本金2274万元及相应利息;2234公司对蜂巢山路3号的土地使用权享有抵押权。在该判决作出之前的2011年6月8日,2234公司将其对于某洋股份公司和某洋实业公司的2274万元本金债权转让给李某玲、李某裕,并签订《债权转让协议》。2012年4月19日,李某玲、李某裕依据上述判决和《债权转让协议》向福建省高级人民法院(以下简称福建高院)申请执行。同年4月24日,福建高院向某洋股份公司、某洋实业公司发出(2012)闽执行字第8号执行通知。某洋股份公司不服该执行通知,以执行通知中直接变更执行主体缺乏法律依据,申请执行人李某裕系公务员,其受让不良债权行为无效,由此债权转让合同无效为主要理由,向福建高院提出执行异议。福建高院在异议审查中查明:李某裕系国家公务员,其本人称,在债权转让中,未实际出资,并已于2011年9月退出受让的债权份额。福建高院认为,该院在执行通知中直接将本案受让人作为申请执行主体,未作出裁定变更,程序不当,遂于2012年8月6日作出(2012)闽执异字第1号执行裁定,撤销(2012)闽执行字第8号执行通知。李某玲不服,向最高人民法院申请复议,最高人民法院认为,生效法律文书确定的权利人在进入执行程序前合法转让债权的,债权受让人即权利承受人可以作为申请执行人直接申请执行,无须执行法院作出变更申请执行人的裁定。最高人民法院于2012年12月11日作出(2012)执复字第26号执行裁定:撤销福建高院(2012)闽执异字第1号执行裁定书,由福建高院向两被执行人重新发出执行通知书。

此外,若债权人在申请强制执行过程中转让主债权和抵押权时,申请执行人当如何变更呢?最高人民法院《关于执行中变更、追加当事人若干问题的规定》第9条规定,申请执行人将生效法律文书确定的债权依法转让给第三人,且书面认可第三人取得该债权,该第三人申请变更、追加其为申请执行人的,人民法院应予支持。在实务中,笔者也曾代理类似的操作,申请执行人转让债权并通知债务人和抵押人后,向法院提交变更申请执行人的申请,法院经过审查,作出变更申请执行人为债权受让人的裁定。

54. 如何通过“搭便车”的方式行使抵押权？

问： 2013年6月，J公司由我司担保向A银行申请了一笔额度为1200万元的一年期担保贷款，该笔业务的反担保措施包括：(1)J公司法定代表人王某名下的一套别墅抵押；(2)J公司的一台德国进口海德堡印刷机抵押；(3)J公司法定代表人王某夫妇连带责任保证。

此笔贷款发放以后，J公司在前几个月的等额还款及付息表现正常，但从2013年年底开始出现逾期，我司和A银行相继向J公司发出多份催收通知，但J公司一直未能还款。2014年1月，A银行宣布提前收贷并向我司发出代偿通知，我司依约向A银行代偿了借款本息960万元。就在我司与A银行协商确定代偿事宜期间，我司突然得知，因J公司欠H市赵某本金2000万元的民间借贷到期未能偿还，王某为该笔借款向赵某提供连带责任保证担保，赵某遂向H市人民法院起诉J公司和王某，并申请保全查封了J公司及王某名下的财产，包括已抵押给我司的房产及机器设备，由于被告缺席，H市人民法院很快便判决赵某胜诉，该案已进入强制执行阶段。

我司后来还了解到，2013年8月，J公司与总部位于S市、主营融资租赁业务的Y公司以售后回租的方式开展融资租赁业务合作。即J公司将两台海德堡印刷机出售给Y公司，Y公司再将这两台印刷机出租给J公司，按月收取租金，包括其中一台已抵押给我司的印刷机。因J公司未能依约支付租金，Y公司于2014年5月向S市人民法院起诉，请求确认Y公司对上述两台印刷机享有所有权和要求J公司支付所欠租金。

想问一下，在这种情况下，我司应采取何种措施，才能尽快实现抵押权呢？

答： 本案中，笔者认为，贵司可以不通过诉讼，直接使用“搭便车”的方式，申请参与另案执行优先分配，主要理由及原因如下：

第一，贵司享有的抵押权真实、合法、有效。根据《担保法》《物权法》的有关规定，申请人享有的抵押权是法定优先受偿的权利，申请人有权以上述抵押房产拍卖所得款项优先受偿。申请人向执行法院申请优先分配符合法律规定。

第二，根据有关规定，申请人无须提供生效法律文书作为依据。最高人民法院《关于人民法院执行工作若干问题的规定（试行）》第92条规定，债权人申请参与分配的，应当向其原申请执行法院提交参与分配申请书，写明参与分配的理由，并附有执行依据。该执行法院应将参与分配申请书转交给主持分配的法院，并说明执行情况。第93条规定，对人民法院查封、扣押或冻结的财产有优先权、担保物权的债权人，可以申请参加参与分配程序，主张优先受偿权。对上述两条规定，普通债权人申请参与分配应当附有“执行依据”，但对于抵押权人申请参与分配，并未要求必须提供“执行依据”，申请人可以直接凭借债权文书申请参与分配。

第三，根据《物权法》第195条的规定，申请人无须通过诉讼实现抵押权。为了能够有效降低实现担保物权的成本，便利广大企业融资并维护债权人的合法权益，《物权法》对于抵押权的行使方式已做出重大改进。依据《物权法》第195条规定，如果债务人不履行到期债务或者发生当事人约定的实现抵押权的情形，抵押权人可以与抵押人协议以抵押财产折价或者以拍卖、变卖该抵押财产所得的价款优先受偿。倘若双方没有就抵押权实现方式达成协议，则抵押权人可以直接请求人民法院拍卖、变卖抵押财产。这里所谓的“请求人民法院拍卖、变卖抵押财产”，就是指抵押权人无须通过诉讼来实现抵押权。

第四，这样做有利于节约司法资源，提高执行效率。如果贵司立即向Z市人民法院起诉，无疑能获得胜诉判决并顺利进入执行程序，但却增加了诉讼成本。

第五，最高人民法院党组书记、院长周强在传达学习中央经济工作会议精神、研究部署贯彻落实措施会议上讲话强调，“要充分发挥审判职能作用，为促进经济稳定增长和社会和谐稳定提供有力司法保障”。为了减少国有资产损失，维护贵司的合法权益，更好地为广大中小微企业提供融资担保服务，应将上述抵押房产的拍卖所得价款优先向贵司清偿。

贵司目前的工作重点，就是尽快与其他有关债权人就分配方案达成一致。贵司可以在执行法院主持下,就享有抵押权的机器设备处置分配款做出适当让步,以此为代价,与首轮查封人及 Y 公司就抵押房产拍卖款分配方案达成一致,各方同意上述房产拍卖款全部向申请人优先受偿,并制作笔录,以尽快完成参与分配。

55. 抵押人未经配偶同意提供的房产抵押是否有效?

问: 抵押人未经配偶同意签订抵押合同并办理抵押登记,抵押权是否有效设立?

答: 依据《物权法》第 97 条的规定,"处分共有的不动产或者动产以及对共有的不动产或者动产作重大修缮的,应当经占份额三分之二以上的按份共有人或者全体共同共有人同意,但共有人之间另有约定的除外"。则夫妻一方未经配偶同意,将共有财产设立抵押的行为是违反法律规定的。但抵押人未经配偶同意签订的抵押合同是否均属于无权处分行为呢?答案显然并非如此。笔者认为,根据目前不动产登记实践,上述问题可以分为以下三种情形:第一,不动产登记在夫妻双方名下,抵押人未经配偶同意签订抵押合同;第二,不动产登记在夫妻一方名下,登记的共有人未经配偶同意签订抵押合同;第三,不动产登记在夫妻一方名下,未被登记的共有人未经配偶同意签订抵押合同。[①]

一般而言,无权处分系指无权处分人以自己的名义处分他人的权利。然而在第一种、第三种情形下,基于不动产对外的权利表征为夫妻共同共有或者抵押人的配偶一人所有,在商业交往中交易第三人一般不会认为抵押人是以自己的名义签订抵押合同的。笔者倾向于认为这两种情形是抵押人的无权代理行为。[②] 基于三种情形分属两种不同的行为,交易第三人应主张的请求权基础也不尽相同,笔者接下来将就两种行为下的交易第三人利益如何保护问题展开分析。

一、无权代理中交易第三人的利益保护

无权代理,是指无代理权人以本人的名义而为法律行为。在上述讨论的第一种、第三种情形中,抵押人一般不会单独以自己的名义签订抵押合同,如第一种情

① 参见刘贵祥:《论无权处分和善意取得制度的冲突和协调——以私卖夫妻共有房屋时买受人的保护为中心》,载《法学家》2011 年第 5 期。

② 无权处分行为与无权代理行为的区别可参见王泽鉴:《债法原理》(第 2 版),北京大学出版社 2013 年版,第 288 ~ 289 页。

形中抵押人向交易第三人谎称转让房屋的行为已经得到配偶的同意,或者交易第三人以为抵押人转让房屋的行为是经过配偶同意的。通常认为,无权代理人实施的债权行为或处分行为均属于效力待定的行为,在得不到追认或事后取得授权的情况下行为归于无效。

然而,在无权代理中交易第三人仍然存在合理信赖利益,这种合理信赖体现在基于抵押人与配偶的夫妻关系,第三人有理由相信抵押人有代理权签订抵押合同,即满足表见代理的要件。从最高人民法院《关于适用〈中华人民共和国婚姻法〉若干问题的解释(一)》第 17 条第 2 款"夫或妻非因日常生活需要对夫妻共同财产做重要处理决定,夫妻双方应当平等协商,取得一致意见。他人有理由相信其为夫妻双方共同意思表示的,另一方不得以不同意或不知道为由对抗善意第三人"的规定中可以看出,法律适用表见代理制度保护在抵押人未经配偶同意签订抵押合同问题上交易第三人的合理信赖利益。在满足表见代理的情况下,应当认定抵押合同有效,已登记的抵押权设立。但是应当注意的是,证明抵押人有代理权表征的责任在交易第三人自身。

二、无权处分中交易第三人的利益保护

就设立抵押权而言,订立书面抵押合同为《物权法》第 185 条之规定,按照主流学说观点,无权处分的合同仅在真正权利人追认或者无权处分人事后取得处分权时,才具有法律效力,反之则抵押合同无效。① 但《物权法》在无权处分问题上给予善意第三人合理的信赖利益保护,即公示公信原则及善意取得制度。

(一)物权法上的公示公信原则

物权法上的公示、公信原则,系指不动产物权的变动以登记为公示方法,一旦经过公示,交易第三人就有合理的理由产生信赖,即使其表征与实质权利不符,对于产生合理信赖的人,也应给予保护,以维护交易的安全。我国台湾地区学者王泽鉴认为,"登记有绝对效力,系为保护第三人,将登记事项赋予绝对真实之公信力,第三人因信赖登记而取得土地权利时,纵令其登记原因无效或得撤销,真正权利人亦不得以之对抗该第三人。凡已完成的登记均应推定有绝对效力。"②

① 参见曹士兵:《物权法关于物权善意取得的规定与检讨——以抵押权的善意取得为核心》,载《法律适用》2014 年第 8 期。

② 王泽鉴:《民法物权 1——通则 · 所有权》,中国政法大学出版社 2001 年版,第 110 页。

上述案例中抵押房产虽然实质上为夫妻共同财产，担保人施某签署的抵押合同的行为应属无权处分，但B县房产管理局登记权利人仅为施某，根据物权登记公示、公信原则，应保护债权人张某的信赖利益，认定设立的抵押权有效。学者王泽鉴在书中亦有举例，甲被误登记为某屋所有人，甲以该地设定抵押权给善意之乙，乙取得其抵押权。[①] 此为积极信赖保护。

（二）不动产物权善意取得制度

一般认为，不动产物权善意取得的要件有三个方面：第一，土地登记发生不正确（实质权属与公示状态不一致）；第二，权利变动限于法律行为上的交易（依法律规定取得不动产物权不在此列）；第三，交易第三人善意地信赖土地登记。然而，根据我国《物权法》第106条的规定，在符合下列情形的情况下，受让人可以善意取得物权处分人处分的物权：(1)受让人受让该不动产或者动产时是善意的；(2)以合理的价格转让；(3)转让的不动产或者动产依照法律规定应当登记的已经登记，不需要登记的已经交付给受让人。

在抵押人未经配偶同意签订抵押合同的实践问题中，我国司法实践在判断交易第三人是否为"善意"时，一般会考察是否尽到合理审慎的注意义务，而是否尽到注意义务，很大程度上依赖于房屋管理部门的登记信息。例如，在中国建设银行股份有限公司舟山城关支行与杨某、舟山市欣源建材有限公司等金融借款合同纠纷案中，二审法院认为："建行城关支行在办理涉案贷款抵押时已向房管部门查询了该房产所有权相关信息，根据房屋登记信息确认所有权属杨某个人所有，并向房管部门办理了抵押登记，持该房屋他项权证向借款人发放贷款，建行城关支行对贷款抵押已尽到合理注意义务。"[②]

又如，在李某某与浙江永嘉农村合作银行清水埠支行金融借款合同纠纷再审案件中，浙江省高级人民法院认为："借款人章某某提供了离婚证和编号为永房权证瓯北字第35538号的抵押房屋所有权证。离婚证表明章某某申请借款时系单身状态，房屋所有权证则载明该房产的权利人为章某某一人。虽然李某某认为该房产原系夫妻共同财产，但上述房产证并未记载李某某为共有人……李某某是否签字同意抵押、章某某是否提供婚后财产分割权属证明，已不必成为清水埠信用

---

① 王泽鉴：《民法物权1——通则·所有权》，中国政法大学出版社2001年版，第142页。

② (2014)浙商外终字第8号民事判决。

社贷款审查之内容……即使章某某设定抵押系无权处分，清水埠支行作为善意的第三人，其合法权益也应予保护。”①

三、风险防范建议

在第一部分引入的案例中，由于抵押的夫妻共同财产在不动产登记中权利人仅为丈夫一人，基于不动产登记公示、公信原则，不动产登记具有绝对效力，在没有证据证明交易相对人恶意的情况下，相对人可善意取得抵押权。实践中，无权处分人多数会提出抵押财产系夫妻共同财产的抗辩，以拖延诉讼的进程，阻碍交易进行。况且，基于案件事实，法官也可能根据自由裁量作出不利于抵押权人的裁判。

按照“事先防范为主，事后补救为辅”的基本风控原则，笔者认为，在抵押物有可能属于夫妻共同财产的情况下，抵押权人可以要求配偶出具同意抵押的声明书，或者要求夫妻双方作为共同抵押人在抵押合同上签名。即无论抵押物是共同共有还是个人所有，交易方在与抵押人签署抵押合同的同时，都应当要求抵押人之配偶出具同意抵押的声明书，在声明书中可载明，“如本人为上述房地产的共同共有人，则本人同意且委托本人之配偶将上述房地产全部（含本人所共有部分）抵押给贵公司，本人同意接受本人之配偶与贵公司所签抵押合同及其他相关法律文件之约束”。或者将上述内容植入抵押合同条款，夫妻双方共同签署。采取此种方法可以避免产生不必要的纠纷，防止抵押人以抵押物为夫妻共有财产为由进行抗辩，以防范交易风险。

① （2010）浙商提字第14号民事判决。

56. 担保公司如何进行代偿时机选择?

问: **我司为 W 公司担保的项目目前出现了贷款逾期的情况,贷款人 Z 银行已经决定提前收贷并通知了我司,但因我司与 Z 银行之间有 3 个月代偿宽限期约定,因此我司希望可以借助宽限期通过协商谈判的方式促使 W 公司还款,避免代偿。想问一下此种方法有什么需要注意的法律风险吗?**

答: 对于担保公司代偿时机的选择需要注意以下风险:

一、借款人自身面临的市场和财务风险

根据贵司的描述,W 公司主要从事黄金、珠宝首饰及镶嵌饰品的加工、销售。近年来,国际黄金价格持续震荡,处于下行通道。加上珠宝市场需求趋缓,行业竞争加剧,一旦遇到突发状况,W 公司缺乏竞争力、抗击风险能力弱,极易导致资金链断裂。且在项目评审环节中,贵司已注意到 W 公司的负债率一直较高,特别与个别客户有较大额度的负债或往来。珠宝行情波动不仅使企业出现了亏损,也使资金流出现缺口,影响了向客户的货款支付,最终使客户关系恶化。因此贵司在考虑代偿时机时,需要关注到 3 个月的宽限期对目前的 W 公司自身来说是否还有作用,如果没有的话则要审时度势,该代偿时就代偿,并立即对抵押物申请查封保全。

二、抵押物被其他债权人查封的风险

笔者注意到,W 公司除了 Z 银行的贷款外,对外还有其他负债,可能很快将面临债权人起诉查封。虽然贵司的抵押物足值且房价持续上涨,但如没有选择提前代偿,可能导致抵押物被其他债权人首先查封。须知道的是,对于依法签订抵押合同并办理抵押登记的抵押房产,抵押权人有权以抵押房产拍卖、变卖所得的价款优先受偿。但抵押权人享有优先受偿权不等于就拥有了优先处置权:前者是实体权利,后者是程序权利;前者适用《担保法》《物权法》,后者适用《民事诉讼法》。

对于二者关系的协调问题,在最高人民法院《关于首先查封法院与优先债权执行法院处分查封财产有关问题的批复》(以下简称《批复》)公布之前,并无明确规定,并因此导致司法实践过程中的无序和混乱。按照司法实践做法,一般情况下,采取了查封、扣押、冻结措施的法院是当然的处置法院。但如果申请首轮查封的当事人不能从抵押物拍卖、变卖款项中获得利益,这种情况的拍卖即无益拍卖,在无益拍卖的情形下,申请执行人如不申请拍卖,或因其他原因查封法院认为由其处置被执行人财产不合适的,查封法院应当将财产交由优先债权执行法院拍卖。抵押权人也可申请优先权执行法院主动与首轮查封法院进行协调,要求首轮查封法院同意由抵押权人申请执行的法院进行处置,首轮查封法院应当同意。在2019年3月22日深圳中院刊发的《关于我市法院间首先查封案件与有限债权执行案件处分查封财产有关问题的意见(试行)》中也提到,"不动产抵押物已被另案通过财产保全程序或执行程序首先查封、且自首先查封之日起超过60日,尚未发布拍卖公告或进入变卖程序的,抵押权案件执行法院应当向首封法院出具《商请移送执行函》,要求将抵押物移送抵押案件执行法院处分"。这当然只是理想状态,现实中的问题处理往往更为复杂、曲折,抵押权人有时不得不做一定的权利让步才能推动执行。

因此,对担保公司而言,代偿宽限期的好处是贷款逾期后不用立即代偿,可以通过协商谈判等非诉手段促使借款人或者其担保人还款;当然也有弊端,可能导致担保公司错失保全良机,限于对抵押物执行的被动。

虽然按照常理及《批复》等有关规定,抵押物被其他债权人查封的情形并非无解,但须看到的是,《批复》规定的内容旨在平衡各方当事人利益,并非偏重于保护抵押权人的利益。《批复》明确规定应当由首先查封、扣押、冻结(以下简称查封)法院负责处分查封财产,即意味着享有优先受偿权并不当然享有优先处置权,优先债权执行法院与首先查封法院之间的沟通协调并非短时间内能成,如果需要逐级报请双方共同的上级法院指定该财产的执行法院决定,则需要更长的时间。

因此,笔者建议,即使担保公司享有代偿宽限期利益,也应根据具体项目情况,审时度势,该代偿时就代偿,并立即对抵押物申请查封保全,以最大限度地维护自身合法权益。

57. 矿业权是否可以抵押？抵押权如何设立？

问：我司有一项目债务人拟以所有的矿业权进行抵押，想问一下矿业权是否可以用以抵押？抵押权设立的要件需要按照不动产抵押的要求进行相应登记吗？

答：矿业权，包含探矿权、采矿权，是一项财产权利。所谓矿业权抵押，是指矿业权人以其拥有的矿业权在不转移占有的前提下，抵押给债权人，当发生债务人不履行债务或者发生当事人约定的实现抵押权的情形，债权人有权就矿业权优先受偿的行为。对于矿业权是否可以用于设立抵押权的问题，笔者认为，任何可提供担保的财产必须同时具备两个基本属性：一是财产性；二是可转让性，矿业权也不例外。必须同时具备前述两个属性，并且是法律、行政法规没有禁止设定担保的财产，才是可以用来提供担保的财产。梳理、总结起来，矿业权抵押的法律依据在于：

一、《民法通则》

《民法通则》第五章"民事权利"第一节"财产所有权和与财产所有权有关的财产权"第 81 条第 2 款规定："国家所有的矿藏，可以依法由全民所有制单位和集体所有制单位开采，也可以依法由公民采挖。国家保护合法的采矿权。"这是首次在民事基本法律中明确采矿权的财产性，但未明确采矿权的可转让性，更未规定矿业权可以抵押。

二、《矿业权出让转让管理暂行规定》(以下简称《出让转让暂行规定》)

我国于 1986 年颁布实施了《矿产资源法》，并于 1994 年颁布实施了《矿产资源法实施细则》，均禁止矿业权的转让、出租和抵押。1996 年我国对《矿产资源法》进行了修订，允许矿业权有条件转让，但规定的前提条件十分苛刻，并禁止将矿业权倒卖营利，计划色彩浓厚。1998 年国务院颁布实施了《探矿权采矿权转让管理办法》(以下简称《转让管理办法》，2014 年国务院对其第 9 条进行修订)，该办法基本上对修订后的《矿产资源法》没有大的突破。2000 年国土资源部颁布实施了《出让转让暂行规定》，不仅明确了矿业权属于财产权，并且放宽了矿业权的转让条件，对我国矿业权流转制度进行了有益探索，推动了矿业权二级市场建设，其第 3 条规定，“探矿权、采矿权为财产权，统称为矿业权，适用于不动产法律法规的调整原则”。但作为部门规章，其效力级别偏低的弊端也是明显的。根据《出让转让暂行规定》第 55 条的规定，矿业权抵押是指矿业权人依照有关法律作为债务人以其拥有的矿业权在不转移占有的前提下，向债权人提供担保的行为。以矿业权作抵押的债务人为抵押人，债权人为抵押权人，提供担保的矿业权为抵押物。但该条已于 2014 年 7 月 16 日由国土资源部宣布停止执行（国土资源部关于停止执行《关于印发〈矿业权出让转让管理暂行规定〉的通知》第 55 条规定的通知）。

三、《物权法》

《物权法》第三编“用益物权”第十章“一般规定”中第 123 条规定：“依法取得的探矿权、采矿权、取水权和使用水域、滩涂从事养殖、捕捞的权利受法律保护。”该条首次于法律中明确了矿业权的用益物权属性，是建立在国家的矿产资源所有权基础上占有、使用、收益的排他性的权利。而矿业权作为一类民事权利，《物权法》并未对其转让作出限制。《物权法》第 180 条规定：“债务人或者第三人有权处分的下列财产可以抵押：……（七）法律、行政法规未禁止抵押的其他财产。”须注意的是，《物权法》对于可设立抵押的财产范围列举采取的是“法无明文禁止即许可”的一般民事规则，该条规定可谓为矿业权抵押的合法性奠定了坚实基础。

首先，根据《出让转让暂行规定》，矿业权抵押需要具备特定的条件。根据《出让转让暂行规定》第 36 条第 2 款的规定，矿业权的出租、抵押，按照矿业权转让的条件和程序进行管理，由原发证机关审查批准。《转让管理办法》第 5 条、第 6 条则分别规定了探矿权和采矿权的转让条件：

转让探矿权，应当具备下列条件：（1）自颁发勘查许可证之日起满 2 年，或者在勘查作业区内发现可供进一步勘查或者开采的矿产资源；（2）完成规定的最低勘查投入；（3）探矿权属无争议；（4）按照国家有关规定已经缴纳探矿权使用费、探矿权价款；（5）国务院地质矿产主管部门规定的其他条件。

转让采矿权，应当具备下列条件：（1）矿山企业投入采矿生产满 1 年；（2）采矿权属无争议；（3）按照国家有关规定已经缴纳采矿权使用费、采矿权价款、矿产资源补偿费和资源税;(4)国务院地质矿产主管部门规定的其他条件。国有矿山企业在申请转让采矿权前,应当征得矿山企业主管部门的同意。

另外,根据《转让管理办法》第 9 条的规定,转让国家出资勘查所形成的探矿权、采矿权的,必须进行评估。国家出资勘查形成的探矿权、采矿权价款,由具有矿业权评估资质的评估机构进行评估;评估报告报探矿权、采矿权登记管理机关备案。因此,以国家出资勘查所形成的矿业权用以抵押的,必须委托具有矿业权评估资格的评估机构进行价值评估。

对于非国家出资形成的矿业权抵押的,上述有关法律规定并没有规定必须对其进行价值评估。但是,根据《转让管理办法》第 56 条的规定,债权人要求抵押人提供抵押物价值的,抵押人应委托评估机构评估抵押物。该条规定限制了当事人的意思自治,不符合民法上的自愿原则,应当理解为任意性规范而非强制性规范。正因为有该条规定,有关部门可能出于对规定的错误理解或者因为利益勾结而对非国有出资形成的矿业权抵押提出强制评估要求。

其次,在矿业权抵押权设立问题上,《出让转让暂行规定》第 57 条规定:"矿业权设定抵押时,矿业权人应持抵押合同和矿业权许可证到原发证机关办理备案手续。矿业权抵押解除后 20 日内,矿业权人应书面告知原发证机关。"《物权法》第 9 条第 1 款规定,"不动产物权的设立、变更、转让和消灭,经依法登记,发生效力;未经登记,不发生效力,但法律另有规定的除外",但对于矿业权抵押登记问题并无涉及。

在上诉人工银金融租赁有限公司与被上诉人山西离柳焦煤集团有限公司融资租赁合同纠纷案[(2016)最高法民终 605 号民事判决书]中,最高人民法院认为,矿产资源作为土地附着物,探矿权、采矿权抵押应遵循登记生效主义原则,抵押权应自登记时设立。目前,矿业权抵押尚无法律明确规定的登记部门。国土资源主管部门作为矿产资源勘查许可证、采矿许可证的审批登记机关,基于国土资源部《出让转让暂行规定》和《关于进一步完善采矿权登记管理有关问题的通知》等规范性文件的规定,为矿业权抵押办理备案手续。同时,也有省、自治区在本行政区域内制定的涉矿地方性法规中包含了矿业权抵押须办理登记或者备案的规定。鉴于不动产物权登记的主要功能和作用在于获得对世的公示效力,就目前矿业权抵押备案的主要功能以及法律效果而言,备案与登记并无实质区别,抵押权人可取得对抗他人的公示效力和优先受偿权。在法律、行政法规尚无明确矿业权抵押登记部门的情况下，国土资源主管部门依据部门规章或者地方性法规办理的矿业权抵押备案，可视为矿业权抵押登记，矿业权抵押权自登记或者备案时设立。据此，最高人民法院判定涉案两份抵押合同约定的抵押的采矿权因未在国土资源主管部门办理备案登记，所以抵押权均未设立。

最后，《出让暂行规定》第58条规定，债务人不履行债务时，债权人有权申请实现抵押权，并从处置的矿业权所得中依法受偿。新的矿业权申请人应符合国家规定的资质条件，当事人应依法办理矿业权转让、变更登记手续。采矿权人被吊销许可证时，由此产生的后果由债务人承担。矿业权抵押权实现，实际上是一个矿业权转让的行为，根据《转让管理办法》第7条的规定，矿业权转让的受让人，应当符合《矿产资源勘查区块登记管理办法》或者《矿产资源开采登记管理办法》规定的矿业权申请人的条件，这个条件中包括了矿业权申请人资质条件的证明以及依法设立矿山企业的批准文件等要求。

综上所述，在实践中矿业权可以用以设立抵押权，但须满足特定的条件。矿业权抵押权的设立以在国土资源部门备案为生效要件，其权利的实现，实际上是矿业权转让的过程，如前所言，受让人也应当满足有关法律法规的规定。

58 如何防范因登记部门的原因而无法办理抵押登记的法律风险?

问:登记部门的原因导致无法办理抵押登记的情况并不鲜见,特别是对于融资租赁公司,很容易因没有放贷资格而受到登记部门的“歧视”。请问如何防范此类法律风险?

答: 这一问题可通过中国裁判文书网上的公开案例说明。

一、案情简介

2013年5月15日,工银租赁公司与离柳公司签订编号2013年工银租赁设备字第018号融资租赁合同(回租),约定工银租赁公司以离柳公司所有的铁路专用线、井巷工程为标的开展回租式融资租赁业务,租赁成本为人民币4.8亿元。同日,双方签订了编号为2013年工银租赁设备字第018-1号融资租赁合同(回租),约定工银租赁公司以离柳公司所有的机电设备、生产设备和安全设备为标的开展回租式融资租赁业务,租赁成本为人民币3.2亿元。双方在上述租赁合同均约定,承租人未按时、足额支付任何到期租前息、租金或其他应付款项属于承租人根本违约,出租人有权立即向承租人追索全部租约项下的所有到期未付租金,逾期利息、全部未到期租金以及其他与本合同相关的应付款项。2013年5月21日,工银租赁公司在扣除了预付租金1440万元后,向离柳公司支付了租赁物的购买价款78 560万元。

2013年5月15日,双方签订编号2013年工银租赁设备抵字第018号抵押合同,约定离柳公司将其持有的朱家店煤矿采矿权抵押给工银租赁公司。2014年7月15日,双方又签订了编号2013年工银租赁设备抵字第018号-DY抵押合同,约定离柳公司将其持有的兑镇煤矿采矿权抵押给工银租赁公司,作为对工银租赁公司债权的担保。上述抵押合同签订后,均未在主管机关办理抵押登记手续。

至起诉时,离柳公司共欠付工银租赁公司租金人民币121 586 930.74元,截至2016年2月29日,因逾期发生利息2 346 696.38元。

法院认为,离柳公司为实现融资目的,将其所有的铁路专用线、井巷工程及其相应设备的所有权转让给工银租赁公司、再从工银租赁公司处租回继续使用,并按期向工银租赁公司支付租金,属于融资租赁法律关系的售后回租交易模式。本案中,工银租赁公司和离柳公司签订的编号2013年工银租赁设备字第018号、第018-1号融资租赁合同及其对应的抵押合同系各方当事人为保证融资租赁交易的正常履行而自愿签订的,系真实意思表示,且不违反法律、行政法规强制性规定,均为合法有效。工银租赁公司依照融资租赁合同约定向离柳公司支付购买租赁物的价款后,离柳公司未按期支付租金,该行为违反合同约定,离柳公司应承担相应的违约责任。故工银租赁公司要求离柳公司支付欠付租金、逾期利息,予以支持。

关于工银租赁公司主张对离柳公司抵押的采矿权行使优先受偿权问题。该院认为,采矿权为不动产性质物权,按照我国相关法律规定,采矿权抵押属于应经登记设立抵押权的财产范畴,本案涉及的兑镇和朱家店采矿权均未在主管部门进行登记备案,故工银租赁公司主张其享有抵押权不能成立,不予支持。工银租赁公司主张兑镇采矿权未办理登记是基于主管部门的原因,缺乏事实依据,不予支持。因上述采矿权未办理抵押登记,依据双方签订的抵押合同约定,离柳公司应向工银租赁公司支付违约金。工银租赁公司在本案中仅要求离柳公司支付三笔未付租金,其主张离柳公司依据租金比例支付9 528 000元违约金,予以支持。关于工银租赁公司主张的律师费问题,该部分损失已经通过逾期利息和违约金得到弥补,故对该主张不予支持。

二、裁判理由

(一)未经登记导致抵押权未能设立

矿产资源是指由地质作用形成的,具有利用价值的,呈固态、液态、气态的自然资源。根据《矿产资源法》《物权法》等法律规定,矿产资源属于国家所有。国家在保留矿产资源所有权基础上,将矿产资源的勘查、开采以有偿使用的方式出让给具有相应资质的申请人,并向申请人颁发矿产资源勘查许可证或者开采许可证,获得许可证的申请人即享有相应矿区的探矿权或者采矿权。

二审法院认为,参照国土资源部《矿业权出让转让管理暂行规定》等有关规定以及社会对矿产资源的一般理解,矿产资源可视为土地附着物,矿业权适用不动产法律法规予以调整。根据《物权法》的相关规定，矿产资源作为土地附着物，探矿权、采矿权抵押应遵循登记生效主义原则，抵押权应自登记时设立。目前，矿业权抵押尚无法律明确规定的登记部门。国土资源主管部门作为矿产资源勘查许可证、采矿许可证的审批登记机关，基于国土资源部《矿业权出让转让管理暂行规定》和《关于进一步完善采矿权登记管理有关问题的通知》等规范性文件的规定，为矿业权抵押办理备案手续。同时，也有省、自治区在本行政区域内制定的涉矿地方性法规中包含了矿业权抵押须办理登记或者备案的规定。鉴于不动产物权登记的主要功能和作用在于借此获得对世的公示效力，就目前矿业权抵押备案的主要功能以及法律效果而言，备案与登记并无实质区别，抵押权人可借此取得对抗他人的公示效力和优先受偿权。在法律、行政法规尚无明确矿业权抵押登记部门的情况下，国土资源主管部门依据部门规章或者地方性法规办理的矿业权抵押备案，可视为矿业权抵押登记，矿业权抵押权自登记或者备案时设立。就本案而言，案涉两份抵押合同约定用于抵押的采矿权，均没有在国土资源主管部门办理备案登记，故认为一审法院据此认定两煤矿采矿权抵押权均未设立，并无不当。

（二）关于因登记部门的原因导致未能办理抵押登记的证明责任

二审过程中，工银租赁公司虽然提交了最新续期的兑镇煤矿采矿许可证、律师事务所出具的法律意见书等证据证明，2014年5月9日，工银租赁公司委托北京市汇融律师事务所杨某律师前往山西省国土资源厅查询朱家店煤矿采矿权的抵押备案情况，查询结果是朱家店煤矿采矿权已经抵押备案给民生银行太原分行，并在询问工银租赁公司能否办理抵押备案时被告知营业执照载明的经营范围必须包含贷款业务才可以办理。2014年8月6日，工银租赁公司委托北京市汇融律师事务所杨某律师持工银租赁公司提供的兑镇煤矿采矿许可证原件，前往山西省国土资源厅查询兑镇煤矿采矿许可证的抵押备案情况，查询结果是该采矿许可证没有抵押备案。

但二审法院亦认为工银租赁公司主张对案涉两项采矿权享有抵押权及优先受偿权不能成立。理由如下：

首先，本案现有证据难以证明离柳公司或者双方确实在抵押合同签订后前往国土资源主管部门办理过案涉采矿权抵押备案登记手续，也就难以进一步确认是不是登记部门的原因导致未能办理案涉采矿权抵押的备案登记。

其次，朱家店煤矿采矿许可证并没有交付给工银租赁公司，不具备最高人民法院《关于适用〈中华人民共和国担保法〉若干问题的解释》第59条权利凭证应交付债权人的条件。兑镇煤矿采矿许可证的原件尽管交付给了工银租赁公司保管，但工银租赁公司在2014年8月接受兑镇煤矿采矿权抵押时，已明确知悉2014年1月27日山西省国土资源厅发布的《关于进一步明确采矿权抵押备案有关事项的通知》，其经营范围内无贷款业务，将无法办理采矿权抵押备案。在此情况下，工银租赁公司与离柳公司签订抵押合同，应自行承担相应风险，不属于最高人民法院《关于适用〈中华人民共和国担保法〉若干问题的解释》第59条"因登记部门的原因致使其无法办理抵押物登记"的情形。

最后，基于本案已经查明的事实，朱家店煤矿采矿权已经抵押给民生银行太原分行，并于2013年11月办理了备案登记手续；而兑镇煤矿采矿权，在工银租赁公司申请法院查封之前，已经有四家离柳公司的债权人在先申请了查封，工银租赁公司不享有对抗上述债权人的优先受偿权。

三、对策建议

本案是典型的因登记部门拒绝办理融资租赁公司为抵押权人的抵押登记，导致抵押权未能设立的案例。根据二审法院查明的事实，2014年1月27日，山西省国土资源厅发布《关于进一步明确采矿权抵押备案有关事项的通知》要求：向非银行机构进行融资，申请办理采矿权抵押备案的，需提供非银行机构法人经营范围含贷款业务的法人营业执照及中华人民共和国金融许可证。

根据《立法法》第8条的规定，涉及民事基本制度的事项只能制定法律。省、自治区、直辖市和设区的市、自治州的人民政府，可以根据法律、行政法规和本省、自治区、直辖市的地方性法规，制定规章，但仅限于"（一）为执行法律、行政法规、地方性法规的规定需要制定规章的事项；（二）属于本行政区域的具体行政管理事项"。上述山西省国土资源厅的通知文件连规章的级别都不够，更无权规定涉及民事基本制度的事项，是典型的行政不作为。国土资源部《关于进一步完善采矿权登记管理有关问题的通知》也未规定办理采矿权抵押须具备上述条件。本案中，二审法院并未否认上述通知的效力，实为现实中的无奈，有些遗憾。

好在最高人民法院考虑到了这种常态，其在《关于适用〈中华人民共和国担保法〉若干问题的解释》第 59 条规定："当事人办理抵押物登记手续时，因登记部门的原因致使其无法办理抵押物登记，抵押人向债权人交付权利凭证的，可以认定债权人对该财产有优先受偿权。但是，未办理抵押物登记的，不得对抗第三人。"根据该条规定，因登记部门的原因致使其无法办理抵押物登记的，债权人对该财产有优先受偿权的前提条件有三：一是因登记部门的原因致使其无法办理抵押物登记；二是抵押人与抵押权人签订《抵押合同》；三是抵押人向债权人交付权利凭证。但该抵押权不得对抗第三人。但究竟何为"第三人"，该司法解释并未明确，实践中则颇具争议。①

但现实及法律规定如此，作为融资租赁公司，该如何作为以防范相应风险呢？

在本案中，二审法院对工银租赁公司享有抵押权的主张未予支持的主要理由，是工银租赁公司未能"就办理的时间、地点、经办人、提交文件等作出详细具体的说明，并提供相应的证据予以证明，亦与工银租赁公司在一审的陈述和主张相悖"。现实中，对于签订抵押合同和保管权利凭证融资租赁公司一般都能做到，但容易忽略的是"因登记部门的原因致使其无法办理抵押物登记"的证明责任。为获得相应的证据可以采取下列措施：

(1)向登记部门提交书面申请，并要求登记部门作出书面回复。

(2)委托律师向登记部门发出律师函，并争取获得登记部门书面回复。

(3)对登记部门提起行政诉讼，并取得相关裁判文书。

(4)委托公证机关进行现场公证，获得登记机关拒绝登记的公证书。

(5)取得证人证言等其他合法证据。

当然，抵押权未能设立不代表抵押合同无效。本案中，法院判决支持，因上述采矿权未办理抵押登记，依据双方签订的抵押合同约定，离柳公司应向工银租赁公司支付违约金。因此，融资租赁公司还应做好最坏的打算，约定抵押权未能有效设立的违约救济条款，如本案中的违约金约定，还可以约定抵押人应提供等值

---

① 孔祥俊认为，不得对抗第三人具体是指不得对抗如下两种人：(1)受让抵押物的善意第三人；(2)就该抵押物已办理登记的抵押权人。参见孔祥俊：《担保法及其司法解释的理解与适用》，法律出版社 2001 年版，第 239 页。曹士兵认为，不得对抗第三人具体是指不得对抗如下五种人：(1)抵押物的善意受让人(不包括因赠与、继承等未支付相应对价的受让人)；(2)质权人；(3)登记的抵押权人；(4)租赁权人；(5)部分债权人，包括查封债权人、破产债权人，但不包括一般债权人。参见曹士兵：《中国担保法诸问题的解决与展望——基于担保法及其司法解释》，中国法制出版社 2001 年版，第 220 页。

的保证金或者其他担保，抵押人（非承租人）对承租人的全部债务承担连带责任保证等。

关于未办理登记的不动产抵押合同的效力问题，《全国法院民商事审判工作会议纪要》指出，不动产抵押合同依法成立，但未办理抵押登记手续，债权人请求抵押人办理抵押登记手续的，人民法院依法予以支持。因抵押物灭失以及抵押物转让他人等原因不能办理抵押登记，债权人请求抵押人以抵押的价值为限承担责任的，人民法院依法予以支持，但其范围不得超过抵押权有效设立时抵押人所应当承担的责任。

第四篇　质押篇

59. 股权质押后公司上市，对股权质押的效力是否有影响？

问：如果原来是有限公司提供了股权质押，在工商局办理了股权质押登记，质押期间公司上市了，没有及时去中国证券登记结算有限公司办理上市公司股权质押登记，那原来的股权质押效力有没有问题呢？

答：《物权法》第226条规定，以基金份额、股权出质的，当事人应当订立书面合同。以基金份额、证券登记结算机构登记的股权出质的，质权自证券登记结算机构办理出质登记时设立；以其他股权出质的，质权自工商行政管理部门办理出质登记时设立。基金份额、股权出质后，不得转让，但经出质人与质权人协商同意的除外。出质人转让基金份额、股权所得的价款，应当向质权人提前清偿债务或者提存。

根据该条规定，有限公司股权质押和上市公司股份质押的登记机关分别是工商行政管理部门和证券登记结算机构，且登记都是质权设立要件。结合《工商行政管理机关股权出质登记办法》第2条、第3条的规定，除已在证券登记结算机构登记的股份有限公司的股权外，以持有的有限责任公司和股份有限公司股权出质，出质登记机关皆为股权所在公司登记的工商行政管理机关。关于有限公司改制为股份公司并上市后，没有在中国证券登记结算有限公司办理上市公司股权质押登记，原股权质押的效力如何，《物权法》并无规定。

一般认为，在工商行政管理机关办理股份有限公司股权出质登记后，如因上市等原因发生股份有限公司股权在证券登记结算机构登记情形的，当事人应到工商行政管理机关办理股权出质登记移转至证券登记结算机构的手续。同理，如果在证券登记结算机构办理股份有限公司股权出质登记后，发生股份有限公司股权不再在证券登记结算机构登记情形的，也应办理相应的移转登记手续。问题是，如果出质人不配合质权人办理或者出质人怠于办理转移登记手续，质权人则会陷入被动，甚至存在权利丧失的风险，这显然与担保物权制度的初衷相悖。

笔者检索到湛江市市场监督管理局官网上的一篇《股权出质登记问题解答》,[①]其中关于“办理股权出质登记后,出质股权所在公司的登记机关发生变化的,当事人和登记机关应该处理?”问题的解答是:“当出现下列情形时,公司的登记机关可能发生变化:一是公司的跨区迁移;二是公司登记机关登记管辖权的调整;三是公司登记机关自身的撤并等。当出现上述情况以后,公司的登记档案应当转移至有权登记机关存管,由该登记机关继续行使对公司的登记管理。相应地,根据《工商行政管理机关股权出质登记办法》第3条的规定,以该公司股权出质的登记管辖权也应随之调整到新的公司登记机关,已在原公司登记机关办理股权出质登记的,有关档案要转移至新的公司登记机关。出现上述第一种情形的,应当由公司申请办理公司登记档案的移转手续。出现上述第二种和第三种情形时,公司登记机关之间应当及时办理相关手续,并通知公司及出质当事人。”

根据该问答,由于公司登记机关登记管辖权调整的,公司登记机关之间应当及时办理移转手续,并通知公司及出质当事人,即无须当事人再次申请办理转移登记手续。这种做法比较合理,既符合立法精神,又有利于保护出质人的利益,减少当事人不必要的申请环节。

在实践中,股权质押是一种正常的融资担保行为。但股权质押可能存在股权司法诉讼或冻结以及其他第三方权利,从而影响公司股权结构的稳定性或是实际控制人的变更,因此证监会也会关注股权质押问题。根据证监会发布的《中国证券登记结算有限责任公司证券登记规则》(以下简称《登记规则》)第10条第8项的规定,“股票发行人申请办理股票首次公开发行、增发、配股登记时,应当提供以下申请材料:……(八)涉及司法冻结或质押登记的,还需提供司法协助执行、质押登记相关申请材料”。股权质押审核的重点在于公司控股股东是否会因为股权质押而导致存在重大到期未履行债务、受到行政处罚,是否会因此对拟上市企业有资产侵占的动机等,如果有这样的风险,那就必须谨慎处理。如果没有,拟上市企业只要正常披露并解释股权质押的原因,或者尽快解除股权质押即可。如果金额不大,不一定必须在上市前清偿完毕,但需要证明债务能够按期清偿。《登记规

① 载湛江市市场监督管理局官网:http://www.zjgs12315.gov.cn/news/?235.html,最后访问日期:2019年6月23日。

则》第29条规定:“投资者证券质押,应当按照本公司证券质押登记业务相关规定办理证券质押登记。证券质押合同在质押双方办理质押登记后生效。证券一经质押登记,在解除质押登记前不得重复设置质押。已办理司法冻结登记的证券不得再申请办理质押登记。”对质权人而言,应在公司上市后及时了解股权质押是否已移转至中国证券登记结算有限公司,如果没有,应督促出质人立即配合办理,并取得相应的登记证明。例如,在北京瑞斯福科技有限公司(以下简称瑞斯福)新三板挂牌项目中,瑞斯福挂牌前曾向国家开发银行借款人民币2000万元,北京中小企业信用再担保有限公司(以下简称北京中小担)为该笔借款提供连带责任担保,股东邹某以其所持瑞斯福81%的股权向北京中小担提供反担保。2011年12月,因瑞斯福办理减资手续和货币增资手续,经北京中小担同意,双方到主管工商局办理了股权出质注销登记手续。2012年1月13日,在瑞斯福有限增资手续完成后,双方又重新办理了邹某所持瑞斯福81%股权的出质登记手续。[①]

如果没有采取上述移转登记,会有什么后果呢?所谓质权,是指债权人占有债务人或第三人为担保债务履行而移交的财产,在债务人不履行债务时就该财产的变卖价金优先受偿的权利。为了保障债权的实现,也就要保障债权人对担保物的一定物权,从而具有物权的效力。质权人有权排除他人(包括所有人)的干涉,并享有追及权,担保物落在他人手中,债权人可以追随主张其权利。同时,在债务人不履行债务时,可实行对担保物的处分权,取得优先受偿的权利,以保护债权人的合法利益。根据上述原理,质权人对质押财产享有追及权,股权质押依法设立后,即使股权登记部门发生变更也不影响质权人享有的质权。况且,《物权法》第177条规定的担保物权消灭情形也并未包括登记机关变更未办理移转登记的情形在内。[②] 最高人民法院《关于适用〈中华人民共和国担保法〉若干问题的解释》第59条规定:“当事人办理抵押物登记手续时,因登记部门的原因致使其无法办理抵押物登记,抵押人向债权人交付权利凭证的,可以认定债权人对该财产有优先受

---

① 载全国中小企业股份转让系统:http://www.neeq.com.cn/disclosure/2013/1031/63219951.pdf,最后访问日期:2019年6月23日。

② 《物权法》第177条:“有下列情形之一的,担保物权消灭:(一)主债权消灭;(二)担保物权实现;(三)债权人放弃担保物权;(四)法律规定担保物权消灭的其他情形。”

偿权。但是,未办理抵押物登记的,不得对抗第三人。"既然质权人通过质押登记依法取得质权后,登记移转是登记部门的职责,故笔者认为,根据《物权法》公示公信原则并参照该条规定,股权质押应继续有效,但可能存在无法对抗第三人的风险。

60. "限售股"强制执行是否存在法律障碍?

问:我司有一笔委托贷款业务,借款人将其限售股质押我司,现我司拟对其提起诉讼,请问该案件判决后,执行时是否会由于股票为"限售股"存在法律风险,出现无法过户情况等情形呢?

答:"限售股"质押在实务中并非少见。我国《公司法》《证券法》等相关法律、行政法规以及证监会颁布的相关部门规章和规范性文件针对"限售股"的规定调整的对象系"主动减持",而非"被动减持"。证监会颁布的《上市公司董事、监事和高级管理人员所持本公司股份及其变动管理规则》第5条第1款规定:上市公司董事、监事和高级管理人员在任职期间,每年通过集中竞价、大宗交易、协议转让等方式转让的股份不得超过其所持本公司股份总数的25%,因司法强制执行、继承、遗赠、依法分割财产等导致股份变动的除外。可见,该规则明确将司法强制执行排除在"限售股"的适用范围之外。

例如,在张某利与郑某、湖南贵某某股份有限公司借款合同纠纷一审案[(2017)粤0513民初772号]中,《股权质押合同》是双方当事人的真实意思表示,内容未违反我国法律、法规的强制性规定,依法应当认定有效,对双方当事人均具有约束力。原告依法享有本案质押物的质押权,并认为股份质权的效力及于股份的孳息,意味着设立质押包括进行质押登记时无须特别就股份的孳息另行约定和登记。股份的质押一经生效,由其所产生的孳息包括送、增股份当然具有同样的质押效果。于是,判决原告张某利有权以实现质押物[被告郑某所持贵之步股票20 737 908股(包括送、增股4 147 581股,股份性质为高管锁定股)及孳息、被告林某彬所持贵之步股票2 052 187股(包括送、增股410 437股,股份性质为无限售条件流通股和高管锁定股)及孳息]的价款优先受偿。

在对上市公司的大股东、董监高的股份采取强制执行措施时,依法须采取司法拍卖的手段,而不能未经拍卖程序就协议抵债。司法拍卖后尽管涉及股份变更登记至竞买人名下,从形式上看的确属于一种"转让",但司法拍卖行为与转让行为存在实质区别:在司法拍卖程序中,委托人是人民法院,而非股份的持有人,股份竞买人也会将股份转让款支付至法院指定的账户中,且标的物所有权自拍卖成交裁定送达买受人时转移。由此可见,直接成立转让法律关系的是在人民法院与竞买人之间,而非竞买人与股权持有人之间,办理股权变更登记只是司法拍卖行为的附随行为,因此司法拍卖也并不属于我国《公司法》《证券法》以及证监会颁布的相关规定所规定的"转让"。

又如,在国家某银行股份有限公司、杭州市下城区某小额贷款股份有限公司执行实施类执行裁定书[(2016)浙 0104 执 434 号之二]中,杭州市江干区人民法院裁定拍卖被执行人某控股有限公司在中国某证券股份有限公司限售股股票(证券代码:HK6881,持股数量:1 530 000)。该裁定书送达后立即生效。

61. 票据质押贷款项目中,质权人如何行使质权?

问: 在小贷商票质押贷款项目中,当事人违约且出票人拒付,债权人能否向债务人、担保人主张贷款及担保合同责任后,又另案向票据前手主张票据责任呢?小贷商票质押贷款项目的交易结构如图 61-1 所示:

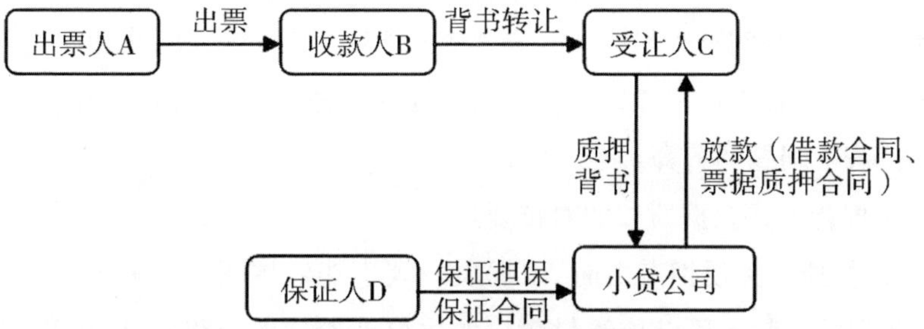

图 61-1 小贷商票质押贷款项目交易结构

答: 1. 行使票据质押权利的前提在于贵司依法享有质权。《担保法》第 76 条规定,以汇票、支票、本票、债券、存款单、仓单、提单出质的,应当在合同约定的期限内将权利凭证交付质权人。质押合同自权利凭证交付之日起生效。《物权法》第 224 条规定,以汇票、支票、本票、债券、存款单、仓单、提单出质的,当事人应当订立书面合同。质权自权利凭证交付质权人时设立;没有权利凭证的,质权自有关部门办理出质登记时设立。由上述规定可知,票据质权的设立需要满足书面质押合同和票据交付两个条件。但根据《票据法》第 35 条第 2 款的规定,汇票可以设定质押;质押时应当以背书记载"质押"字样。被背书人依法实现其质权时,可以行使汇票权利。最高人民法院《关于审理票据纠纷案件若干问题的规定》(以下简称《票据规定》)第 55 条规定,依照《票据法》第 35 条第 2 款的规定,以汇票设定质押时,出质人在汇票上只记载了"质押"字样未在票据上签章的,或者出质人未在汇票、粘单上记载"质押"字样而另行签订质押合同、质押条款的,不构成票据质押。由此可见,与《物权法》不同的是,《票据法》强调对票据的"背书""签章"等形式要求。

最高人民法院《关于适用〈中华人民共和国担保法〉若干问题的解释》第98条规定,以汇票、支票、本票出质,出质人与质权人没有背书记载“质押”字样,以票据出质对抗善意第三人的,人民法院不予支持。

对于上述不同规定应如何理解,综合学术观点和司法判例,一般认为,票据法第35条第2款未规定质押背书的法律后果,《票据规定》将质押背书作为票据质权的取得要件依据不足。① 相关结论如下:

(1)背书质押不是设定票据质权的唯一方式,订立质押合同,交付票据也可以设定票据质权。

(2)背书“质押”字样不是票据质权的取得要件,仅是票据质权的对抗要件。《票据规定》颁布时间早于最高人民法院《关于适用〈中华人民共和国担保法〉若干问题的解释》,故二者相冲突时应适用最高人民法院《关于适用〈中华人民共和国担保法〉若干问题的解释》。

(3)质押背书是票据质权的对抗要件:

①在票据质押无质押背书时,票据质权人不能对抗票据义务人,质权人行使质权时,票据的付款人可以拒绝付款。如质权人通过诉讼程序,以书面质押合同来证明已取得的权利,法院可以依法裁决质权人享有质权,银行此时依据法院判决向质权人付款,并不承担拒绝付款的责任。

②如果出质的票据无质押背书,被第三人善意取得并持有的,善意第三人取得票据权利时,原质权人的质权自第三人取得票据权利时消灭,质权人不得以其质权对抗善意第三人。

如在滕州市城郊信用社诉建行枣庄市薛城区支行票据纠纷二审案中,法院认为,“背书质押不是设定票据质权的唯一方式,订立质押合同、交付票据也可以设定票据质权……以票据出质的,质押背书是表明票据持有人享有票据质权的直接证据,如果无质押背书,书面的质押合同就是票据持有人证明其享有票据质权的合法证据。在票据持有人持有票据,并有书面质押合同的情况下,应当认定持有人享有票据质权”。

2. 票据质权的行使方式存在权利竞合,质权人可以选择行使方式。《担保

---

① 参见曹士兵:《中国担保制度与担保方法》,中国法制出版社2015年版,第364页。

法》《物权法》《票据法》关于票据质权的行使规定有所不同。前者规定是“拍卖、变卖质押财产所得的价款优先受偿”，而后者是“被背书人依法实现其质权时，可以行使汇票权利”，对于前述两种方式，笔者认为质权人可以选择行使。例如，在天津国恒铁路控股股份有限公司、中国银行股份有限公司海门支行票据付款请求权纠纷二审案[（2013）粤高法民二终字第64号]中，中国银行股份有限公司海门支行（以下简称中行海门支行）以票据付款请求权纠纷起诉付款人天津国恒铁路控股股份有限公司（以下简称国恒公司）并获得两级法院判决支持要求国恒公司付款的诉讼请求，又向江苏省通州市人民法院另案起诉了收款人为杭州甘浙实业有限公司（出质人）、赵某某、张某某，并通过法院调解确认基础合同债权和对质押票据享有优先受偿权。

3. 票据纠纷与基础合同纠纷可以合并审理。最高人民法院在《关于印发修改后的〈民事案件案由规定〉的通知》中阐明，“同一诉讼中涉及两个以上的法律关系的，应当依当事人诉争的法律关系的性质确定案由，均为诉争法律关系的，则按诉争的两个以上法律关系确定并列的两个案由”。这意味着不同的案由可以在同一诉讼中合并审理。例如，在春和集团有限公司、上海浦东发展银行股份有限公司深圳分行金融借款合同纠纷再审审查与审判监督民事裁定书[（2017）粤民申5498号]中，春和集团有限公司申请再审的理由之一为本案一审法院将票据追索权纠纷并入金融借款合同纠纷一并审理，程序违法，广东省高院根据最高人民法院《关于适用〈中华人民共和国担保法〉若干问题的解释》第106条之规定，认为在金融借款合同纠纷中审理票据关系，并无不当。

4. 票据质权也适用善意取得。根据《物权法》第106条的规定，当事人可以善意取得其他物权，当然也包括票据质权。善意取得的具体条件包括：（1）质权人取得票据质权时是善意的；（2）以合理的对价取得；（3）票据已经交付给质权人。“善意”一词是拉丁文 *bona fides* 来的，亦称不知情，指不知存在足以影响法律效力的事实的主观状态。这里所说的善意是指质权人不知道出质人系非法出质。

5. 行使权利的关键在于证据。对于贵司实际是否可以依据借款合同、票据质押合同起诉出票人、收款人，行使票据权利，还需根据贵司所掌握的相关证据综合判断。在票据质押贷款项目中，除了考察票据，还应重点关注借款企业的资信，即重视对第一还款来源的考察。

62. 票据质押如何设立和解除?

问: **纸质商票的质押手续,包括签署质押合同、交付纸票和质押背书。其中关于质押背书,如何在票据上记载“质押”字样?主债权到期后,是需要解除质押,还是将纸票退还出质人即可?**

答:《票据法》第 35 条第 2 款规定,汇票可以设定质押;质押时应当以背书记载“质押”字样。被背书人依法实现其质权时,可以行使汇票权利。

最高人民法院《关于审理票据纠纷案件若干问题的规定》第 55 条规定,依照《票据法》第 35 条第 2 款的规定,以汇票设定质押时,出质人在汇票上只记载了“质押”字样而未在票据上签章的,或者出质人未在汇票、粘单上记载“质押”字样而另行签订质押合同、质押条款的,不构成票据质押。

根据以上条款,汇票质押应当背书记载“质押”字样,未记载的质押权不能成立。

最高人民法院《关于适用〈中华人民共和国担保法〉若干问题的解释》第 98 条规定,以汇票、支票、本票出质,出质人与质权人没有背书记载“质押”字样,以票据出质对抗善意第三人的,人民法院不予支持。

《物权法》第 224 条规定,以汇票、支票、本票、债券、存款单、仓单、提单出质的,当事人应当订立书面合同。质权自权利凭证交付质权人时设立;没有权利凭证的,质权自有关部门办理出质登记时设立。

结合最高人民法院《关于适用〈中华人民共和国担保法〉若干问题的解释》和《物权法》的上述规定,在汇票上背书记载“质押”字样不是质押的设立要件,而是对抗要件。关于上述规定的不一致及相关法律问题,笔者在其他问答中已有分析,这里不再赘述。即背书质押不是设定票据质权的唯一方式,订立质押合同,交付票据也可以设定票据质权。背书“质押”字样也不是票据质权的取得要件,仅是票据质权的对抗要件。

关于主债权到期后,是否需要解除质押问题,上述法律和司法解释皆无明确规定。

中国人民银行《关于完善票据业务制度有关问题的通知》关于票据质押的相关处理规定如下:“(一)票据质押时,应按《中华人民共和国票据法》的有关规定作成质押背书。(二)主债务履行完毕,票据解除质押时,被背书人应以单纯交付的方式将质押票据退还背书人。票据到期时,由持票人按支付结算制度的有关规定行使票据权利。(三)质押票据所担保的债务到期后,背书人未能如期履行债务时,被背书人依法实现质权,但不得将票据进行转让或者贴现。被背书人在票据到期时按支付结算制度的有关规定行使票据权利。被背书人为银行的,比照商业汇票贴现到期收回的处理手续,并在托收凭证备注栏注明‘质押票据收款’字样。”

出质人与质权人签订质押合同时,应充分考虑债务期限与票据的提示付款期限等情况,并明确双方的权利义务,避免产生票据纠纷。

综合上述规定,就您所提问题涉及要点总结如下:

首先,债权人和出质人在设立票据质押时应签订相关主合同、质押合同,对主债务履行期限、票据质押担保等进行约定,其中应注意债务履行期限最好不迟于用于质押票据的提示付款期限。若主债权到期后债务人不能清偿债务的,质权人有权行使票据权利(前提是票据已到期),从所得票据金额中就其债权优先受偿。

其次,若主债务到期前票据已到期,质权人可以申请兑现,并与出质人协议将兑现的价款提前清偿债务或者提存。

最后,主债务履行完毕,票据解除质押时,被背书人应以单纯交付的方式将质押票据退还背书人。票据到期时,由持票人按支付结算制度的有关规定行使票据权利。而无论主债务是否到期或债务人是否未履行债务,票据权利的质权人均不能将票据进行转让或贴现。

63. 票据质权行使中，票据金额大于债务金额时应如何处理？

问：票据质权行使中，票据金额大于债务金额时，债权人应如何处理多出的部分呢？

答： 在票据质押贷款项目追偿过程中，因票据纠纷与基础合同纠纷为请求权不同的两种纠纷，根据《票据法》的规定，票据权利人主张的金额为票面载明金额，而基础合同债权人所主张的是贷款金额本息等，则可能出现债权人主张票据权利后所受偿金额大于债务总额的情形。

笔者认为，就上述情形，如受偿的票据金额大于债务金额，可以由借款人（原持票人）向质权人主张返还多出的部分，也可以由质权人主动退还。如在渤海银行股份有限公司上海分行与上海云峰集团化工有限公司票据追索权纠纷一审案[（2015）浦民六（商）初字第 7493 号]中，上海浦东法院就提及了类似的处理方法："因此本案中原告主张票据追索权的金额应当是票面金额即 4000 万元，以及相应的利息，若被告上海云峰集团化工有限公司在承担了票据责任后，原告获得清偿的金额确实大于实际债务金额，相关权利人可另行向原告提出主张，故不能以此减少或免除被告上海云峰集团化工有限公司的票据责任。"

64. 票据质权行使中，基础合同纠纷与票据纠纷能否合并审理？

问：在票据质押项目中，当债务人按期偿还贷款时，债权人既可以依据《物权法》《担保法》等规定行使质权，也可以依据《票据法》等规定行使票据权利。那么，如债权人在同一诉讼中同时提出上述两种主张，人民法院能否合并审理呢？

答：通过检索有关案例，笔者发现实践中法院存在不同的处理方法。如在春和集团有限公司、上海浦东发展银行股份有限公司深圳分行金融借款合同纠纷再审审查与审判监督案［（2017）粤民申5498号］中，春和集团有限公司（出票人）申请再审的理由之一为本案一审法院将票据追索权纠纷并入金融借款合同纠纷一并审理，程序违法。广东省高级人民法院认为，根据最高人民法院《关于适用〈中华人民共和国担保法〉若干问题的解释》第106之规定，质权人向出质人、出质债权的债务人行使质权时，出质人、出质债权的债务人拒绝的，质权人可以起诉出质人和出质债权的债务人，也可以单独起诉出质债权的债务人。原审法院依据该规定，在本案中审理票据关系，并无不当。春和集团作为出质债权的债务人，是本案的适格被告。判决驳回春和集团有限公司的再审申请。

但在另一起渤海银行股份有限公司上海分行与浙江振戎能源有限公司、上海云峰集团化工有限公司金融借款合同纠纷案［（2015）浦民六（商）初字第51号］中，原告渤海银行（持票人、质权人）同时诉请出质人振戎公司为向原告偿还银行承兑汇票垫款本金30 044 006.96元及逾期利息，以及出票人云峰公司对振戎公司上述付款义务承担连带责任，向原告履行三张商业承兑汇票的支付义务。此案中，上海浦东区法院认为，本案涉及的是票据质押，而非一般的债权质押，被告振戎公司与被告云峰公司之间的债权债务关系是以票据的形式确定下来的，原告脱离票据的限制将其当作一般债权质押来行使质权，要求被告云峰公司承担连带清偿责任，没有事实和法律依据，该院不予支持。金融借款合同纠纷和票据追索权纠纷是两个法律关系,原告可以基于票据追索权另案起诉。故渤海银行再另案向云峰公司主张票据权利。①

笔者认为,基础合同纠纷与票据纠纷可以合并审理,理由在于:

第一,在最高人民法院在《关于印发修改后的〈民事案件案由规定〉的通知》中阐明,“同一诉讼中涉及两个以上的法律关系的,应当依当事人诉争的法律关系的性质确定案由,均为诉争法律关系的,则按诉争的两个以上法律关系确定并列的两个案由”。这意味着不同的案由可以在同一诉讼中合并审理。

第二,从诉讼效率的角度来说,合并一案审理更有利于尽快查明案件事实,正确适用法律,提高审判效率。

第三,从诉讼便利的角度来说,合并审理避免了将已经立案的一个案件人为机械地拆成两个案件,减少当事人的诉累。

第四,关于保兑仓交易的合并审理问题,《全国法院民商事审判工作会议纪要》明确规定,当事人就保兑仓交易中的不同法律关系的相对方分别或者同时向同一人民法院起诉的,人民法院可以根据最高人民法院《关于适用〈中华人民共和国民事诉讼法〉若干问题的解释》第221条的规定,合并审理。一方当事人未起诉另一方当事人的,人民法院可以依职权追加未参加诉讼的当事人为第三人,以便查明相关事实,正确认定责任。

---

① 参见渤海银行股份有限公司上海分行与上海云峰集团化工有限公司票据追索权纠纷一审民事判决书[(2015)浦民六(商)初字第7493号]。

65. 未办理质押登记的情况下,出质人应承担何种责任?

问: **在项目中出质人与担保人签了股权质押反担保合同,但出质人没有按时在工商局办理质押登记手续,担保人代偿后向出质人追偿,要求承担赔偿责任,同时冻结了股权。出质人是在股权范围内承担责任,还是以全部财产承担责任?**

答: 首先,根据《物权法》第226条第1款的规定,以基金份额、股权出质的,当事人应当订立书面合同。以基金份额、证券登记结算机构登记的股权出质的,质权自证券登记结算机构办理出质登记时设立;以其他股权出质的,质权自工商行政管理部门办理出质登记时设立。即股权质权设立的条件为书面质押合同及有关部门出质登记。在您所提供的案件信息中,出质人并没有在签订股权质押反担保合同后按时在工商局办理质押登记手续,因此质权应没有有效设立。

其次,在质权未有效设立的情况下,本案中的担保人仍可向出质人主张权利。因为双方已签订了股权质押反担保合同,如在合同中约定,出质人应对担保人负有办理股权质押登记等义务的,则在股权质押未登记而导致质权未设立的情况下,可依据此条款确定违约方,并追究其违约责任。

例如,在北京金桥国盛投资有限公司与长城(宁夏)资产经营有限公司、北京金汇联合投资有限公司企业借贷纠纷二审案[(2015)民二终字第70号]中,最高人民法院认为,长城宁夏公司囿于其自身原因未能如约办理相应的股权质押登记,导致涉案股权质押并未有效设立。虽然因长城宁夏公司的原因导致股权质押未有效设立,但是并不影响借款合同中有关质押担保条款的效力。因此,在质押担保条款有效的前提下,依据《合同法》第107条关于"当事人一方不履行合同义务或者履行合同义务不符合约定的,应当承担继续履行、采取补救措施或者赔偿损失等违约责任"的规定,长城宁夏公司应当承担未能履行设立股权质押义务的违约责任。

最后,如出质人应承担违约责任,那么他是在股权范围内承担责任,还是以全部财产承担责任呢?同样是在上述案例中,最高人民法院还认为,对于违约责任的具体形式,鉴于长城宁夏公司的违约行为导致其不当逃避了质押担保责任,致使金桥公司丧失在涉案股权及法定孳息范围内的质押权利,亦失去了收回涉案借款的物权保障,因此,长城宁夏公司因违约而逃避的责任以及金桥公司丧失的权益即应视为金桥公司的损失。即最高人民法院的观点是,假设质权有效设立,在法定担保期间内,债务人未按合同约定如期偿还本息,则质权人有权依法定方式,通过处理出质人质押的股权及其法定孳息所得款项及权益优先受偿。但由于出质人未逃避登记义务而导致债权人丧失了上述担保权利,因此出质人依法应当在其拟出质的股权的价值以及法定孳息,包括质押股权应得红利范围内承担赔偿责任。

66 什么是保兑仓交易？保兑仓交易中，法院应遵守哪些裁判规则？

问： 什么是保兑仓交易？保兑仓交易中，法院应遵守哪些裁判规则？

答： 根据《全国法院民商事审判工作会议纪要》的规定，保兑仓交易作为一种新类型融资担保方式，其基本交易模式是，以银行信用为载体、以银行承兑汇票为结算工具、由银行控制货权、卖方（或者仓储方）受托保管货物并以承兑汇票与保证金之间的差额作为担保。其基本的交易流程是：卖方、买方和银行订三方合作协议，其中买方向银行缴存一定比例的承兑保证金，银行向买方签发以卖方为收款人的银行承兑汇票，买方将银行承兑汇票交付卖方作为货款，银行根据买方缴纳的保证金的一定比例向卖方签发提货单，卖方根据提货单向买方交付对应金额的货物，买方销售货物后，将货款再缴存为保证金。

在三方协议中，一般来说，银行的主要义务是及时签发承兑汇票并按约定方式将其交给卖方，卖方的主要义务是根据银行签发的提货单发货，并在买方未及时销售或者回赎货物时，就保证金与承兑汇票之间的差额部分承担责任。银行为保障自身利益，往往还会约定卖方要将货物交给由其指定的当事人监管，并设定质押，从而涉及监管协议以及流动质押等问题。实践中，当事人还可能在前述基本交易模式基础上另行作出其他约定，只要不违反法律、行政法规的效力性、强制性规定，这些约定应当认定有效。

一方当事人因保兑仓交易纠纷提起诉讼的，人民法院应当以保兑仓交易合同作为审理案件的基本依据，但买卖双方没有真实买卖关系的除外。

保兑仓交易以买卖双方有真实买卖关系为前提。双方无真实买卖关系的，该交易属于名为保兑仓交易实为借款合同，保兑仓交易因构成虚伪意思表示而无效，被隐藏的借款合同是当事人的真实意思表示，如不存在其他合同无效情形，应当认定有效。保兑仓交易认定为借款合同关系的，不影响卖方和银行之间担保关系的效力，卖方仍应当承担担保责任。

67. 应收账款质押后是否必须通知次债务人?

问: **应收账款质押后是否必须通知次债务人?未通知次债务人是否会对质权人的权利产生影响?**

答: 所谓次债务人,即应收账款对应的付款方,也称第三债务人。根据《合同法》第 80 条的规定,债权人转让权利的,应当通知债务人。未经通知,该转让对债务人不发生效力。故应收账款的转让必须通知次债务人后,才开始对其发生法律效力。但对于应收账款质押,《物权法》并没有规定将通知次债务人作为质押合同生效或者质权设立的要件。应收账款转让与质押,尽管存在一定的相似和联系,但也有本质的区别。在设质阶段,出质人、质权人是否将质押事项通知次债务人,并不影响应收账款质押的效力,本属当然。司法实践中的案例也普遍支持上述观点。

如中国民生银行股份有限公司武汉分行与广州金邦有色合金有限公司、深圳市核电工程建设有限公司等金融借款合同纠纷申请再审案[最高人民法院(2016)最高法民申 3454 号民事裁定书]中,最高人民法院认为,根据《物权法》第 228 条第 1 款"以应收账款出质的,当事人应当订立书面合同。质权自信贷征信机构办理出质登记时设立"的规定,只要有书面合同并办理登记,质权即成立。不能因为未将质押登记事项通知应收账款债务人,就否定质押登记的效力和质押权人享有的质权。2013 年 4 月 28 日,金邦公司出具的应收账款债务人确认函中对质押的应收账款已作明确表述,在未新设质权的情况下,无须再通知金邦公司对质押的应收账款进行书面确认。

但是,基于风险控制的考虑,质权人有时会要求通知次债务人,甚至要求次债务人对应收账款的数额、付款时间和支付至质权人指定的银行账户作出书面确认或承诺。因此,在应收账款质押的设立过程中,不同的质权人可能会要求采取不同的风险控制措施,那么,这些不同做法对次债务人分别具有哪些不同的法律效力?

首先,应收账款出质后,没有通知次债务人的,该应收账款质权在行使前对次债务人不发生法律效力。法谚有云:任何人不因他人间所发生之事由而受损害。根据法律规定,合同当事人只能为第三人创设权利而不能设置义务。仅有应收账款质押合同不影响次债务人对出质人的付款义务,并且也不能产生次债务人向质权人的付款义务。

其次,要考虑应收账款出质后,仅通知次债务人而未要求次债务人作出书面付款承诺或确认的,对次债务人将发生何种法律效力。遗憾的是,《物权法》对此并未作出规定。有观点认为,应收账款出质通知次债务人后,次债务人就不得对出质人进行清偿,所付款项应当提前清偿债务或者向第三方提存。此观点虽然有利于保护质权人的利益,但也有不尽合理之处,因为回款好比企业的血液循环,动辄截留可能扼杀中小企业,在风险可控的前提下,质权人可以允许次债务人向出质人付款并用于周转。我国台湾地区的"民法"规定,次债务人接受债权出质通知后,如向出质人或质权人一方清偿时,应得他方之同意;他方不同意时,债务人应提存其为清偿之给付物。这种做法值得借鉴。

最后,次债务人对质权人作出书面承诺或确认的,相当于次债务人对质权人作出了单方允诺,应当遵守。否则,质权人可以根据单方法律行为或者协议被违反之情形,追究次债务人相应的法律责任。具体次债务人承担什么义务,取决于承诺的内容,比如,次债务人已书面确认于某年某月某日之前确已发生对出质人所承担的债务数额的,就不得再向质权人提出应收账款支付抗辩。次债务人仅确认发生应收账款的,则有权提出相应的抗辩主张。

必须考虑的是,对于回款账户,尽管质权人可以通过与收款银行签订监管协议等方式进行监管,但由于该账户在出质人名下,如果不是特设的保证金账户,则对于该账户内的款项质权人能否主张优先受偿权的问题。《物权法》第228条第1款规定:"应收账款出质后,不得转让,但经出质人与质权人协商同意的除外。出质人转让应收账款所得的价款,应当向质权人提前清偿债务或者提存。"根据该条规定,质权人可以要求回款用于提前清偿债务或者提存。

如果出质的应收账款先于主债权到期并获得次债务人的清偿的,该如何处理?《物权法》中并未对此作出明确规定。笔者认为,应当参照《物权法》第225条关于票据、存单、仓单、提单的兑现日期先于主债权到期和第228条第2款关于出质后的应收账款转让之规定,获得清偿的款项也应当向质权人提前清偿债务或者提存。

68. 如何设立出口退税账户质权?

问: **在接受一家从事进出口贸易的企业申请贷款时,该企业想要以出口退税账户质押作为还款的担保。想问一下这种质押方式是否必须要将专用账户托管给银行呢?**

答: 所谓出口退税账户质押,又称出口退税托管账户质押,是指借款人将出口退税专用账户托管给债权人贷款银行,并承诺以该账户中的退税款作为偿还贷款的担保,当借款人不履行债务时,债权人有权以出口退税专用账户的出口退税款优先受偿的担保方式。

《担保法》及《物权法》皆未明确规定出口退税账户质押,但根据《担保法》第75条、《物权法》第223条的规定,依法(法律、行政法规)可以质押的其他权利可以设立质押担保。以出口退税账户作为质押担保,主要源自于最高人民法院的有关司法解释。

根据最高人民法院2004年11月22日发布的《关于审理出口退税托管账户质押贷款案件有关问题的规定》(以下简称《退税质押规定》),出口退税账户可以用于质押贷款。《退税质押规定》明确规定了出口退税账户质押的定义、设立要件、质权人的权利及有关例外规定。

按照《退税质押规定》,出口退税专用账户质押贷款,是指借款人将出口退税专用账户托管给贷款银行,并承诺以该账户中的退税款作为还款保证的贷款。其第2条规定以出口退税专用账户质押方式贷款的,应当签订书面质押贷款合同。质押贷款合同自贷款银行实际托管借款人出口退税专用账户时生效。因该规定沿袭了《担保法》有关条文的弊端,同样混淆了物权设立要件与合同生效要件,与物权法有关规定冲突,最高人民法院《关于废止2007年底以前发布的有关司法解释(第七批)的决定》宣布废除了该条规定。该决定并未废除《退税质押规定》的全部内容,意味着出口退税账户质押仍不失为一种合法的担保方式。那么,《退税质押规定》第 2 条废止后,出口退税账户质押究竟应当如何设立?

实践中,有的贷款人要求向应收账款质押一样,将出口退税质押在中国人民银行征信系统办理出质登记,因该系统仅对质押登记不进行审查,仅负责“采取必要的措施,维护登记公示系统安全、正常运行”,对登记内容并不干涉。但根据《应收账款质押登记办法》的有关规定,该办法所称应收账款是指权利人因提供一定的货物、服务或设施而获得的要求义务人付款的权利以及依法享有的其他付款请求权,包括现有的和未来的金钱债权,但不包括因票据或其他有价证券而产生的付款请求权,以及法律、行政法规禁止转让的付款请求权。出口退税具有行政性质,与一般的民事债权不同,也不符合登记办法对应收账款的界定。

故笔者认为,上述废除决定仅仅是根据《物权法》的规定对质押合同生效要件和质权设立要件所做的区分,并未改变出口退税账户的公示方式。既然如此,实际托管仍是出口退税账户质押的主要设立要件,至于在人民银行征信系统办理登记,因欠缺相关法律依据,充其量也仅能作为辅助公示手段。

如在《最高人民法院公报》案例——常州新区工行诉康美公司借款合同纠纷案(常州市中级人民法院二审民事判决书)中,常州市中级人民法院认为:被告康美公司与原告新区工行在签订借款合同的同时,还签订了出口退税权利质押合同,约定康美公司将其享有的出口退税权利质押给新区工行,作为康美公司向新区工行借款的担保。根据质押合同,康美公司在新区工行设立了出口退税专用账户,这个账户和康美公司的应退未退税款金额 1351 万元,均得到常州市国税局的确认。故康美公司与新区工行之间的出口退税账户托管贷款,构成了出口退税权利质押,新区工行有权在康美公司的出口退税款中优先受偿。被告康美公司向新区工行出具承诺书,自愿对康美公司的借款承担连带保证责任,该承诺不违反法律规定。新区工行的诉讼请求应予支持。

对于何为“托管”,笔者认为,出口退税账户托管不能仅按“托管”的字面意思来解释。出口退税账户托管除了有受托保管的意思外,还有授权银行对账户进行监管的含义,理由如下:

(1)部门规章依据。根据中国人民银行、对外贸易经济合作部、国家税务总局《关于办理出口退税账户托管贷款业务的通知》第 5 条的规定,各级税务部门要在不得提供任何形式担保的前提下,认真配合商业银行做好该项贷款工作。要确保贷款企业出口退税专用账户的唯一性，保证退税款退入该专户，不得转移；在出口退税账户托管贷款全部偿还之前，未经贷款银行同意，不得为出口企业办理出口退税专用账户转移手续（国家有关法律有特殊规定的除外）各级税务部门应为商业银行查询出口退税企业资信提供方便。

（2）地方政府文件例证。如淮南市人民政府2003年5月20日发布的《淮南市出口退税账户托管管理办法》规定，申请出口退税质押贷款的步骤之一为：商业银行根据《出口退税托管专用账户开立申请书》，审定拟发放质押贷款的企业名单，开立借款企业的出口退税托管专用账产，完成与借款企业签订质押合同、账户托管等必要的手续后向企业发放首笔贷款，并将出口退税账户托管的企业名单抄送市外经贸局、市人民银行和市国税局备案。

（3）实践中的做法。贷款银行一般与借款人约定：自贷款人发放贷款之日起至该笔贷款全部清偿完毕之日止，借款人同意由贷款人监控该账户，未经贷款人书面同意，借款人不得擅自转移该账户内的款项，也不得办理账户挂失、销户、转移手续。出口退税专用账户的退税款是出口企业偿还贷款的保证，贷款银行可以要求企业在退税款到位后归还该贷款的本息，必要时贷款银行可根据贷款风险程度要求出口企业提供其他担保。

因此，设立出口退税专用账户质押，担保机构不仅应当与出质人签订书面质押贷款合同，还应当委托贷款银行实际托管借款人出口退税专用账户，质权自贷款银行受担保机构的委托实际托管出口退税专用账户时设立。

另外，为进一步完善出口退税账户质押设立手续，达到《物权法》上的公示对抗效果，可考虑选择或一并采取以下措施，以弥补账户托管公示效力之不足：（1）参照动产质押质物移交占有和权利质押交付权利凭证之规定，要求出质人将出口退税账户登记证交质权人占有和保管。（2）如果相关税务部门可以配合，到税务部门办理出口退税账户质押备案或登记。（3）参照应收账款质押登记办法，在人民银行征信系统办理出质登记。

【第五篇　借贷篇】

69. 基金会可以作为出借人吗?

问: **某平台对接了一个慈善基金,资金规模较大,想在网贷平台进行投资。以基金的名义在平台开户,进行充值、投资,赚取的利息用于支付给他们支持的慈善项目,直接从平台划转到项目的账户。请问基金在网贷平台上开户和投资是否妥当?**

一、基金会基本介绍

答: 根据《基金会管理条例》(经 2004 年 2 月 11 日国务院第 39 次常务会议通过,自 2004 年 6 月 1 日起施行),基金会是指利用自然人、法人或者其他组织捐赠的财产,以从事公益事业为目的,按照本条例的规定成立的非营利性法人。基金会分为面向公众募捐的基金会(以下简称公募基金会)和不得面向公众募捐的基金会(以下简称非公募基金会)。公募基金会按照募捐的地域范围,分为全国性公募基金会和地方性公募基金会。

基金会组织募捐、接受捐赠,应当符合章程规定的宗旨和公益活动的业务范围。境外基金会代表机构不得在中国境内组织募捐、接受捐赠。公募基金会组织募捐,应当向社会公布募得资金后拟开展的公益活动和资金的详细使用计划。理事会是基金会的决策机构,依法行使章程规定的职权。

基金会应当根据章程规定的宗旨和公益活动的业务范围使用其财产;捐赠协议明确了具体使用方式的捐赠,根据捐赠协议的约定使用。接受捐赠的物资无法用于符合其宗旨的用途时,基金会可以依法拍卖或者变卖,所得收入用于捐赠目的。

公募基金会每年用于从事章程规定的公益事业支出,不得低于上一年总收入的 70%;非公募基金会每年用于从事章程规定的公益事业支出,不得低于上一年基金余额的 8%。基金会工作人员工资福利和行政办公支出不得超过当年总支出的 10%。

对于基金会财产的保值、增值,《基金会管理条例》仅作出了原则性规定,即第28 条"基金会应当按照合法、安全、有效的原则实现基金的保值、增值"的规定。

对于基金会投资行为的规范,主要是规定于民政部 2012 年 7 月印发《关于规范基金会行为的若干规定(试行)》中。

二、基金会的交易、合作及保值增值

1. 基金会应当严格区分交换交易收入和捐赠收入。通过出售物资、提供服务、授权使用或转让资产包括无形资产等交换交易取得的收入,应当记入商品销售收入、提供服务收入等相关会计科目,不得计入捐赠收入,不得开具公益事业捐赠票据。

2. 基金会进行交换交易,应当保护自身和社会公众的合法权益。不得以低于公允价值的价格出售物资、提供服务、授权或者转让无形资产;不得以高于公允价值的价格购买产品和服务。

3. 基金会不得将本组织的名称,公益项目品牌等其他应当用于公益目的的无形资产用于非公益目的。

4. 基金会不得直接宣传、促销、销售企业的产品和品牌;不得为企业及其产品提供信誉或者质量担保。

5. 基金会不得向个人、企业直接提供与公益活动无关的借款。

6. 基金会进行保值增值活动时,应当遵守以下规定:(1)基金会进行保值增值应当遵守合法、安全、有效的原则。符合基金会的宗旨,维护基金会的信誉,遵守与捐赠人和受助人的约定,保证公益支出的实现;(2)基金会可用于保值增值的资产限于非限定性资产、在保值增值期间暂不需要拨付的限定性资产;(3)基金会进行委托投资,应当委托银行或者其他金融机构进行。

根据上述第 5 项规定,基金会不得向个人、企业直接提供与公益活动无关的借款,可用于投资的资产应当限于非限定性资产,基金会直接在平台上作为出借人是不合规的。

根据上述规定,基金会可以将非限定性资产、在保值增值期间暂不需要拨付的限定性资产进行委托投资,但应当委托银行或者其他金融机构进行。所谓其他金融机构,应为具备受托管理资产资质的金融机构,如银行、信托公司、保险公司、证券公司、基金管理公司等。而 P2P 平台显然不属于银行或者其他金融机构的范畴。

那么,基金会可以将其非限定性资产、在保值增值期间暂不需要拨付的限定性资产委托给小额贷款公司发放小额贷款吗?《关于小额贷款公司试点的指导意见》规定,小额贷款公司的主要资金来源为股东缴纳的资本金、捐赠资金,以及来自不超过两个银行业金融机构的融入资金。小额贷款公司应接受社会监督,不得进行任何形式的非法集资。如果基金会将资金委托给小额贷款公司经营,有非法集资的嫌疑。

70. 企业可否作为出借人？

问：既然银行理财产品也有专门针对企业的，而且还通过网络银行销售，那企业也可以成为 P2P 平台上的出借人吗？

答： 企业可以有条件地成为民间借贷的出借人。在 2015 年 8 月 6 日发布的最高人民法院《关于审理民间借贷案件适用法律若干问题的规定》实施之前，企业不能作为民间借贷中的出借人，以企业作为出借人主体的借贷合同一般会被认定为无效。为应对时代的呼唤和经济发展需要，该司法解释对民间借贷的界定做了更新，即“是指自然人、法人、其他组织之间及其相互之间进行资金融通的行为”。其第 11 条规定，法人之间、其他组织之间以及它们相互之间为生产、经营需要订立的民间借贷合同，除存在《合同法》第 52 条、本规定第 14 条规定的情形外，当事人主张民间借贷合同有效的，人民法院应予支持。《合同法》第 52 条是关于一般合同无效认定的规定，不算特别规定。但该司法解释第 14 条的规定就值得注意了，该条主要规定如下：具有下列情形之一，人民法院应当认定民间借贷合同无效：(1)套取金融机构信贷资金又高利转贷给借款人，且借款人事先知道或者应当知道的；(2)以向其他企业借贷或者向本单位职工集资取得的资金又转贷给借款人牟利，且借款人事先知道或者应当知道的；(3)出借人事先知道或者应当知道借款人借款用于违法犯罪活动仍然提供借款的；(4)违背社会公序良俗的；(5)其他违反法律、行政法规效力性强制性规定的。

根据上述规定，企业作为出借人的借贷合同，有效前提至少有二：第一，借款用途为生产、经营需要；第二，不存在《合同法》第 52 条、上述司法解释第 14 条规定的情形。对于上述改变的理由，最高人民法院审判委员会专职委员杜万华法官在答记者问中提到，一方面，“时移则法易”。对于企业之间的民间借贷应当给予有条件的认可；另一方面，解禁并非完全放开，“正常的企业间借贷一般是为解决资金困难或生产急需偶然为之，但不能以此为常态、常业。作为生产经营型企业，如果以经常放贷为主要业务，或者以此作为其主要收入来源，则有可能导致该企业的性质发生变异，质变为未经金融监管部门批准从事专门放贷业务的金融机构。生产经营型企业从事经常性放贷业务，必然严重扰乱金融秩序，造成金融监管紊乱。这种行为客观上损害了社会公共利益，必须从效力上作出否定性评价”。[①] 可见，放开企业之间民间借贷，还没有放开到企业之间可以随意借贷，不受任何限制的程度，企业如果作为 P2P 上的出借人，如果仅偶尔出借一笔小额，则意义不大；如果企业反复出借，则有从事放贷营利之嫌，则可能导致借贷合同无效；如果企业仅出借一笔大额，则与 P2P 从事普惠金融、小额分散的经营原则不符。

当然，仅做上述解释可能还是不太具备说服力。因为按上述司法解释，企业完全可以将自有资金用于向其他企业出借，只要借款用途是用于生产、经营需要即可。但是，只要查阅另一行政法规，就不难发现，企业头上的“紧箍咒”尚在。这就是国务院颁布的《非法金融机构和非法金融业务活动取缔办法》。该办法最早发布于 1998 年，经 2011 年国务院《关于废止和修改部分行政法规的决定》部分修订，仍为有效，并且效力级别为仅次于法律的行政法规。根据该办法，任何非法金融机构和非法金融业务活动，必须予以取缔。该办法所称非法金融机构，是指未经中国人民银行批准，擅自设立从事或者主要从事吸收存款、发放贷款、办理结算、票据贴现、资金拆借、信托投资、金融租赁、融资担保、外汇买卖等金融业务活动的机构。非法金融业务活动，是指未经中国人民银行批准，擅自从事的非法发放贷款等活动。中国人民银行依法取缔非法金融机构和非法金融业务活动，任何单位和个人不得干涉，不得拒绝、阻挠。在违法后果方面，该办法规定，因参与非法金融业务活动受到的损失，由参与者自行承担。设立非法金融机构或者从事非法金融业务活动，构成犯罪的，依法追究刑事责任；尚不构成犯罪的，由中国人民银行没收非法所得，并处非法所得 1 倍以上 5 倍以下的罚款；没有非法所得的，处 10 万元以上 50 万元以下的罚款。

也许还有人心存侥幸：严重后果不就是罚款、没收违法所得吗？撇开非法吸收公众存款罪、集资诈骗罪等非法集资罪名不谈，我国《刑法》中仍有一个口袋罪——“非法经营罪”。所谓非法经营罪，是指未经许可经营专营、专卖物品或其

---

① 《最高法司法解释对企业间民间借贷给予有条件认可》，载东方网：http://news.eastday.com/eastday/13news/auto/news/finance/u7ai4420926_K4.html? _t=t，最后访问日期：2019 年 10 月 20 日。

他限制买卖的物品，买卖进出口许可证、进出口原产地证明以及其他法律、行政法规规定的经营许可证或者批准文件，以及从事其他非法经营活动，扰乱市场秩序，情节严重的行为。对于该罪名，除了刑法规定，还有相当多的司法解释。根据银监会发布的《金融许可证管理办法》，金融许可证适用于银监会监管的、经批准经营金融业务的金融机构，金融许可证的颁发、更换、吊销等由银监会依法行使，其他任何单位和个人不得行使上述职权。因此，即使以自由资金违法放贷，不仅可能承担行政处罚责任，还有可能承担非法经营的刑事责任。

2019 年 10 月 21 日，最高人民法院、最高人民检察院、公安部、司法部《关于办理非法放贷刑事案件若干问题的意见》第 1 条明确规定，违反国家规定，未经监管部门批准，或者超越经营范围，以营利为目的，经常性地向社会不特定对象发放贷款，扰乱金融市场秩序，情节严重的，依照《刑法》第 225 条第 4 项的规定，以非法经营罪定罪处罚。

71. 网贷平台借款综合资金成本、逾期利息、违约金及其上限要求是什么?

问:P2P 网贷平台的借款综合资金成本是如何要求的?现行规定又对借款综合资金成本有何要求呢?此外,逾期利息和违约金的上限又是多少?

答:《深圳市网络借贷信息中介机构整改验收工作指引表》(以下简称《指引表》)中对借款综合资金成本、逾期利息和违约金的上限均有规定,以下将一一进行分析。

一、关于借款综合资金成本的上限

借款综合资金成本在法律规定上并没有一个明确的概念。在财务管理学上,企业的资金成本是指企业筹集和使用资金必须付出的代价。资金成本包括资金占用费和筹资费用两部分内容。其中筹资费用是指资金筹集过程中支付的各种费用,如发行股票、发行债券支付的印刷费、律师费、公证费、担保费及广告宣传费。而资金占用费是指占用他人资金应支付的费用,或者说是资金所有者凭借其对资金所有权向资金使用者索取的报酬,如股东的股息、红利、债券及银行借款支付的利息。从上述概念中可以推延出,网贷平台的借款综合资金成本,应该是指借款人为取得借款而需要付出的代价,其中包括平台服务费、管理费、担保费、借款利息等。

网贷平台的借款综合资金成本自 2017 年 12 月 1 日出台的《关于规范整顿“现金贷”业务的通知》(整治办函〔2017〕141 号,以下简称《现金贷通知》)以来,不断受到严格的规制。根据《现金贷通知》第 1 条第 2 款的规定,各类机构以利率和各种费用形式对借款人收取的综合资金成本应符合最高人民法院关于民间借贷利率的规定,禁止发放或撮合违反法律有关利率规定的贷款。各类机构向借款人收取的综合资金成本应统一折算为年化形式,各项贷款条件以及逾期处理等信息应在事前全面、公开披露,向借款人提示相关风险。

而《关于做好P2P网络借贷风险专项整治整改验收工作的通知》(整治办函57号文)的附件《关于整改验收过程中部分具体问题的解释说明》第4条进一步明确,对于在《现金贷通知》出台后继续撮合或变相撮合违反法律有关利率规定的借贷业务的网贷机构不予备案登记。

2018年1月19日,深圳市金融办发布《指引表》。其第93条规定,禁止网贷平台在2017年12月之后,仍开展违反法律有关利率规定的借贷撮合业务(以利率和各种费用形式对借款人收取的综合资金成本超过最高人民法院关于民间借贷利率的规定上限);第94条规定,向借款人收取的综合资金成本(含利息及各种费用)未统一折算为年化形式并告知借款人。

2018年8月13日P2P网络借贷风险专项整治工作领导小组办公室下发《关于开展P2P网络借贷机构合规检查工作的通知》,其附件《网络借贷信息中介机构合规检查问题清单》除继续沿用前述深圳《指引表》第93条、第94条的规定外,其第95条还规定,网贷平台禁止采用线下收取息费、第三方合作机构向借款人收取息费的方式规避综合资金成本上限要求。

综合以上规定,现行监管对于借款综合资金成本的要求为:(1)综合资金成本包含了借款人借款而付出的所有线上及线下利息和各种费用的总和,且此总和不得超过最高人民法院关于民间借贷利率的规定上限;(2)综合资金成本应统一折算为年化形式并告知借款人;(3)综合资金成本违反上述规定的业务自2017年12月之后不得继续开展。

那么,对于第1项要求,何为"最高人民法院关于民间借贷利率的规定上限"呢?

《指引表》中列举的法律依据主要为最高人民法院《关于审理民间借贷案件适用法律若干问题的规定》(以下简称《民间借贷解释》)。根据《民间借贷解释》的规定,对借款利息采用三分法的效力认定标准,即(1)不超过年利率24%的利息约定,合法有效;(2)年利率24%以上,不超过年利率36%的利息,属于自然债务,出借人对此无请求权,但是借款人已经自愿支付的,法院不支持其要求返还多于24%的部分;(3)对于年利率36%以上的利息约定,认定无效。同时,结合《民间借贷解释》第31条的规定,"没有约定利息但借款人自愿支付,或者超过约定的利率自愿支付利息或违约金,且没有损害国家、集体和第三人利益,借款人又以不当得利为由要求出借人返还的，人民法院不予支持，但借款人要求返还超过年利率36%部分的利息除外”。即在超过年利率36%以上的利息，其实都是绝对禁止的，即便借款人自愿支付后，也可以不当得利为由，要求出借人返还。

综上所述，网贷平台借款项目资金方收取的利息以及平台等各类机构通过线上或线下方式收取的各种费用均应当合并计算综合资金成本，并考量是否符合36%的年利率上限要求。

二、关于逾期利息、违约金的上限

逾期利息或违约金，是在借款人未按照借款协议约定的还款日足额还款的情况下，按照借款协议的约定承担逾期还款的违约责任的方式。根据《指引表》第96条的规定，禁止网贷平台设定高额逾期利息、滞纳金、违约金、罚息或者其他费用等（不得超过年利率24%）。那么，对于该条的“不得超过年利率24%”应如何理解？是上述单个费用不得超过年利率24%，抑或是总和不得超过年利率24%呢？笔者认为，应结合其后的法律依据——《民间借贷解释》第30条分析。根据《民间借贷解释》第30条的规定，出借人与借款人既约定了逾期利率，又约定了违约金或者其他费用，出借人可以选择主张逾期利息、违约金或者其他费用，也可以一并主张，但总计超过年利率24%的部分，人民法院不予支持。因此可以推知，《指引表》第96条所指的“不得超过年利率24%”应该是指借款人因违约而需支付的逾期利息、滞纳金、违约金、罚息等费用总和不得超过年利率24%。如在李某、卓远公司民间借贷纠纷二审案[（2017）最高法民终241号]中，法院认为，根据《民间借贷规定》第30条“出借人与借款人既约定了逾期利率，又约定了违约金或其他费用，出借人可以选择主张利息、违约金或其他费用，也可以一并主张，但总计超过年利率24%的部分，人民法院不予支持”之规定，李某诉请卓远公司等三人向其支付利息已按照年利率24%予以支持，故其关于违约金的主张，不再支持。

综上所述，现行规定对于网贷平台的借款综合资金成本、违约金、逾期利息上限均有规定，平台在整改时应注重把握有关界线，以免造成对备案的实质影响。

72. 对借贷合同可否设立让与担保？有哪些注意事项？

问：对借贷合同可否设立让与担保？有哪些注意事项？

答：让与担保在学术界存在争议，但在社会实践中并不少见。其作为一种债权保障方式，在融资担保方案设计中具有一定的独特价值。最高人民法院公布的《全国法院民商事审判工作会议纪要》在第四部分“关于担保纠纷案件的审理”中，就让与担保、让与担保合同的效力认定等问题进行了全面阐述，从而使让与担保再次进入人们的视野，并受到金融担保业内的关注。

一、让与担保及其特征

让与担保是指债务人或第三人为担保债权人权利的实现，将担保标的物的所有权等权利形式上移转给债权人名下，在债务履行完毕后，标的物的整体权利又回归于担保人；在债务届时未能得到清偿时，债权人有就担保物优先受偿的权利。

依据法律有规定与否，担保可分为典型担保和非典型担保。保证、抵押、质押、留置和定金为典型担保；由社会交易中所新发展起来的、非法律所规定的担保方式，为非典型担保。让与担保是实践中由判例确认的一种担保方式，故属于非典型担保。

与典型担保相比较，让与担保具有下列特征：

第一，让与担保是让渡担保物所有权的担保。传统典型担保属于一种限制物权，不移转担保物的整体权利，特别是所有权；而让与担保是将担保物的整体权利让受给债权人，意味着担保人对担保物所有权的暂时丧失。

第二，让与担保不以公示为必要条件。典型担保物权一般以公示为必要条件，而让与担保不以公示为必要条件，双方当事人有约定即可。

第三，让与担保与典型担保实行方式不同。典型担保是一种变价权，严格禁止当事人在合同条款中约定直接流质担保物，即禁止流质条款；而让与担保不受此种限制，既可采取变价方式，也可直接以担保物的所有权冲抵主债权。

二、让与担保的设立要件

一般认为，让与担保的设立，应同时具备下列三个要件：一是根据合同的约定，债务人负有现时债务或者未来债务。二是为了担保债务的履行，债务人或者第三人将担保物或者其他财产权利转让在债权人名下。三是各方约定，在债务人履行债务的情况下，债权人应将担保物返还给债务人或者第三人；反之，债权人有权就该担保物享有优先受偿权或该担保物归属于债权人。

值得探讨的是，如果债务人或者第三人仅签订担保债务履行的转让合同，而实际并未发生物权变动，让与担保能否成立的问题。

在双辽天益房地产开发有限公司、周某武民间借贷纠纷再审案①中，最高人民法院判决认为让与担保的要件之一是担保人具有担保物的所有权，要件之二是所有权让渡给担保权人。最高人民法院《关于审理民间借贷案件适用法律若干问题的规定》第 24 条将此处提到的让与担保将要件之二的让渡所有权宽限到让渡物权期待权，即只要签订商品房买卖合同即可以设立让与担保。但是本案中，无论赵某还是天益公司均未与周某武签订商品房买卖合同，不符合让与担保的第二个要件。因此，不能认定赵某或天益公司为杨某峰与周某武的借款提供让与担保。而在最高人民法院指导案例 111 号：中国建设银行股份有限公司广州荔湾支行诉广东蓝粤能源发展有限公司等信用证开证纠纷案②中，最高人民法院认为，虽然《信托收据》约定建行广州荔湾支行取得货物的所有权，并委托蓝粤能源公司处置提单项下的货物，但根据物权法定原则，该约定因构成让与担保而不能发生物权效力。然而，让与担保的约定虽不能发生物权效力，但该约定仍具有合同效。

结合上述让与担保“不以公示为必要条件”之特征，可以得出结论：债务人或者第三人将担保物或者其他财产权利转让在债权人名下不是让与担保的必备要件。

综上所述，让与担保的设立至少应具备以下三个要件：第一，债权人基于合同约定对债务人享有债务。第二，为了担保债务的履行，债务人或者第三人与债权人签订所有权或者其他权利的转让合同。第三，债务人或者第三人与债权人约定，在债务人履行债务的情况下，债权人应将担保物返还给债务人或者第三人；反

---

① 参见（2017）最高法民再 335 号判决书。

② 参见（2015）民提字第 126 号判决书。

之，债权人有权就该担保物享有优先受偿权或该担保物归属于债权人。

三、让与担保合同的效力认定

关于让与担保合同的效力问题，由于法律没有规定且学术界存在较大的争议，不同的法院、不同的法官对于相同或相似的案件事实可能作出不同的判决结果。上诉人西双版纳博森旅游房地产开发有限公司与被上诉人陈某君商品房预售合同纠纷上诉案①即一个典型案例。

西双版纳博森旅游房地产开发有限公司（以下简称博森公司）与陈某君之间存在借款关系。在借款期间，为担保借款的履行，博森公司与陈某君约定将博森公司开发建设的位于景洪市勐泐大道19号的白象花园·白象宫小区房屋抵押给陈某君。博森公司与陈某君于2014年6月10日签订了《商品房购销合同》，并以《商品房购销合同》中载明的白象宫A栋2层、3层、4层商铺为博森公司的借款设定抵押担保。后因该商铺被法院采取财产保全措施，博森公司与陈某君不能办理该商品房购销合同登记备案手续。为此，博森公司与陈某君又约定以该2层、3层、4层商铺调换为该小区内的154套住房做抵押担保。2014年12月12日、13日，博森公司与陈某君就该154套商品房另行签订了154份《商品房购销合同》。2014年12月19日，博森公司与陈某君办理了154份《商品房购销合同》的登记备案手续。合同约定的交房期限届满至诉讼前，双方未履行交接房手续，亦未支付剩余房款，后双方因是否履行该合同产生纠纷，博森公司起诉至景洪市人民法院（以下简称一审法院）请求判令解除《商品房购销合同》及其补充协议。一审法院审理认为，双方签订的名为《商品房购销合同》实为《商品房抵押合同》，并在抵押商品房的同时又处分抵押物所有权的行为，违反了法律有关禁止流押的强制性规定，博森公司与陈某君处分抵押物的行为不具有法律上的约束力。一审法院判决：驳回博森公司的诉讼请求。

后来博森公司不服一审判决，上诉至云南省西双版纳傣族自治州中级人民法院，二审法院认为对于上诉人提出的商品房购销合同违反物权法定和禁止流押的规定的问题。双方签订商品房买卖合同成立的担保是后让与担保，属非典型担保，但担保合同的成立、有效与物权的设立分属债权和物权，其成立标准不同。双

---

① 参见（2016）云28民终289号判决书。

方签订商品房购销合同的目的系提供担保，虽该担保形式不属于《物权法》规定的担保物权种类，但其后果系不发生物权变动，不能设立新的物权，并不影响其合同效力。流质契约建立在抵押权、质权存在的基础上，本案中的非典型担保系后让与担保，并非抵押也非质押，上诉人提交的上诉状亦表明上诉人清楚登记备案不发生物权变动的效力，仅系行政管理手段，限制了上诉人任意转让、处分商品房的行为，此行为特征也符合一般担保物权对物的所有权的限制的特征，故双方合同并未违反禁止流押的规定。一审法院对此分析有误，但其不予准许博森公司要求解除双方合同的诉讼请求并无不当。二审判决虽然最终维持了一审判决结果，但两级法院对于让与担保合同效力问题的态度是截然相反的。

为了在民商事审判中统一裁判尺度，2019 年 7 月 3 日刘贵祥专员在《全国法院民商事审判工作会议上的讲话》（以下简称《讲话》）中指出，鉴于股权让与担保并未违反法律、行政法规的强制性规定，依法应当认定合同有效。刘贵祥专员还逐一对传统民法有关通谋虚伪意思表示说、物权法定说、流质契约说等倾向于认为让与担保无效的学说理由予以反驳。这与最高人民法院有关让与担保的司法实践观点是一致的。

又如，在深圳市奕之帆贸易有限公司、侯某宾合同纠纷案[①]中，最高人民法院认为，《物权法》等并未明文规定让与担保制度，但并不禁止当事人依据契约自由原则设定让与担保合同，由合同法规则对让与担保法律关系进行规制。在司法实践中，让与担保合同可能以买卖合同、股权转让合同等多种形式出现，在处理符合让与担保特征的该类合同时，应当尊重当事人的真实意思表示，考察当事人签订该类合同的真实意思是为履行其他合同设定担保，还是通过支付对价获得案涉标的物的所有权。同时，为避免让与担保债权人利用缔约优势地位获取暴利，破坏民法上的公平、等价有偿原则，当担保的债权不能实现时，让与担保债权人不能当然地获得标的物的所有权，其权益的实现方式是对标的物价值的受偿。

四、让与担保的权利实现

对于没有实际发生权利变动的让与担保，债权人获得的仅为合同权利，在让与担保合同有效的情况下，债权人充其量也只能依据合同享有约定的权利，其权

---

① 参见（2018）最高法民终 751 号判决书。

利的行使与一般合同无异。

对于已实际发生所有权或者其他权利转让的让与担保，债权人行使权利的方式通常有两种：一是由担保权人将标的物予以拍卖或者变卖，以卖得之价款清偿债权；二是直接以担保物或者权利冲抵债权，由担保权人将担保物或者权利予以公正估价，如果担保物或者权利估得的金额超过担保债权金额，超过部分的金额应返还给债务人或者第三人，担保物或者权利则归属债权人，以实现债权的清偿。

对于上述两种方式，方式一基本无争议，但对于方式二，由于可能存在显失公平情形，故在实践中须把握好清算分寸。

例如，在深圳市奕之帆贸易有限公司、侯某宾合同纠纷案[①]中，一审法院在肯定让与担保合同效力的同时认为，为避免让与担保债权人利用缔约优势地位获取暴利，破坏民法上的公平、等价有偿原则，当担保的债权不能实现时，让与担保债权人不能当然地获得标的物的所有权，其权益的实现方式是对标的物价值的受偿。在二审中，最高人民法院认为，在让与担保的设定中，标的物的所有权通常已经转移于债权人。为保护债务人的利益，防止出现债权人取得标的物评价额（标的物价值）与债权额之间差额等类似于流质、流押的情形，让与担保权利的实现应对当事人课以清算义务。当事人的清算义务主要体现在根据最终据实结算的债务数额，向让与担保义务人即奕之帆公司一方返还该债务数额与标的物价值之间的差额。

那么，在让与担保中，债权人是否对担保物或者权利享有优先受偿权呢？

如前所述，如果没有实际发生权利变动，债权人仅享有合同权利，与一般合同债权人无异，即不享有优先受偿权。如前文辽天益房地产开发有限公司、周某武民间借贷纠纷再审案[②]判决所述，债权人仅通过签订商品房买卖合同而获得物权期待权，在该种情况下债权人享有的物权期待权实质上仍为债权。对于物权期待权保护的条件，最高人民法院《关于人民法院民事执行中查封、扣押、冻结财产的规定》第 17 条作出了具体的规定："被执行人将其所有的需要办理过户登记的财产出卖给第三人，第三人已经支付部分或者全部价款并实际占有该财产，但尚未办理产权过户登记手续的，人民法院可以查封、扣押、冻结；第三人已经支付全部

① 参见（2018）最高法民终 751 号判决书。

② 参见（2017）最高法民再 335 号判决书。

价款并实际占有，但未办理过户登记手续的，如果第三人对此没有过错，人民法院不得查封、扣押、冻结。”而在让与担保中，债权人如果尚未“支付部分或者全部价款”，则不能对抗其他债权人对担保财产的查封、扣押、冻结。

但若担保物或者权利已在设立让与担保之际转让至债权人名下（满足所有权变动条件），则无论哪一种担保权实现方法，均可确保债权人在债权清偿期届至时能够得到优先受偿。刘贵祥专员在《讲话》中对股权让与担保项下的权利人是否优先于一般债权人受偿的问题予以了明确：如果认为权利人享有的是股权，股权的绝对权性质决定了其优先于一般债权。如果认为受让人享有的是债权，鉴于当事人已经完成了股权变更登记，根据“举重以明轻”的法律解释规则，可以认为完成了股权质押登记，参照适用股权质押实现的有关规定，股权让与担保权利人也享有优先于一般债权人受偿的效力。可见，仅就担保的功能而言，无论权利人取得的是股权还是质权，其享有的权利都要优先于一般债权。

五、设立让与担保应注意的问题

让与担保的设立方式和权利行使都不同于典型担保，在实践中的确为债权保障提供了另一种选择。但须清醒地认识到，让与担保在立法上没有规定且在司法实践中需要统一裁判尺度，通过让与担保保障债权同样存在一定的法律风险。为更好地保障债权人的利益，笔者有以下四点建议。

第一，在担保物权设定方面，应优先设置典型担保物权。对于非特别债权项目，只有在典型担保物权不能设立的情况下，才考虑设立让与担保，特殊项目另当别论。这是因为典型担保物权不仅设立有明确法律依据，行使也有章可循；设置典型担保物权可以减少权利实现的风险因素。特别是在股权让与担保中，基于登记的权利推定效力，公司的债权人可能要求名义股东承担出资不实、未尽清算义务等股东责任。而在促成交易方面，相对于不转移所有权的典型担保物权，让与担保也更难被债务人或者第三人接受。

第二，不宜在同一担保物或者权利上同时设立让与担保和典型担保物权。根据“禁止流质契约”原则，在债务履行期届满前，抵押权人不得与抵押人约定债务人不履行到期债务时抵押财产归债权人所有。如果在同一担保物或者权利上同时设立让与担保和典型担保物权，可能导致让与担保合同因违反该原则而无效。

第三，尽量办理所有权或者其他权利转让的登记过户手续。如前所述，是否实际发生权利变动将决定债权人享有不同的权利、不同的行使方式和是否享有优先受偿权。《讲话》虽然明确股权让与担保项下的权利人享有的权利优于一般债权,但其前提是当事人已经完成了股权变更登记。

第四,在让与担保合同中约定好清算条款。除了应在让与担保合同中约定债权人有权选择权利行使方式,还应明确当债权人选择以担保物或者权利冲抵债权时的清算条款,而不应简单地约定债权人取得担保物的所有权或者相应权利。在上述(2018)最高法民终 751 号判决书中,法院认为《股权担保协议》体现了让与担保的特征,且在奕之帆公司不能履行债务时就案涉 30% 股权约定了以市场价值评估为基础的抵偿方式,并非由兆邦基公司或康诺富公司当然取得案涉 30% 股权的所有权,符合公平与等价有偿原则。

总之,让与担保正式纳入我国法定的担保体系尚有待时日,《讲话》及司法实践皆认可了其合同效力和特定前提下的优先受偿属性。《讲话》还指出,一方面要依法认定其效力,另一方面要根据当事人的真实意思表示确定实际的权利义务关系。债权人在设立让与担保时应参考现有司法判例约定好当事人的权利和义务,谨慎行事。

73. 借款人之“未能清偿”和“不能清偿”有何分别?

问:在实践中有一种比较常见的情形,即保证人在保证合同或者担保函中承诺,“如借款人在期限内未能还清欠款,则本人保证在期限内为借款人还清所欠的借款本金、利息、违约金等一切费用”。在这种情况下,保证人究竟是承担一般保证责任还是连带责任保证呢?

答: 根据《担保法》第17条的规定,当事人在保证合同中约定,债务人不能履行债务时,由保证人承担保证责任的,为一般保证。一般保证的保证人在主合同纠纷未经审判或者仲裁,并就债务人财产依法强制执行仍不能履行债务前,对债权人可以拒绝承担保证责任。但是“未能还清欠款”是否等同于“不能履行债务”呢?答案并非如此。

首先,从字面上理解,“不能清偿”不是“未清偿”,“不能清偿”是指债务人欠缺清偿能力;而“未清偿”只是债务未受清偿的实际状态,与债务人的清偿能力没有关系。一般保证人或无效保证人承担民事责任的条件均是“不能清偿”,不以债务“未受清偿”为标准。

其次,最高人民法院《关于适用〈中华人民共和国担保法〉若干问题的解释》第131条对“不能清偿”予以了明确。该条规定,“不能清偿”指对债务人的存款、现金、有价证券、成品、半成品、原材料、交通工具等可以执行的动产和其他方便执行的财产执行完毕后,债务仍未能得到清偿的状态,验证了“不能清偿”所指的是债务人能力状态而非事实状态。

再次,在司法实践中,存在部分案件对于“未能清偿”和“不能清偿”产生混淆的情况。例如,在东莞市第一人民法院作出的东莞市旗峰纸业有限公司与陈某通、广州市聚元纸品有限公司买卖合同纠纷案①中,被告陈某通作为被告聚元公司

① 参见(2014)东一法道民二初字第246号判决书。

的担保人(担保金额为 30 万元人民币)保证原告供应给被告聚元公司的纸板货款得以清付,在被告聚元公司不能如期如数清付所欠原告的货款时,被告陈某通同意代为清付,基于这一事实,该院认定被告陈某通的担保方式应为一般保证,在被告聚元公司未能清偿案涉债务时,对于不足部分由被告陈某通在 30 万元的范围内承担补充清偿责任。但在博罗县人民法院作出的惠州市腾发信用担保有限公司与许某斌、高某辉民间借贷纠纷案①中,双方在合同担保责任中约定"本人高某辉愿意为许某斌承担借款担保,如借款人未能清偿本息,其本人愿意承担清偿责任"。该院据此认定,被告高某辉应对上述借款承担一般保证责任。

最后,即使担保人在保证合同中约定了"不能清偿",也未必就是一般保证。例如,最高人民法院在公报案例之中国信达资产管理公司贵阳办事处与贵阳开磷有限责任公司借款合同纠纷案②中,开磷公司就(93)匀建贷字第 2 号《借款合同》向黔南中心支行出具《借款担保书》,承诺"当借款单位不能履行借款合同如期偿还借款本息条件时,本公司(厂)将无条件承担责任,保证按照借款合同的规定,代借款单位偿还所欠借款本息。本担保书不可撤销。本担保书作为(93)匀建贷字第 2 号借款合同的附属文件,其有效期直至全部还清借款单位应归还借款本息为"。最高人民法院认为,上述借款合同中的表述有"不能"字样,如单纯使用"不能"字样,则具有客观上债务人确无能力偿还借款的含义,此时保证人方承担保证责任可以认定为一般保证责任。但是,该"不能"字样是与"按期"结合在一起使用的,则不能将其理解为确实无力偿还借款的客观能力的约定,而仅表明到期不能偿还即产生保证责任。因此,该表述亦应认定为连带保证责任。正所谓"差之毫厘,谬以千里"。

因此,金融机构等债权人在签订保证合同或者担保函时应注意保证方式条款的表述,不要轻易使用"不能清偿"字样,应明确约定保证方式,以免造成本意要求保证人提供连带责任保证,最终法院却判决保证人承担一般保证责任的结果。

---

① 参见(2016)粤 1322 民初 2188 号判决书。

② 参见最高人民法院(2008)民二终字第 106 号判决书。

74. 仅有转账凭证如何认定借贷关系?

问: **史某和王某之前是亲戚关系,王某曾是史某的侄媳。某日,王某以购买香港房产为由向史某借款50万元,双方之间没有签订任何合同,王某也没有向史某出具借条。史某通过银行账户向王某转账50万元,但并未注明转账用途,双方也没有约定还款期限。后王某和史某的侄子离婚,迟迟未向史某归还借款;史某多次索要,王某要么置之不理,要么破口大骂。**

无奈之下,史某遂将王某诉诸法院,请求王某立即归还借款本金及自起诉之日至付清之日的逾期利息(以本金人民币50万元为基数,按年利率6%的标准计算)。为证明王某向史某及其他亲戚借款购房的事实,史某除提供银行转账凭证之外,还申请了证人出庭作证。王某否认借款事实,主张该笔款项系共同投资款,并提供了案外人提交的书面说明复印件,但并未申请证人出庭作证。法院经审理认为,双方借贷关系成立,对王某关于双方并非借贷关系而系投资关系的抗辩意见未予采信,故判决支持了史某的诉讼请求。

请问该案中如何认定原被告之间是否存在借贷关系?

答: 本案的争议焦点主要在于原被告双方之间是否存在借贷关系。

由于原告史某主张的借贷关系仅有银行转账记录和证人证言为证,无法直接认定双方之间属于借贷关系。判断双方之间是否具有借贷关系,主要包括两个方面:一是双方之间是否存在借贷的合意,二是是否存在借贷的事实。

在本案中,原告仅依银行转账凭证提起诉讼,而被告却主张该款项为购房投资款。庭审过程中,原告方证人出庭作证,被告方证人未出庭作证,仅提交了书面说明复印件。由于被告方证人未出庭作证,因此法院对于被告主张该款项为购房投资款的事实不予认可。根据最高人民法院《关于审理民间借贷案件适用法律若干问题的规定》第17条的规定,"原告仅依据金融机构的转账凭证提起民间借贷诉讼,被告抗辩转账系偿还双方之前借款或其他债务,被告应当对其主张提供证据证明。被告提供相应证据证明其主张后,原告仍应就借贷关系的成立承担举证证明责任”。

因此,综合以上证据可以认定双方之间既有借贷合意,又有借贷事实,可成立借贷关系,故法院认定双方之间成立借贷关系。由于双方并未约定借款利息,故根据最高人民法院《关于审理民间借贷案件适用法律若干问题的规定》第29条第2款第1项的规定,既未约定借期内的利率,也未约定逾期利率,出借人主张借款人自逾期还款之日起按照年利率6%支付资金占用期间利息的,人民法院应予支持,因此本案法院判决被告返还原告借款50万元及逾期利息。

在借贷关系的认定中,借贷的合意和借贷的事实两者缺一不可。仅凭借转账记录无法认定双方之间的借贷关系,因为转账记录仅表明金钱流转的事实,它不仅可以发生在借贷关系中,还可以发生买卖关系、赠与关系等各种金钱发生关系中。为了明晰案件的法律关系,最大限度地维护自身的权益,出借人在出借款项时,要做到“亲兄弟、明记账”,除了要留下银行转账凭证,还应签订好借款合同、借条等证明借款合意的文书,以明确双方的借贷关系,从而避免承担不必要的败诉风险。

75. 民间借贷案件的举证责任如何分配?

问: 2015 年 10 月,案外人张某与被告王某签订了一份《借款协议》,张某向王某提供借款 230 万元人民币用于购买 Y 市 G 科技发展有限公司股份,同时,张某与案外人赵某签订《借款协议》,向其提供借款 270 万元人民币,两笔借款合计 500 万元人民币。两份《借款协议》第 3 条第 2 款皆约定:若 G 科技发展有限公司在 4 年内无法上市,张某有权收回借款。

2015 年 5 月 30 日,被告王某收到原告李某转来的一笔款项 500 万元,当时王某收到手机短信通知该笔款项到账,案外人张某也告诉王某已转账,王某以为收到张某出借的 500 万元。

2016 年 5 月,李某向市某法院起诉王某,要求王某偿还借款 500 万元,向法院提交的证据仅为一张李某通过其交通银行转账到王某银行账户 500 万元的转账凭证及李某起诉前向王某索要欠款的录音及短信证据。

被告王某辩称,其和原告之间不存在借贷关系,原告也未能提供任何借款合同或者借条借据,单凭银行转账凭证不能证明原被告之间存在借款关系。事实上,涉案的 500 万元系案外人张某出借给被告王某和案外人赵某的投资款,并提交上述两份《借款协议》作为证据,该借款协议还对还款条件做了特殊约定。被告请求法院判决驳回原告的诉讼请求。

请问本案中的举证责任该如何分配?

答: 最高人民法院《关于审理民间借贷案件适用法律若干问题的规定》第 2 条规定:"出借人向人民法院起诉时,应当提供借据、收据、欠条等债权凭证以及其他能够证明借贷法律关系存在的证据。当事人持有的借据、收据、欠条等债权凭证没有载明债权人,持有债权凭证的当事人提起民间借贷诉讼的,人民法院应予受理。被告对原告的债权人资格提出有事实依据的抗辩,人民法院经审理认为原告不具有债权人资格的,裁定驳回起诉。"

在本案中,原告与被告没有签订任何形式的借款合同,原告提供的转账凭证上附言“借款”两字在被告银行流水上没有显示,被告并没有收到该附言。即使原告真的在转账附言“借款”两字,也仅是原告单方面意思表示,被告并没有任何回应,无法证明原告和被告之间达成借款合意。原告提供的通话录音、手机信息两项证据内容显示,被告反复提及只知道与张某有借款协议,500 万元款项是张某向被告、案外人赵某的借款,印证了上述事实。根据最高人民法院《关于适用〈中华人民共和国民事诉讼法〉的解释》第 108 条、《关于审理民间借贷案件法律适用若干问题的规定》第 2 条的规定,法院判决驳回原告的起诉是没有问题的。

本案中,双方被告对于收到原告转款的事实没有争议,但对于出借人到底是谁,以及被告究竟应向谁偿还借款存在很大的争议。对于出借人来说,由于事先没有签订借款合同或者借条,款项无法通过起诉借款人予以追回;对于借款人来说,由于收到的借款并非出借人直接转入,其会陷入不知应该向谁还款的尴尬。

因此,在借款合同中,出借方应当事先与借款人签订借款合同,约定利率、还款方式、还款期限等必要条款,最好通过银行转账支付,转账备注栏中注明“借款”,以留下银行转账凭证作为交付证据。如果出借人与实际转款人不一致,则可与实际转款人签订一份委托书,并让借款人对此予以确认,或者在借款合同中对付款方及账户一并作出约定。借款方除了应当签署借款合同,还应关注资金是否由出借人转入,如果出借人与实际转款人不一致,则应当要求出借人和实际转款人共同出具委托书或者确认书,确认出借人委托实际转款人转账的事实,以免出现多个债主主张权利的情况。

当然,对于借贷双方来说,最好都聘请专业律师提供法律服务,通过事先审查防控法律风险,这样无论是在时间上还是成本上都要远优于事后救济。

76. 借钱给别人应考虑哪些事项?

问: **经常有朋友、同学、老乡向我借钱,很多时候碍于情面不好拒绝,到底该不该借钱给别人呢,有哪些注意事项?**

答: 关于民间借贷的注意事项和常见问题,网络上总结的文章有很多,这里结合本人办理民间借贷诉讼案件中的实战经验,总结出几条借贷戒律供您参考。

一、借钱要三思

莎士比亚在《哈姆雷特》中写道:“不要向别人借钱,向别人借钱将使你丢弃节俭的习惯。更不要借钱给别人,你不仅可能失去本金,也可能失去朋友。”这是一条至理名言,但仅限于生活中,在生意中,需要资金周转的,借钱生钱则是常态,但应把握好度,负债过多可能导致企业限于债务危机,从不负债则显得企业保守经营。而作为个人,无论是向别人借钱还是借钱给别人,都应当三思而后行。“好对手胜过好合同”,选对借款人胜过签订一百份借款合同。

二、亲戚之间无生意

和家人、亲戚合作做生意是非常冒险的:生意成功,可能因利益分配不均导致分裂;生意失败,则可能因亏损负担不匀导致对立。亲情里面掺杂了金钱,好比是眼里揉进沙子,迟早会觉得不舒服,处理失当,还可能导致更加严重的结果。一旦亲戚之间因为生意对簿公堂,则失去的就远不止是金钱了。

三、再好的朋友也要立据

口说无凭,立字为据。因为一时面子上的过不去,可能导致懊悔终生。若想要简单的立据,可以写借条、收条;若想要全面的约定,最好签订借款合同,具体约定期限、利率、违约责任、争议解决等事项。好的合同有时胜过好的律师,如果最终真的走到诉讼这一步,没有证据或者诉讼成本过高,都可能为出借人带来败诉的后果。

四、做好对方不还款的打算

除非借出后根本就不打算要对方还,否则永远都要先做最坏的打算。债权的保障分为一般保障和特别保障：一般保障要摸清对方的财产，也就是常说的第一还款来源；特别保障即要求对方提供担保，如保证、抵押、质押等，也就是第二还款来源。

五、利息“馅饼与陷阱”

高额利息是难以抵挡的出借诱惑，让金钱为自己服务是很多人的快速致富梦。有息借贷不仅可能导致连本带利的损失，还可能掉入利息“陷阱”。例如，过高的利息不受法律保护；利息不得从本金中事先扣除，否则会相应地扣减本金。

六、盯住“钱罐子”和“钱袋子”

借钱即自己“钱罐子”的钱进入了别人的“钱袋子”，本属于你的金钱不会自己从别人的“钱袋子”跑回自己的“钱罐子”。要知道金钱的用途和去向，看住别人的“钱袋子”，还要看住向你借钱的人、向你提供担保的人（财产），不要等到对方销声匿迹之后才想起自己出借的钱款。

七、不做权利上的“睡眠者”

借贷债权适用 3 年的诉讼时效，尽管法律规定不是说过了 3 年债权就一定不受保护，但是权利上的“睡眠者”很有可能最终被权利抛弃。要中断诉讼时效有许多办法，常见的如重写借条、延长期限、写还款承诺、发函催收、诉讼仲裁等。有机会的时候一定要抓住机会，而不要等到失去的时候才珍惜。

八、非诉讼胜诉讼

《孙子兵法·谋攻篇》有云：“凡用兵之法，全国为上，破国次之；全旅为上，破旅次之；全卒为上，破卒次之；全伍为上，破伍次之。是故百战百胜，非善之善者也；不战而屈人之兵，善之善者也。”要争取不战屈人之兵，不是因为做人要宽厚仁慈，而是诉讼的成本太高、效率太低。同时，也要随时做好诉讼的准备，只有这样才能产生威慑力。

九、选对好律师

无论是非诉还是诉讼，都建议聘请专业律师提供法律服务。最贵的不见得是最好的，而最便宜的很有可能是最差的。律师的水平高低体现在借款担保合同起草和对整个案情的把握基础上的诉讼思路制定，一招不慎，则满盘皆输。借贷诉讼中有很多问题需要注意，例如，约定债务分期偿还的，其中一期未能按时偿还，是否要分期来起诉债务人；约定债务人向第三人履行债务，债务人未按约定履行的，谁应当作为原告来起诉债务人；担保有哪些方式，如何设立；等等。

77. 如何解决第三方代付问题?

问:实践中,常见第三人(特别是关联方)代付款义务人支付费用或交纳保证金的情形,对于这种情况的处理,存在两种倾向:一种认为这种情况没有特殊之处,只要该收的款项一分不少即可;另一种则认为这种做法存在一定的法律风险,应当采取必要的防范措施。究竟哪一种倾向正确呢?

答:这个问题看起来很简单,好比生活中的父母替儿子买单、哥哥替弟弟付钱或者朋友之间帮忙代付,都是司空见惯的。但下面这则案例就说明,这个问题其实没有那么简单。

按照合同约定,甲公司应当向某担保公司交存一笔保证金作为反担保,合同签订后却由乙公司代甲公司支付,但并未出具任何书面文件确认。后来担保公司为甲公司向银行代偿,然后直接扣留乙公司代交的保证金。这时乙公司提出异议,认为其虽然向担保公司的账户打入一笔钱,但不是代甲公司交纳保证金,而是因为一场误会导致的转账,现要求担保公司立即返还,但遭到担保公司拒绝,于是乙公司将担保公司告上了法庭。担保公司为此费了九牛二虎之力,找了许多间接证据来反驳乙公司的主张,虽然最终赢了官司,但相当劳神费力。

其实,只要稍微有点法律常识,就应当知道这里面的法律风险了。根据民法的有关规定,既没有合同依据,又没有法律依据,使他人利益受损而自己获利的,构成不当得利,应当向受损方返还。如果收款方不能证明收款的合同或者法律依据,则须承担返还财产义务。既然第三方代付时,各方对代付款行为的性质没有争议,那么应该事先对此进行书面确认。至于确认的方式,可以根据情况选择下列方式之一:第一,三方通过协议书或者补充协议的方式明确;第二,付款义务人向担保公司出具委托书,委托书上委托人和受托人皆要签章;第三,付款义务人和实际付款人共同向担保公司出具书面确认函。这三种方式的关键都是实际付款方对于代付款行为的确认。

这也再次说明,偷懒和侥幸心理是滋生法律风险的温床。

附:委托书和确认函示例

委　托　书

本公司兹委托__________________公司向××有限公司支付编号为________________合同(协议)项下______________费/保证金人民币　　　　(大写):______________ ¥ ____________元。

特此委托。

委托人(盖章):

年　月　日

确　认　函

受委托人____________________公司委托,本公司代委托人向××有限公司支付编号______________合同(协议)项下的____________费/保证金人民币(大写):______________ ¥ __________________元。

特此确认。

受托人(盖章):

年　月　日

78.《关于办理非法放贷刑事案件若干问题的意见》规定哪些放贷行为将入刑?

问: **2019年10月21日,最高人民法院、最高人民检察院、公安部、司法部发布了《关于办理非法放贷刑事案件若干问题的意见》(以下简称《意见》)。根据《意见》的规定,怎样的放贷行为将入刑?《意见》实施后民间借贷要“永别”了吗?**

答: 首先,从宏观上来说,《意见》规范的是“非法放贷行为”,将该行为列入《刑法》第225条非法经营罪中予以调整,首次解决了在规范性文件层面上对该行为的定性问题。

其次,根据《意见》的规定,“非法放贷行为”应当符合以下构成要件:(1)违反国家规定,未经监管部门批准,或者超越经营范围,以营利为目的;(2)贷款对象为非特定对象;(3)2年内向不特定多人(包括单位和个人)以借款或其他名义出借资金10次以上;(4)扰乱金融市场秩序,情节严重的。《意见》第2条同时规定:“以超过36%的实际年利率实施符合本意见第一条规定的非法放贷行为,具有下列情形之一的,属于刑法第二百二十五条规定的‘情节严重’,但单次非法放贷行为实际年利率未超过36%的,定罪量刑时不得计入:(一)个人非法放贷数额累计在200万元以上的,单位非法放贷数额累计在1000万元以上的;(二)个人违法所得数额累计在80万元以上的,单位违法所得数额累计在400万元以上的;(三)个人非法放贷对象累计在50人以上的,单位非法放贷对象累计在150人以上的;(四)造成借款人或者其近亲属自杀、死亡或者精神失常等严重后果的。具有下列情形之一的,属于刑法第二百二十五条规定的‘情节特别严重’:(一)个人非法放贷数额累计在1000万元以上的,单位非法放贷数额累计在5000万元以上的;(二)个人违法所得数额累计在400万元以上的,单位违法所得数额累计在2000万元以上的;(三)个人非法放贷对象累计在250人以上的,单位非法放贷对象累计在750人以上的;(四)造成多名借款人或者其近亲属自杀、死亡或者精神失常等特别严重后果的。”第3条规定:“非法放贷数额、违法所得数额、非法放贷对象数量接近本意见第二条规定的‘情节严重’‘情节特别严重’的数额、数量起点标准,并具有下列情形之一的,可以分别认定为‘情节严重’‘情节特别严重’:(一)2年内因实施非法放贷行为受过行政处罚2次以上的;(二)以超过72%的实际年利率实施非法放贷行为10次以上的。前款规定中的‘接近’,一般应当掌握在相应数额、数量标准的80%以上。”

那么,应当怎样理解“国家规定”与“非特定对象”呢?最高人民法院《关于准确理解和适用刑法中“国家规定”的有关问题的通知》第1条规定:根据《刑法》第96条的规定,刑法中的“国家规定”是指,全国人民代表大会及其常务委员会制定的法律和决定,国务院制定的行政法规、规定的行政措施、发布的决定和命令。其中,“国务院规定的行政措施”应当由国务院决定,通常以行政法规或者国务院制发文件的形式加以规定。以国务院办公厅名义制发的文件,符合以下条件的,亦应视为《刑法》中的“国家规定”:(1)有明确的法律依据或者同相关行政法规不相抵触;(2)经国务院常务会议讨论通过或者经国务院批准;(3)在国务院公报上公开发布。可见,“国家规定”仅限于全国人大及其常委会、国务院层面的规定,地方法规、部门规章均不属于国家的规定。对“非特定对象”的界定一般认为如果采用了宣传的方式或者人数众多会认为是对非特定对象。

最后,《意见》第4条规定:“仅向亲友、单位内部人员等特定对象出借资金,不得适用本意见第一条的规定定罪处罚。但具有下列情形之一的,定罪量刑时应当与向不特定对象非法放贷的行为一并处理:(一)通过亲友、单位内部人员等特定对象向不特定对象发放贷款的;(二)以发放贷款为目的,将社会人员吸收为单位内部人员,并向其发放贷款的;(三)向社会公开宣传,同时向不特定多人和亲友、单位内部人员等特定对象发放贷款的。”由于刑法具有谦抑性,根据《意见》的规定,其调整的是职业放贷行为,也即靠放贷作为职业,并以此营利的行为。而对于在亲属间、宗族间、友邻间、单位内部人员扶危济困的借贷行为并没有禁止。值得注意的是,为了防止社会中一些个人或者单位存在“挂羊皮卖狗肉”的现象,利用亲友或者单位内部人员实施犯罪行为的,《意见》还对间接通过亲友或者单位内部人员实施放贷的行为给予了禁止。也就是说,如果是通过亲友、单位内部人员等特定对象向不特定对象发放贷款;以发放贷款为目的,将社会人员吸收为单位内部人员,并向其发放贷款;向社会公开宣传,同时向不特定多人和亲友、单位内部人员等特定对象发放贷款的行为只要符合上述规定的非法放贷行为入罪的构成要件的,则同样可能会被认定为非法经营罪。

综上所述,《意见》实施后,不是所有的民间借贷行为都会入刑,只有符合构成要件的非法放贷行为才可能会被认定为非法经营罪。

第六篇　综合篇

79. 公司向内部员工融资的模式存在何种刑事风险?

问:我司拟通过以下方式融资:集团各公司员工与特定代持人签订委托投资协议,再由上述特定代持人作为合伙企业 LP、A 贸易公司作为 GP 成立有限合伙企业,GP 对 LP 持有的合伙份额负有回购义务,我司对 GP 的回购义务承担连带担保责任。请问此种融资方式是否存在刑事风险呢?

答:公司向员工等特定人员筹集资金用于生产经营,一般属于合法的民事关系。但一旦把握不好具体的界限,也会存在触犯刑事法律的风险。笔者认为:企业融资行为触及的刑事风险主要是存在被认定为非法集资行为的可能性,从而被处以非法吸收公众存款罪、集资诈骗罪等相关罪名。

一、关于是否构成非法吸收公众存款罪

非法吸收公众存款,是指违反国家金融管理法律规定,向社会公众(包括单位和个人)吸收资金的行为。根据最高人民法院《关于审理非法集资刑事案件具体应用法律若干问题的解释》(以下简称《非法集资解释》)第 1 条第 1 款的规定,上述行为同时具备:(1)未经有关部门依法批准或者借用合法经营的形式吸收资金;(2)通过媒体、推介会、传单、手机短信等途径向社会公开宣传;(3)承诺在一定期限内以货币、实物、股权等方式还本付息或者给付回报;(4)向社会公众即社会不特定对象吸收资金这四个要件的,应被认定为非法吸收公众存款罪中规定的"非法吸收公众存款或者变相吸收公众存款"。但鉴于贵司融资的方式主要为向集团各公司内部员工融资,根据《非法集资解释》第 1 条第 2 款的规定,"未向社会公开宣传,在亲友或者单位内部针对特定对象吸收资金的,不属于非法吸收或者变相吸收公众存款"。

江苏省盐城市中级人民法院在乔某某、陈某某非法吸收公众存款罪二审刑事裁定书[(2017)苏 09 刑终 545 号]也认为,"对涉及向亲友吸收存款的案件应具体情况区别对待,若行为人初始只是在亲友范围内借款,没有扩大到社会上,后才转化为向不特定对象集资，则在亲友范围内的借款可不认定为犯罪数额。若行为人有了非法吸收公众存款的犯意后，在向亲友借款的同时亦向社会人员借款，或者行为人是通过亲友向社会不特定公众吸收资金，上述情形下向亲友借款的数额应当计入犯罪数额中”。同理，单位内部融资也应认定如此。

而根据最高人民法院、最高人民检察院、公安部《关于办理非法集资刑事案件适用法律若干问题的意见》（以下简称《非法集资意见》）第 3 条的规定，向亲友或者单位内部人员吸收资金的过程中，明知亲友或者单位内部人员向不特定对象吸收资金而予以放任的，或者以吸收资金为目的，将社会人员吸收为单位内部人员，并向其吸收资金的，不属于《非法集资解释》第 1 条第 2 款规定的“针对特定对象吸收资金”的行为，应当认定为向社会公众吸收资金。

由此可以看出，单位内部员工融资因不满足四要件之二“通过媒体、推介会、传单、手机短信等途径向社会公开宣传”而不属于非法吸收公众存款行为。但一旦由单位员工扩散至不特定社会公众，则有可能构成犯罪。因此贵司应当谨慎注意，切勿突破上述红线，特别是须防止出现员工投资大规模损失的群体事件。

二、关于是否构成集资诈骗罪

所谓集资诈骗，根据《刑法》的规定，是指以非法占有为目的，使用诈骗方法非法集资，数额较大的行为。同时《非法集资解释》第 4 条第 1 款、第 2 款规定，以非法占有为目的，使用诈骗方法实施本解释第 2 条规定所列行为的，应当依照《刑法》第 192 条的规定，以集资诈骗罪定罪处罚。

使用诈骗方法非法集资，具有下列情形之一的，可以认定为“以非法占有为目的”：(1)集资后不用于生产经营活动或者用于生产经营活动与筹集资金规模明显不成比例，致使集资款不能返还的；(2)肆意挥霍集资款，致使集资款不能返还的；(3)携带集资款逃匿的；(4)将集资款用于违法犯罪活动的；(5)抽逃、转移资金、隐匿财产，逃避返还资金的；(6)隐匿、销毁账目，或者搞假破产、假倒闭，逃避返还资金的；(7)拒不交代资金去向，逃避返还资金的；(8)其他可以认定非法占有目的的情形。

在乔某某集资诈骗罪一审刑事判决书[(2016)晋 08 刑初 19 号]中，法院认为，在案证据证实被告人乔某某经司法鉴定机构鉴定及本院审理查明，集资款额为 42 659 900元，用于归还本息为 25 982 000 元，用于生产经营的款额为 25 922 037.41

元,另外还有不能作出价格鉴定的基础设施及机器设备。由此可以看出被告人乔某某不属于“集资后不用于生产经营活动或者用于生产经营活动与筹集资金规模明显不成比例,致使集资款不能返还的”的情形。因此,不能认定被告人乔某某具有以非法占有为目的,使用诈骗方法非法集资的行为。

可以看出,集资诈骗罪与非法吸收公众存款罪的区别在于集资是否以非法占有为目的,也即注重集资的目的、用途,但实践中两者认定的界限也并非完全清晰。笔者认为,贵司在实施内部融资方案时,应注重项目的安全性和收益性,且对资金使用情况、资金去向、收益等内容应及时做好相关的记录,以便在必要时对投资者公开展示。

综上所述,笔者分析,贵司所制定的仅限于内部员工的融资计划并不属于非法集资等触犯刑法的行为,但在实际操作中仍应把握好具体的界限,以免产生刑事风险。

80. 公司以商标出资时应如何作价？溢价部分能否取回？

问：我与 A 公司准备合作投资设立一家公司，我以现金方式出资，A 公司则以其商标权出资。以商标权出资是否需要经过专业机构的评估作价？如商标作价后超出 A 公司认缴注册资本的部分作为资本溢价，那么在新公司盈利后 A 公司是否可以取回？

答： 关于以商标权出资是否需要经过专业机构的评估作价的问题，根据《公司法》第 27 条第 2 款的规定，对作为出资的非货币财产应当评估作价，核实财产，不得高估或者低估作价。法律、行政法规对评估作价有规定的，从其规定。

财政部、工商总局《关于加强以非货币财产出资的评估管理若干问题的通知》第 1 条第 1 项规定，投资人以非货币财产出资的，应当进行资产评估。第 2 条规定，以非货币财产出资评估，投资人应当委托依法设立的资产评估机构进行。

最高人民法院《关于适用〈中华人民共和国公司法〉若干问题的规定（三）》第 9 条规定，出资人以非货币财产出资，未依法评估作价，公司、其他股东或者公司债权人请求认定出资人未履行出资义务的，人民法院应当委托具有合法资格的评估机构对该财产评估作价。评估确定的价额显著低于公司章程所定价额的，人民法院应当认定出资人未依法全面履行出资义务。

但在胡某某、王某某新增资本认购纠纷、买卖合同纠纷再审审查与审判监督案[（2017）最高法民申 1412 号]、湖北美力高科技实业股份有限公司与荆州市美力世纪房地产开发有限公司一般股东权纠纷申请再审案[（2013）民申字第 2479 号]中，最高人民法院均未以资产评估作为无形资产出资的前提，反而更关注是否完成资产的转让手续。

综合上述规定和司法实践，笔者认为，只要无形资产价值经过出资股东的确认，则协议的作价也是有效的。但以后如一方股东认为当时的估值超过了实际价值，而主张该无形资产出资未经评估违反法律规定，则有可能不能得到法院的支持。

至于商标作价后超出认缴注册资本的部分作为资本溢价，在公司盈利后股东是否可以取回，首先应明确的是，资本溢价是反映企业实际收到的资本（或股本）大于注册资本的金额，在财务中计入“资本公积”科目，属于企业所有者权益的一部分。

根据《公司法》第35条的规定，公司成立后，股东不得抽逃出资。第200条规定，公司的发起人、股东在公司成立后，抽逃其出资的，由公司登记机关责令改正，处以所抽逃出资金额5%以上15%以下的罚款。但对于其中的“出资”是指注册资本，还是包括了资本溢价在内的所有出资，法律并无明确的规定。

在浙江新湖集团股份有限公司与浙江玻璃股份有限公司、董某某、冯某某及一审第三人青海碱业有限公司公司增资纠纷申请再审案[（2013）民申字第326号]中，最高人民法院判决认为，新湖集团认为，本案中其因《增资扩股协议》注入的资本公积金不同于《公司法》中规定的“出资”，可以抽回的主张，依据不足。股东向公司已交纳的出资无论是计入注册资本还是计入资本公积金，都形成公司资产，股东不得请求返还。

在江门市江建建筑有限公司与江门市金华物业投资管理有限公司、江门市金华投资有限公司执行异议之诉再审案[（2013）民提字第226号]中，最高人民法院也认为，资本公积金属于公司的后备资金，股东可以按出资比例向公司主张所有者权益，但股东出资后不能抽回，也不得转变为公司的债务计算利息，变相抽逃。

因此，笔者认为，资本公积金属于公司净资产中的一部分，已经在投资者出资时转移了所有权，不得再以公司盈利的理由要求返还。

81. 区块链投资项目有哪些风险?

问: **近期区块链比较热门,很多朋友在参与投资活动,其中有个朋友向我推荐了一个区块链项目,请问这类项目存在哪些风险,在投资时需要注意什么呢?**

答: 目前在我国投资区块链项目,首先应当注意的是我国的监管环境对区块链持何种态度,即法规、政策方面的风险;其次应当注意的是项目本身可能存在的风险,即项目是优质的,还是假借区块链名义的空气币、传销币项目,具体来说有以下两点。

一、法规、政策风险

根据2017年9月4日中国人民银行、中央网信办、工业和信息化部、工商总局、银监会、证监会、保监会《关于防范代币发行融资风险的公告》(以下简称《公告》)的相关规定,代币发行融资(ICO)是指融资主体通过代币的违规发售、流通,向投资者筹集比特币、以太币等所谓"虚拟货币",本质上是一种未经批准非法公开融资的行为,涉嫌非法发售代币票券、非法发行证券以及非法集资、金融诈骗、传销等违法犯罪活动。根据《公告》第2条、第3条的规定,任何组织和个人不得非法从事代币发行融资活动。任何所谓的代币融资交易平台不得从事法定货币与代币、"虚拟货币"相互之间的兑换业务,不得买卖或作为中央对手方买卖代币或"虚拟货币",不得为代币或"虚拟货币"提供定价、信息中介等服务。因此,自《公告》发布之后,绝大部分的区块链ICO项目逐步地开始投资清退工作,而融资交易平台(交易所)也将服务器搬至国外。

据新京报记者2018年8月23日从国家互联网金融风险专项整治小组办公室(以下简称整治办)的人士处获悉,下一步将对124家服务器设在境外的虚拟货币交易平台网站采取必要管控措施;定期摸排和关闭涉境内ICO及虚拟货币交易相关网站、公众号;同时,从支付结算端入手持续加强对虚拟货币交易的清理整顿力度等。[①] 8月24日,银保监会等五部门联合发布《关于防范以"虚拟货币""区块链"名义进行非法集资的风险提示》,其中指出,近期,一些不法分子打着"金融创新""区块链"的旗号,通过发行所谓"虚拟货币""虚拟资产""数字资产"等方式吸收资金,侵害公众合法权益。此类活动并非真正基于区块链技术,而是炒作区块链概念行非法集资、传销、诈骗之实,主要有网络化、跨境化明显;欺骗性、诱惑性、隐蔽性较强;存在多种违法风险等特征。

目前,我国虽然鼓励区块链技术的发展,但有关监管部门也对区块链融资项目中存在的违法犯罪情形做了明确的风险提示,以维护金融秩序和社会稳定。

二、项目风险

就笔者观察,目前区块链项目风险主要包括以下几种:

(一)投资对象、投资收益不明确

目前区块链项目投资方式主要有两种模式:一种是投资者对区块链公司进行投资,成为其股东,分享公司的利润分红;另一种则是投资者投资的是区块链项目本身,即我们通常所说的ICO,项目发起方通过向投资者发售项目产生的代币以获得融资。投资者取得代币后,如项目成功上线,投资者手中持有的代币可以作为其使用项目功能的通证,也可以在数字货币交易所或线下进行交易。

投资者在进行投资时,一定要认真研读区块链项目的投资协议书等文本的所有条款,辨别投资方式和收益模式。如果投资的对象为公司,则可能需要关注公司的发展前景等方面。但如果投资的对象为区块链项目,因目前我国的监管环境下ICO和法定货币与代币、"虚拟货币"相互之间的兑换业务都是被禁止的,所以需要慎重考虑。

(二)倡导发起机构(站台机构/人员)身份存疑

站台是区块链项目路演中常见的环节。很多投资者看到某区块链项目有某某机构、知名区块链专家、知名投资人的站台的时候在心理上会不自觉地对该项目认可几分。但作为一名理性的投资者,我们在看到相关的信息时,应第一时间通过互联网核实倡导机构、发起机构或者发起人的身份,再行判断。

笔者曾经接触一个关于艺术品类的区块链项目。该项目路演时宣称项目是

---

① 载搜狐网:http://www.sohu.com/a/249557410_104036,最后访问日期:2019年6月23日。

由中国某某大学等单位倡导发起。但是，经笔者在统一社会信用代码查询网、全国高校信息综合查询系统等网站上查询，未查询到该大学的有关信息。因此，在投资时需要我们对任何信息都持有一种怀疑、批判的态度和求证精神，切勿道听途说。

（三）项目代币的市场价格波动较大、融资市场不景气

一般来说，区块链项目常见的收益来源，是项目技术研发完成且代币成功登上交易所后，通过转让代币赚取收益。如果项目被多数人看好，则代币的价值会相应地提升。但是代币的交易市场波动往往非常大，且较容易受到政策、庄家、比特币和以太坊的价格波动的牵连。

据火星财经报道，根据 Autonomous Research 的数据，整个 8 月区块链初创的项目公司仅募集了 3.26 亿美元，这是 2017 年 5 月以来的最小金额。[①] 相比之下，2019 年前 3 个月平均每月筹集金额约为 30 亿美元。目前区块链项目经历的资本寒冬，也侧面印证了市场对区块链项目的普遍不看好。

事实上，大多数区块链的投资者并不知道自己在做什么，他们唯一觉得安全可靠的办法就是把钱投到有人气的项目中，但其实很多人并不能区分有人气的项目和高质量项目的区别。因此，区块链项目投资具有较强的专业性、技术性要求，笔者建议，该类投资应谨慎考虑方可进行。

---

① 载搜狐网：https://m.sohu.com/a/254327865_115060，最后访问日期：2019 年 6 月 23 日。

82. 从事区块链 ICO 项目存在哪些法律风险？

问：自《关于防范代币发行融资风险的公告》（以下简称《代币发行公告》）出台后，根据该公告的规定，从事区块链 ICO 项目各方主体具有何种法律责任，又可能存在哪些法律风险呢？

答： 2017 年 9 月 4 日，由中国人民银行、证监会等七部门共同发布《代币发行公告》。《代币发行公告》明确指出，国内利用 ICO 进行融资的活动大量涌现，投机炒作盛行，涉嫌从事非法金融活动，严重扰乱了经济金融秩序，并落实了相关主体的责任及改正要求。那么到底何为 ICO？我国对其监管又是如何的呢？以下，笔者将根据《代币发行公告》的内容，结合 ICO 的相关知识，梳理各方主体在 ICO 项目中的主要责任。

一、ICO 及法律监管

说起 ICO，必须要先谈区块链。区块链本质上是一个去中心化的分布式账本数据库，其本身是一串使用密码学相关联所产生的数据块，每一个数据块中包含了多次比特币网络交易有效确认的信息。这么说似乎有点深奥，但并不影响本文的阅读。可以通俗地理解为，区块链就是一种技术，这种技术可以产生比特币。而 ICO 又是什么呢？它又称为首次代币发行，是从事区块链研究的技术人员因为项目融资的需要，而通过发行、出售区块链技术项目初始产生的加密代币，募集比特币、以太币等通用加密代币作为项目发展资金的一种融资方式。其形式类似于众筹，投资者看好的是 ICO 项目的发展前景，以期未来代币增值能够套现退出。总体而言，区块链是一门技术，ICO 则是这门技术因资金需要而创设的一种融资方式。

ICO 原本在我国法律监管领域并无明确的定性，但自去年《代币发行公告》发布后，监管部门明确表示了对 ICO 采取“一刀切”的规制方式。《代币发行公告》指出，ICO 是融资主体通过代币的违规发售、流通，向投资者筹集比特币、以太币等所谓“虚拟货币”，本质上是一种未经批准非法公开融资的行为，涉嫌非法发售代币票券、非法发行证券以及非法集资、金融诈骗、传销等违法犯罪活动。同时再一次强调，代币发行融资中使用的代币或“虚拟货币”不由货币当局发行，不具有法偿性与强制性等货币属性，不具有与货币等同的法律地位，不能也不应作为货币在市场上流通使用。[①] 在“急刹车”的监管模式下，无论ICO背后是否依托前景良好的区块链项目，在我国均是“无人生还”。

二、ICO项目相关主体责任

既然《代币发行公告》已给出明确的监管方式了，那ICO项目的各方主体在《代币发行公告》出台后应如何应对？如违反了《代币发行公告》规定，又该面临怎样的法律风险？

(一)代币发行方

如前所述，代币发行方是指通过区块链技术发行、出售项目初始产生的加密代币，募集比特币、以太币等通用加密代币作为项目发展资金的融资主体。《代币发行公告》规定，ICO涉嫌非法发售代币票券、非法发行证券以及非法集资、金融诈骗、传销等违法犯罪活动。各类代币发行融资活动应当立即停止。已完成代币发行融资的组织和个人应当做出清退等安排，合理保护投资者权益，妥善处置风险。

1.停止并清退责任

从上述规定来看，目前发行方的责任主要在于停止正在融资的ICO项目，以及完成清退安排。清退并非全无风险的易事，从法律角度说，清退是发行方与投资人终止合同，返还投资款的行为，但因为ICO项目的投资对价往往是价格波动较大的比特币、以太币等虚拟货币，因此清退是以投资时价格还是退还时价格为准，容易引起民事纠纷，需要发行方慎重处理。值得注意的是，《代币发行公告》中虽无明确清退期限，但建议在公告发出后发行方应立即停止正在融资的项目，以及陆续进行清退处理，以免招致监管部门对违法违规行为的处置。

2.刑事风险

根据《代币发行公告》规定，自《代币发行公告》发布之日起，各类代币发行融资活动应当立即停止。已完成代币发行融资的组织和个人应当做出清退等安排，

---

① 这一表述并非为七部门首创，早在2013年12月中国人民银行等五部门发布的《关于防范比特币风险的通知》中，对比特币的属性就采用了相同的说法。

合理保护投资者权益,妥善处置风险。有关部门将依法严肃查处拒不停止的代币发行融资活动以及已完成的代币发行融资项目中的违法违规行为。具体而言,相关从业主体有可能面临以下刑事法律风险:

(1)涉嫌非法吸收公众存款、集资诈骗等非法集资犯罪活动。

据有关业内人士透露,"90%的ICO项目涉嫌非法集资和主观故意诈骗,真正募集资金用作项目投资的ICO,其实连1%都不到。"长期以来,ICO项目因缺乏相关监管制度,发行人无任何披露义务,投资款最终去向成谜而被认为涉嫌非法集资。根据最高人民法院《关于审理非法集资刑事案件具体应用法律若干问题的解释》的规定,非法吸收公众存款是违反国家金融管理法律规定,未经有关部门依法批准或者借用合法经营的形式,通过一定途径公开宣传,承诺在一定期限内以货币、实物、股权等方式还本付息或者给付回报,向社会不特定公众(包括单位和个人)吸收资金的行为。集资诈骗罪与非法吸收公众存款罪的区别在于,集资诈骗罪实施上述行为以非法占有为目的,通常使用诈骗方法。

在ICO项目中,由发行方向社会不特定公众发行区块链项目生成的代币,代币既是区块链项目的价值符号,也是区块链网络的使用权凭证。持有代币的投资者在区块链项目成功后可以获得代币增值套现,也可以凭借代币使用区块链提供的服务。因而,从融资方式上看,ICO与非法吸收公众存款行为有一定的吻合。从资金用途上看,如ICO涉及的区块链项目为虚假的,则发行方极有可能涉嫌集资诈骗罪。

应注意的是,绝非仅是ICO发行方才涉嫌非法集资犯罪活动。如在"华强币"一案[(2017)京02刑终349号]中,被告非发行方,仅为对外宣传"华强币",以"债权众筹"为名,向社会公开宣传,承诺在一定期限内还本付息,吸收公众资金共计人民币300余万元,其最终也被法院认定构成非法吸收公众存款罪。

(2)涉嫌擅自发行股票、公司、企业债券罪。

根据《刑法》第179条的规定,未经国家有关主管部门批准,擅自发行股票或者公司、企业债券,构成擅自发行股票、公司、企业债券罪。ICO项目中发行的代币虽然表面看来并非公司股票,但其实质是投资人对项目的权利凭证,具有股权众筹的效果,且可以自由流通,因此发行方也有可能涉嫌违反以上刑法规定。

(3)涉嫌组织、领导传销活动罪。

ICO 项目融资中可能涉及以传销的方式宣传融资项目,以快速发展下线的行为。如在著名的“维卡币”一案中[(2017)粤 2071 刑初 1414 号],被告刘某某、陈某某、吴某某以中山市东区荣瑞贸易有限公司为窝点,对外虚构投资“维卡币”的盈利前景,隐瞒“维卡币”无法自由兑换现实货币的事实,引诱他人购买“条码”注册会员账号,以此获得加入和发展其他人员加入的资格,并要求被发展人员继续发展其他人员加入,按照发展顺序形成上下线关系,以下线直接或者间接发展人员的数量作为计酬和返利的依据,谋取非法利益。最终法院认定三被告行为已构成组织、领导传销活动罪。

须指出的是,《代币发行公告》并未认为,停止 ICO 项目、完成清退工作即能成功使 ICO“洗白”。故对于 ICO 发行方而言,建议时刻跟踪最新的监管动态,积极落实监管要求,防止群体事件,以免遭到突如其来的刑事风险。

3. 行政风险

根据《中国人民银行法》第 45 条的规定,印制、发售代币票券,以代替人民币在市场上流通的,中国人民银行应当责令停止违法行为,并处 20 万元以下罚款。ICO 项目中发行方发行的代币通过技术支撑,投资者可以在特定平台上进行代币交易,具有一定的流通性,涉嫌违反上述法律规定。

(二)代币融资交易平台

代币融资交易平台是代币投资者用以进行代币与虚拟货币、法币之间自由交易的平台。根据《代币发行公告》的规定,代币融资交易平台不得从事法定货币与代币、“虚拟货币”相互之间的兑换业务,不得买卖或作为中央对手方买卖代币或“虚拟货币”,不得为代币或“虚拟货币”提供定价、信息中介等服务。对于存在违法违规问题的代币融资交易平台,金融管理部门将提请电信主管部门依法关闭其网站平台及移动 APP,提请网信部门对移动 APP 在应用商店做下架处置,并提请工商管理部门依法吊销其营业执照。因此,对于未在《代币发行公告》发布后停止相关业务的平台,将面临以上行政处罚。

三、对策建议

据笔者观察,在《代币发行公告》发布过去 4 个月后,已经有 ICO 项目在陆续进行清退处理,而诸如老牌交易所火币网在 2017 年 10 月 31 日宣布对所有人民币兑数字资产项目作下线处理;比特币中国也已于 2018 年 1 月 3 日,停止了网站登录和在线提现服务。对于还在涉及 ICO 项目的企业来说,笔者建议应从如下几个方面作出应对措施:

首先,应严格根据《代币发行公告》规定停止及清退相关业务,并妥善处理好与项目投资者之间的纠纷,对于融资金额较大的项目,更要慎重地进行清退处理,以免引发社会矛盾,导致监管机关强力介入。

其次,对于未能及时关停项目而导致监管机关介入的,应及时联系专业人员协助处理,特别是涉及较大法律风险的,最好聘请专业律师顾问介入,提供法律咨询,参与清退处理等有关事宜。

最后,对于还在从事区块链研究的人员来说,本次《代币发行公告》只是针对区块链 ICO 项目的监管规制,并非对区块链技术本身的打压,区块链技术是一种革命,也是一种趋势,其在社会经济生活中的各种应用必将越来越广泛、深入。

83. 如何看待"套路贷"和民间金融监管趋势?

问:2018年以来民间金融逐渐受到监管机构严管。近期更是有最高人民法院联合最高人民检察院、公安部、司法部出台《关于办理"套路贷"刑事案件若干问题的意见》(以下简称《办理套路贷案件意见》)。那么在法律层面上何为"套路贷",我们又要如何应对"套路贷"防入坑呢?

答:"套路贷"是最近流行起来的对以借贷为名非法占有借款人财物的行为的一种称谓。根据题述四部门于2019年4月9日发布的《办理套路贷案件意见》的规定:"套路贷",是对以非法占有为目的,假借民间借贷之名,诱使或迫使被害人签订"借贷"或变相"借贷""抵押""担保"等相关协议,通过虚增借贷金额、恶意制造违约、肆意认定违约、毁匿还款证据等方式形成虚假债权债务,并借助诉讼、仲裁、公证或者采用暴力、威胁以及其他手段非法占有被害人财物的相关违法犯罪活动的概括性称谓。

"套路贷"的常见套路包括以下几种特征:

一是以"贷款"为诱饵,以实现非法占有他人财物的目的。"套路贷"通常以快速放款、无抵押无担保放款为诱饵,但不同于高利贷只是为了获取高额利息,其最终目的是非法占有被害人财物,如车贷"套路贷"的最终目的是占有他人车辆、房贷"套路贷"的最终目的是占有他人房产。

二是虚增借款本金,以达到非法目的。"套路贷"通常以"违约金""保证金"等各种名目骗取他人签订远远高于实际借款的"借款合同""抵押合同"等,同时借助银行取现收回现金等方式制造真实交付的假象。

三是制造违约事由,以解除借款合同,非法取得财物。在"借款合同""抵押合同"等中通常约定严苛的滞纳金、违约金等违约条款,并蓄意制造借款人违约的情形。一旦达到条件,立即解除合同,要求借款人偿还虚高的借款,一旦无法偿还,则骗取借款人"借新还旧"垒高借款金额或以房产、车辆等财物抵债。

四是利用欺骗、暴力、威胁、虚假诉讼等手段索款。为获取高额偿还款,“套路贷”放贷人会通过暴力威胁、限制人身自由、尾随借款人甚至泼油漆、撬门等手段比拼还款,甚至借助虚假的“借款合同”、蓄意制造的银行流水等对借款人提起诉讼,通过胜诉判决实现侵占被害人或其近亲属财产的目的。

那么,从法律层面是如何定性“套路贷”的呢?

第一,“套路贷”本质上属于违法行为。

“套路贷”与平等主体之间基于意思自治而形成的普通的民事借贷关系存在本质区别,也区别于非法讨债引发的案件。如犯罪嫌疑人、被告人不具有非法占有目的,也未使用“套路”与借款人形成虚假债权债务的,不应视为“套路贷”。

对于虚增借款本金的行为,根据最高人民法院《关于审理民间借贷案件适用法律若干问题的规定》(以下简称《民间借贷规定》)中第 27 条的规定,法律所承认的本金应为出借人实际出借的本金,因此“借一押几”的出借方式、高于实际借款的“借款合同”本金、预先扣除的“砍头息”都不会被法律所支持。

对于约定高额的利息、违约金、逾期利息的行为,根据《民间借贷规定》第 26 条、第 29 条、第 30 条的规定,约定超过年利率 36% 的利息、超过年利率 24% 的逾期利息,是法律绝对禁止的行为。如合同中同时约定违约金、逾期罚息或其他费用的,总计超过年利率 24% 的部分的主张,法律也不予支持。

对于约定严苛的滞纳金、违约金等违约条款,并蓄意制造借款人违约情形,借此达到要求借款人偿还虚高债务、以物抵债的目的的,此种行为也是违反了《民法总则》《合同法》中的公平原则和诚实信用原则的。

第二,“套路贷”还可能涉嫌犯罪。

2018 年 1 月 16 日,最高人民法院、最高人民检察院、公安部、司法部《关于办理黑恶势力犯罪案件若干问题的指导意见的通知》第 5 条依法打击非法放贷讨债的犯罪活动中规定,对于以非法占有为目的,假借民间借贷之名,通过“虚增债务”“签订虚假借款协议”“制造资金走账流水”“肆意认定违约”“转单平账”“虚假诉讼”等手段非法占有他人财产,或者使用暴力、威胁手段强立债权、强行索债的,应当根据案件具体事实,以诈骗、强迫交易、敲诈勒索、抢劫、虚假诉讼等罪名侦查、起诉、审判。对于非法占有的被害人实际所得借款以外的虚高“债务”和以“保证金”“中介费”“服务费”等各种名目扣除或收取的额外费用,均应计入违法所得。

对于名义上为被害人所得，但在案证据能够证明实际上却为犯罪嫌疑人、被告人实施后续犯罪所使用的"借款"，应予以没收。

2018年5月4日，中国银行保险监督管理委员会联合公安部等四部委发布《关于规范民间借贷行为　维护金融经济秩序有关事项的通知》，其中第8条第1款规定，对利用非法吸收公众存款、变相吸收公众存款等非法集资资金发放民间贷款，以故意伤害、非法拘禁、侮辱、恐吓、威胁、骚扰等非法手段催收民间贷款，以及套取银行业金融机构信贷资金，再高利转贷等违反治安管理规定的行为或涉嫌犯罪的行为，公安机关应依法进行调查处理，并将非法发放民间贷款活动的相关材料移送银行业监督管理机构。该通知明确规定禁止以故意伤害、非法拘禁、侮辱、恐吓、威胁、骚扰等非法手段催收贷款。

四部门于2019年4月9日发布的《办理套路贷案件意见》第4条规定，实施"套路贷"过程中，未采用明显的暴力或者威胁手段，其行为特征从整体上表现为以非法占有为目的，通过虚构事实、隐瞒真相骗取被害人财物的，一般以诈骗罪定罪处罚；对于在实施"套路贷"过程中多种手段并用，构成诈骗、敲诈勒索、非法拘禁、虚假诉讼、寻衅滋事、强迫交易、抢劫、绑架等多种犯罪的，应当根据具体案件事实，区分不同情况，依照《刑法》及有关司法解释的规定数罪并罚或者择一重处。

在地方上也有对"套路贷"问题的相关定性规定。例如，2018年3月18日，浙江省高级人民法院、浙江省人民检察院、浙江省公安厅《关于印发〈关于办理"套路贷"刑事案件的指导意见〉的通知》（以下简称《指导意见》）中指出对"套路贷"刑事案件的定性，要结合案件的本质特征从整体把握，"套路贷"犯罪的主观目的是非法占有公私财物，部分犯罪主体带有黑恶团伙性质。

犯罪嫌疑人、被告人以"违约金""保证金""中介费""服务费""行业规矩"等各种名义骗取被害人签订虚高借款合同、阴阳借款合同、房产抵押合同等明显不利于被害人的各类合同或者与被害人进行相关口头约定，制造资金给付凭证或证据，制造各种借口单方面认定被害人"违约"并要求"偿还"虚高借款，在被害人无力"偿还"的情况下，进而通过讨债或者利用其制造的明显不利于被害人的证据向法院提起民事诉讼等各种手段向被害人或其近亲属施压，以实现侵占被害人或其近亲属合法财产的目的，一般情况下应当以侵犯财产类犯罪定罪处罚。

对于"套路贷"行为的性质认定，《指导意见》还提供了以下几种参照情形：

(1)犯罪嫌疑人、被告人实施“套路贷”犯罪时，未采用明显暴力或者威胁手段，被害人依约定交付资金的，则犯罪嫌疑人、被告人的行为从整体上属于以非法占有为目的，虚构事实、隐瞒真相骗取被害人财产的诈骗行为，一般可以诈骗罪追究刑事责任。

(2)犯罪嫌疑人、被告人实施“套路贷”犯罪时，既采用了虚构事实、隐瞒真相的诈骗手段，又采用了暴力、威胁、虚假诉讼等手段，同时构成诈骗、抢劫、敲诈勒索、非法拘禁、虚假诉讼等多种犯罪的，依据《刑法》的规定数罪并罚或者按照处罚较重的定罪处罚。暴力手段包括但不限于所谓的“谈判”“协商”“调解”以及滋扰、纠缠、哄闹、聚众造势等使被害人产生心理恐惧或心理强制等“软暴力”手段。

在“套路贷”犯罪案件中，相关犯罪嫌疑人、被告人不明知真实借贷情况，帮助实施故意伤害、非法拘禁或者滋扰被害人及其近亲属正常生活行为，或者帮助捏造事实提起民事诉讼，符合故意伤害罪、非法拘禁罪、寻衅滋事罪、非法侵入他人住宅罪、虚假诉讼罪的构成要件的，对该部分犯罪嫌疑人、被告人以相关罪名追究刑事责任。

最后，“套路贷”又应如何解套？

民间金融活动情况复杂、涉及方面众多，要为“套路贷”解套，还需要多方配合。

第一，解“套”还须系“套”人。

民间金融由来已久，随着市场经济的发展，民间借贷因灵活、简便、快速、收益高等优势，市场逐渐发展壮大，民间借贷作为民间金融的主要形式之一，在金融市场发挥着不可忽视的作用。但是，也可以看到，民间金融就像一把“双刃剑”，出现了如监管难、风险高、诱发犯罪等弊端。由上文可以看出，所谓的“套路贷”，其实就是不按套路出牌，行业规范除了外部清理整顿，关键还是靠自律。民间金融从业者要爱惜声誉，依法规范从事民间金融活动，切实为实体经济服务。相关行业协会要发挥行业自律作用，通过培训、指导、投诉处理等方式引导民间金融行业良性发展。

民间金融的从业人员也应当具备一定的专业资质。此前报道川航机长刘某某面对设备突然受损、高空压力，成功备降成都机场，完成“一次史诗级的降落”的事件大家应该记忆犹新。可以说，如果没有提前做足准备、严格的专业训练、100

余次的飞行经历,任何人都不可能在短短几十秒内成功备降。关键时刻,专业能力决定了生死存亡。对金融行业从业者来说,其专业能力主要体现在金融知识理论水平、规则运用能力、制度设计能力、风险规避能力、商业机遇把握能力等方面,专业能力的大小直接决定风险控制的好坏。

第二,民间金融也应纳入金融监管。主要理由在于:

(1)党的十九大政府工作报告明确,2018 年是金融监管年。

2018 年 3 月 5 日,国务院总理李克强在《政府工作报告》中提到,要"妥善应对'钱荒'等金融市场异常波动,规范金融市场秩序,防范化解重点领域风险,守住了不发生系统性风险的底线,维护了国家经济金融安全"。"加快金融体制改革。改革完善金融服务体系,支持金融机构扩展普惠金融业务,规范发展地方性中小金融机构,着力解决小微企业融资难、融资贵问题。"

(2)民间金融活动具有外部性和风险传导性,须纳入规范。

金融是国家重要的核心竞争力,金融活动的外部性决定了金融安全是国家安全的重要组成部分。

对民间金融活动的监管,有利于整个行业的发展。规范化、有序化的金融环境能够形成有效的市场准入门槛、同时淘汰不合规的参与者,从长远来看,有利于金融行业的健康发展。从市场主体自身及投资者来说,公平有序的金融市场环境能够形成良性竞争、公平合理的商业环境。

随着我国金融业快速发展,民间金融因其分散性和隐蔽性的特点,规模不断发展壮大,为维护社会稳定、维护正常金融秩序,金融管理部门对金融机构、金融市场进行了一系列规范、管理和监督措施,起到了一定的效果,但对民间金融的监管还存在监管滞后、手段有限、运动执法等不足。

第三,民间金融应从以下方面进行监管:

(1)主管部门要加强对民间金融的规范管理。

按照《银行业监督管理法》、《商业银行法》及《非法金融机构和非法金融业务活动取缔办法》等法律规范,未经有权机关依法批准,任何单位和个人不得设立从事或者主要从事发放贷款业务的机构或以发放贷款为日常业务活动。否则,有关部门可依法采取一定的行政处罚措施。除了底线控制,监管部门还应适当下放一定管理权限到行业协会,通过行业协会加强引导与制约。

民间金融活动必须严格遵守国家法律法规的有关规定，遵循自愿互助、诚实信用的原则。民间借贷中，出借人的资金必须是其合法收入的自有资金，禁止吸收或变相吸收他人资金用于借贷。民间借贷发生纠纷，应当按照《民间借贷规定》处理。①

（2）应加强政策扶持力度，疏通金融服务实体经济渠道，服务于供给侧结构性改革。② 主要是各银行业金融机构以及小额贷款公司等发放贷款或融资性质机构应依法合规经营，强化服务意识，采取切实措施，开发面向不同群体的信贷产品，加大对实体经济的资金支持力度，为实体经济发展创造良好的金融环境。

第四，参与主体加强法律风险意识，规范借贷行为。

投资者应当增强风险防范意识，增强预见风险的能力，在风险承受范围内进行金融活动。中共中央政治局委员、国务院副总理、中美全面经济对话中方牵头人刘鹤在 2018 年 5 月 15 日的全国政协专题协商会上特别提出，“要建立良好的行为制约、心理引导和全覆盖的监管机制，使全社会都懂得，做生意是要有本钱的，借钱是要还的，投资是要承担风险的，做坏事是要付出代价的”。③ 投资者要对民间金融有客观的认识，应清醒地认识到在获得收益的同时，也须承担一定的风险。投资者在选择投资项目的时候，不能盲目从众，而应该先对拟投资项目有一个充分的认识和风险判断。在必要时，应聘请律师、会计师、评估师等专业人士介入有关投融资行为，以提前识别和防控法律风险。

---

① 中国银行保险监督管理委员会《关于规范民间借贷行为维护经济金融秩序有关事项的通知》第 4 条。

② 中国银行保险监督管理委员会《关于规范民间借贷行为维护经济金融秩序有关事项的通知》第 6 条。

③ 载搜狐网：https://m. sohu. com/a/231876016_313170/? pvid = 000115_3w_a，最后访问日期：2019 年 6 月 23 日。

84. 三级分销是否合法?

问:三级分销是现在微商经营圈很火的一种营销方法,但也常常有人将其与传销联系在一起,认为三级分销就是传销。三级分销是不是一种违法犯罪的营销手段呢?

答: 讨论三级分销之前可以先看一下什么是分销。分销,在百度百科中的搜索结果为,建立销售渠道的意思。根据著名的营销大师菲利普·科特勒的定义,分销渠道又称营销渠道,是指某种商品或服务从生产者向消费者转移的过程中,取得这种商品、服务所有权的企业和个人帮助所有权转移所有。但是,它不包括供应商、辅助商等。相比起直销模式,分销模式不仅可以减轻生产商的销售压力,还能利用分销商丰富而发达的市场体系快速达到推广产品或服务、提高市场覆盖率、扩大品牌知名度等目的。对于消费者受众相对分散,对渠道广度和深度要求高的行业,分销模式无疑具有更大的吸引力。

一、三级分销的概念

三级分销,指的是品牌商可以发展三级分销商,每一级分销商均可以往下再发展两级分销商的销售模式。近年来,随着互联网电商行业的兴起,特别是微商平台的普及使用,三级分销模式逐渐变得盛行。

以微商圈中曾经风靡一时的分销神话"SOIREE 奢瑞小黑裙"(以下简称"小黑裙")为例。"小黑裙"是一间专注于销售黑色裙子的互联网服装品牌,主要通过微信三级分销的方式扩大消费群体。这种三级分销模式做法就是:每个在微信购买小黑裙的用户都能得到一个专属自己的推广二维码(自动成为"代言人"),只要用户将二维码分享到朋友圈或推荐给其他好友,好友通过扫描该二维码购买小黑裙(成为"一级代言人"),用户就能得到奖励。接下来,如果一级代言人再分享自己的专属二维码并获得她的朋友的扫描及购买(成为"二级代言人"),那么原代言人和她的一级代言人又能获得奖励。总之,在三级购买关系链内均有奖励。

然而,在三级分销模式疯狂爆发的同时,对于此种模式是否合法的质疑也随之而至。其中常见的疑问是,“三级分销是否属于传销”。以上质疑的声音逐渐加大,使三级分销模式逐渐变得举步维艰。2015 年 2 月,微信公众平台公布了《关于整顿非法分销模式行为的公告》。该公告称,针对在公众账号开展利用微信关系链发展下线分销的行为,并进行盈利或诱导用户关注的模式多数具有欺诈等非法性质,一旦发现此类账号,将会进行永久封号处理。而自 2016 年 8 月开始,微信开始对知名的三级分销微商“云集微店”“云在指尖”“小黑裙”等实施封号处理。2017 年,“云集微店”因涉嫌组织策划传销活动,被杭州高新技术产业开发区(滨江)市场监督管理局没收违法所得约 808.41 万元,再罚款 150 万元,合计罚没超 958 万元并上缴国库。[①] 从长远发展来看,对于能否继续采用三级分销模式,绕不开对其合法性的讨论。故以下笔者将结合相关法律规定及案例事实,对于三级分销的合法性问题,特别是其与传销行为的关系进行分析。

二、传销行为的法律界定

欲探讨三级分销模式,首先应厘清传销行为在法律规定中的内涵。我国在行政法与刑法层面均对传销行为有所规制,但其中又存在矛盾之处,需要分别阐述以进行比较。

(一)行政法层面

早在 1998 年,我国就有国务院发布的《关于禁止传销经营活动的通知》(国发〔1998〕第 10 号)对传销行为实施规制。通知指出了对传销及变相传销行为进行严肃查处,但并未对上述两种行为的概念进行界定。

2005 年,国务院公布《禁止传销条例》(国务院令〔2005〕第 444 号,以下简称《条例》),其中第 2 条指出,“传销,是指组织者或者经营者发展人员,通过对被发展人员以其直接或者间接发展的人员数量或者销售业绩为依据计算和给付报酬,或者要求被发展人员以交纳一定费用为条件取得加入资格等方式牟取非法利益,扰乱经济秩序,影响社会稳定的行为。”并在第 7 条列举了三种传销行为:第一种行为是拉人头;第二种行为是收取入门费;第三种行为是团队计酬。

---

① 载搜狐网:https://www.sohu.com/a/164166284_173206,最后访问日期:2019 年 6 月 20 日。

（二）刑法层面

1. 关于对传销行为的界定

对于传销行为的刑法规制，最早实质产生于最高人民法院《关于情节严重的传销或者变相传销行为如何定性问题的批复》（法释〔2001〕11号，已失效）。在上述最高人民法院对广东高院的答复中，明确指出从事传销或者变相传销活动，扰乱市场秩序，情节严重的，应当以非法经营罪定罪处罚。

2009年，《刑法修正案（七）》通过，给予传销行为固定罪名——组织、领导传销活动罪。根据《刑法》第224条之一的规定，“以组织、领导以推销商品、提供服务等经营活动为名，要求参加者以缴纳费用或者购买商品、服务等方式获得加入资格，并按照一定顺序组成层级，直接或者间接以发展人员的数量作为计酬或者返利依据，引诱、胁迫参加者继续发展他人参加，骗取财物，扰乱经济社会秩序的传销活动的，处五年以下有期徒刑或者拘役，并处罚金；情节严重的，处五年以上有期徒刑，并处罚金”。通过对比不难看出，刑法层面上的组织、领导传销活动罪比行政法层面上的传销行为多了“骗取财物”的条件因素，《刑法》第224条之一规定的传销概念的外延窄于《条例》所界定的传销概念的外延。这标志着传销活动的定罪由经营型传销改变为诈骗型传销。

对于“骗取财物”应如何理解呢？根据《关于办理组织领导传销活动刑事案件适用法律若干问题的意见》（公通字〔2013〕37号，以下简称《传销意见》）第3条的规定，“传销活动的组织者、领导者采取编造、歪曲国家政策，虚构、夸大经营、投资、服务项目及盈利前景，掩饰计酬、返利真实来源或者其他欺诈手段，实施刑法第二百二十四条之一规定的行为，从参与传销活动人员缴纳的费用或者购买商品、服务的费用中非法获利的，应当认定为骗取财物。参与传销活动人员是否认为被骗，不影响骗取财物的认定”。

如在白某某犯组织、领导传销活动罪二审刑事裁定书［（2015）苏刑二终字第00049号］中，江苏省高级人民法院认为，白某某等人在中国的宣传推广过程中，明知大多数普通群众根本没有发布广告的需求，却刻意隐瞒“爱搜索”没有在中国取得经营许可的事实，一味强调其在美国的合法性，夸大点击广告可能获得的收益，当会员购买套餐后发现不发展下线根本不能收回投资，而发展下线获取提成才能快速获利，传销活动便产生了层层传递的驱动力。基于此，法院认为被告采用了欺骗手段诱使更多人参加传销活动，构成组织、领导传销活动罪。

2. 关于“团队计酬”模式的罪与非罪

同时还应当注意的是，第224条之一的规定中并无国务院《条例》中第三种行为模式——团队计酬。根据《传销意见》第5条的规定，“以销售商品为目的、以销售业绩为计酬依据的单纯的‘团队计酬’式传销活动，不作为犯罪处理。形式上采取‘团队计酬’方式，但实质上属于‘以发展人员的数量作为计酬或者返利依据’的传销活动，应当依照刑法第二百二十四条之一的规定，以组织、领导传销活动罪定罪处罚”。可见，团队计酬模式的罪与非罪界限在于计酬依据，即下线报酬的主要来源。如果经营中有产品销售，但其下线报酬的主要来源却是发展人员，而不是销售产品给最终消费者产生的合理利润，则有可能因变相传销而被定罪。

因此，总结上述两点，非以骗取财物为目的，以及单纯的团队计酬模式的传销活动，尽管不构成刑法层面的组织、领导传销活动罪，但仍然会面临行政处罚的风险。

3. 关于传销的层级计算问题

根据最高人民检察院、公安部《关于公安机关管辖的刑事案件立案追诉标准的规定（二）》（公通字〔2010〕23号）第78条的规定，涉嫌组织、领导的传销活动人员在30人以上且层级在三级以上的，即可达到立案追诉组织者、领导者的标准。而《传销意见》进一步明确，对于组织内部参与传销活动人员在30人以上且层级在三级以上的，应当对组织者、领导者追究刑事责任。此外，《传销意见》第7条还规定，本意见所称“以上”“以内”，包括本数。对传销组织内部人数和层级数的计算，以及对组织者、领导者直接或者间接发展参与传销活动人员人数和层级数的计算，包括组织者、领导者本人及其本层级在内。故在传销活动中，一旦包括组织者、领导者在内的传销网络达到三级或三级以上且人数在30人以上，即可以认为组织者、领导者达到了组织、领导传销活动罪的追诉标准。

例如，在孙某某、柯某某组织、领导传销活动一审案[（2018）粤0306刑初1424号]中，法院查明，深圳市秒分网电子商务有限公司开始上线，通过公司官网、微信公众号等途径进行推广，以吸纳人员缴纳费用成为会员，并承诺推荐人员获得返佣的三级分销的模式经营。客户在秒分网上任意上购买200元、400元、600元的产品(每个产品定价均为200元)就可以成为公司的荣誉会员(一钻店主)、王牌会员(二钻店主)、大咖会员(三钻店主),自己可以每天得到对应的6元、12元、18元人民币的收入,客户再通过推荐新的客户A购买不同等级产品,就可以每天有多1元的收入,客户B再发展了客户C购买不同等级产品,客户每天就能再多1元的收入,客户享有三级以内的直推收益(客户C之后的推荐新人购买商品入会所得的奖励与客户无关)。最终判决秒分网的创始人孙某某、柯某某犯组织、领导传销活动罪。

三、三级分销与传销

关于三级分销是否属于传销,需要根据具体的分销模式,结合法律法规综合判断。以前述"小黑裙"微商为例,一方面,"小黑裙"的营销是以真实的产品为基础的,商品定价也基本合理;另一方面,"小黑裙"也存在发展下线人数的情形。事实上,"小黑裙"这种通过扫描"代言人"二维码,同时购买裙子并成为"二级代言人"的做法,从操作层面来看很难界定到底是以销售业绩计酬的单纯团队计酬模式,还是以发展人数来计酬的变相传销。但应肯定的是,即使上述三级分销模式被认为是单纯团队计酬模式而免于刑事追诉,也不能排除因违法行政法规而受到相应处罚的风险。

四、建议

分销,原来仅是一种营销模式,是产品或服务的生产商通过层层发展分销商达到铺设销售渠道,以快速推广企业品牌的目的。但也正是因为销售速度如此之快,而被认为扰乱市场经济秩序,受到行政法规、规章的规制。更有诈骗分子的介入,依托虚拟的商品或服务发展下线,从而导致《刑法》专门设立罪名加以约束。笔者认为,基于目前我国对于传销活动的严厉制裁,三级分销模式在实际操作中无法与"传销"一词摆脱干系,即便有幸免于刑事追诉,也难以避免受到行政处罚的风险。对于想要发展商品或服务品牌的企业家来说,无论是为了品牌自身的持久发展,还是为了能获得资本市场的青睐,都不宜采用三级分销的模式。

不可否认的是,广阔的销售渠道的确有助于品牌推广,但品牌自身质量过硬才是维系长久发展的根本动力。此外,随着互联网技术的普及以及互联网广告对人们生活的渗透,营销不需要仅停留在以往的分销层面,企业家也可多参考其他的广告推广模式,以满足企业合法合规地发展需求。

85. 事业单位能否投资设立公司?

问: 事业单位能否投资设立公司?

答: 一般认为,自然人、法人、非法人组织都可以投资于公司成为公司股东,除非法律、法规有限制性规定。根据《事业单位登记管理暂行条例》的规定,事业单位,是指国家为了社会公益目的,由国家机关举办或者其他组织利用国有资产举办的,从事教育、科技、文化、卫生等活动的社会服务组织。事业单位应当具备法人条件。因此原则上,在没有法律、法规禁止的情况下,事业单位可以投资设立公司。

那么,事业单位投资设立公司是否有特殊的规定呢?

第一,根据《公司法》第 64 条的规定,如果设立的是国有独资公司,那么其出资人须是国家或者由国务院或者地方人民政府授权的本级人民政府国有资产监督管理机构。《国有资产法》第 11 条第 1 款、第 2 款也规定,国务院国有资产监督管理机构和地方人民政府按照国务院的规定设立的国有资产监督管理机构,根据本级人民政府的授权,代表本级人民政府对国家出资企业履行出资人职责。国务院和地方人民政府根据需要,可以授权其他部门、机构代表本级人民政府对国家出资企业履行出资人职责。

第二,如果事业单位属于中央行政事业单位(国务院各部门、各直属事业单位,最高人民法院,最高人民检察院,行政经费在国务院系统的人民团体),《中央行政事业单位国有资产管理暂行办法》第 29 条规定,各部门行政单位和参照公务员法管理的单位,不得将国有资产用于对外投资。其他事业单位应当严格控制对外投资,不得利用国家财政拨款、上级补助资金和维持事业正常发展的资产对外投资。

第三,涉及具体领域、地区的事业单位,可能存在其特殊的规定。例如,《铁路事业单位对外投资管理办法》第 4 条规定,事业单位不得买卖期货、股票,不得购买各种企业债券、各类投资基金和其他任何形式的金融衍生产品或进行任何形式的金融风险投资，也不得进行境外投资。不得用财政拨付资金对外投资。

又如，北京市工商行政管理局公布的《投资办照通用指南及风险提示》第 4 条“哪些组织或个人不能成为投资人”第 2 项规定，各级党政机关所属事业单位，除非其属于以下性质：属于新闻、出版、科研、设计、医院、院校、图书馆、博物馆、公园、影剧院、演出团体类性质的，或本市各区县所设乡镇集体资产运营中心可以成为企业投资者。国务院各委办所属机关后勤服务中心可作为本系统提供相关后勤服务类企业的投资者，但其所办企业不得再投资兴办企业。①

再如，如果事业单位属于深圳市的，则对其投资的资金来源、投资对象有所要求。根据深圳市财政委员会印发的《深圳市本级行政事业单位国有资产使用办法》第 35 条的规定，事业单位不得利用财政拨款及结余、上级补助、保证本单位正常运作的资产，以及临时机构占有、使用的国有资产对外投资，严格控制货币性资金对外投资和与职能无关的投资。事业单位不得从事以下对外投资事项：(1)买卖期货、股票(不含股权转让行为)，购买各种企业债券、各类投资基金和其他任何形式的金融衍生产品或进行任何形式的金融风险投资，国家另有规定的除外；(2)凡利用政府和国外贷款的，在贷款债务没有清偿以前，利用该贷款形成的资产对外投资；(3)违反法律法规的其他投资行为。

因此，对于事业单位能否投资设立公司不能一概而论，需要结合事业单位的性质、所属地区等方面因素分析。

---

① 载原北京市工商行政管理网：http://gsj.beijing.gov.cn/zxbs/bmsx/djzc/ts/201808/t20180813_1454441.html，最后访问日期：2019 年 6 月 20 日。

86. 小贷项目预收利息是否会被认定预先扣除利息?

问: **小贷项目在放款当天一次性预收利息,由客户支付,而不是在本金中预扣利息,这种行为会不会被认为是变相预扣利息,需以扣除利息后的金额为本金计息呢?**

答: 根据最高人民法院《关于审理民间借贷案件适用法律若干问题的规定》(以下简称《民间借贷司法解释》)第 27 条的规定,借据、收据、欠条等债权凭证载明的借款金额,一般认定为本金。预先在本金中扣除利息的,人民法院应当将实际出借的金额认定为本金。贵司的做法为按照合同约定发放贷款,同时一次性预收利息,此种做法在《民间借贷司法解释》中并无明确规定。而在司法实践中,各地法院对此种做法的认定也有所差异,具体可以分为两种:

一是尚未履行完放款义务即预收利息的。

在程某与淮南志高动漫文化科技发展有限责任公司、江某某等借款合同纠纷一审民事判决书[(2016)皖民初 3 号]中,安徽省高级人民法院认为:“经审查,2013 年 8 月 23 日,程某及其委托姚某某向淮南志高公司汇款 1 亿元,此后程某又于 8 月 29 日、8 月 30 日、9 月 2 日、9 月 4 日向淮南志高公司汇款 7000 万元;2013 年 8 月 23 日,淮南志高公司按照程刚要求汇入姚某某账户 2550 万元,即淮南志高公司收到并可以实际使用的资金金额为 14 450 万元。”程某在尚未完全履行出借义务时,要求淮南志高公司以预付三个月利息的方式收回 2550 万元的行为,属于变相在本金中预先扣除利息。依据最高人民法院《民间借贷司法解释》第 27 条“借据、收据、欠条等债权凭证载明的借款金额,一般认定为本金。预先在本金中扣除利息的,人民法院应当将实际出借的金额认定为本金”的规定,应认定程某实际出借本金金额为 14 450 万元。

二是已经履行完放款义务再预收利息的。

在陈某某与刘某某民间借贷纠纷二审民事判决书[(2016)湘 01 民终 7230

号］中，一审法院认为，刘某某向陈某某出具借条，陈某某按约定交付了借款，陈某某与刘某某的债权债务关系成立。关于该案本金数额如何确认，该院认为陈某某在借款当日预收利息 5000 元，不能视为刘某某向陈某某支付利息，依法只能认定刘某某实际向陈某某借款 95 000 元本金。同样在云南恒誉房地产开发有限公司、高某某民间借贷纠纷二审民事判决书［（2017）最高法民终 98 号］中，云南省高级人民法院再审认为，高某某于 2010 年 3 月 24 日向何某账户汇入 12 500 万元后，何某于同日向高某某的账户存入 3120 万元，高某某虽然主张何某存入其账户的 3120 万元系双方因其他法律关系所产生的款项，但其所提交的证据并不能证明其主张。而且，《借款合同》中约定"利息支付时间为 2010 年 3 月 24 日"。因此，何某于 2010 年 3 月 24 日向高某某的账户存入的 3120 万元为预先支付的利息，涉案的借款本金为 9880 万元。在乐山天坤商贸有限公司、雷某某与邓某某、乐山市仁和房地产开发有限公司民间借贷纠纷二审民事判决书［（2016）川 11 民终 211 号］以及余某某与王某某、杨某某等金融借款合同纠纷二审民事判决书［（2016）浙 01 民终字第 422 号］均认为预收利息应在本金中扣除。

然而，在陈某某、肇庆市端州区润泽小额贷款股份有限公司民间借贷纠纷二审民事判决书［（2016）粤 12 民终 1661 号］中，肇庆中院却认为，"本案中，润泽公司依据合同的约定于 2014 年 10 月 9 日向借款人发放了 450 万元贷款，第一笔利息支付的时间是 2014 年 10 月 11 日，并未在该 450 万元中扣除，故润泽公司已经履行了合同约定的 450 万元的贷款发放义务，其实际出借的金额是 450 万元。本案的情形不属于预先在本金中扣除利息的情形。"同样认为预收利息不属于《民间借贷司法解释》第 27 条的先扣除利息情形的还有黄某某、左某某民间借贷纠纷再审审查与审判监督民事裁定书［（2017）粤 07 民申 3 号］。

综上所述，在小贷项目中小贷公司在尚未完全履行出借义务的情况下即预收利息，一般会被认定为变相预先扣除利息，适用《民间借贷司法解释》第 27 条的规定；而在小贷公司已经履行完出借义务再预收利息的情况下，司法实践中存在不同的做法。笔者认为，此种情况下，小贷公司同样面临借款本金需要扣除预收利息的可能性，建议贵司在设计项目模式时应慎重考虑。

87. 未约定管辖法院的民间借贷纠纷能否在原告住所地起诉?

问:我于2016年曾向朋友出借一笔钱,出借时双方签了一份借条,借款期限已到,对方无力还款,想问一下我可否在住所地的人民法院起诉他呢?

答: 很多民间借贷合同没有协议约定管辖条款,有的甚至只有借条。根据《民事诉讼法》第23条的规定,"因合同纠纷提起的诉讼,由被告住所地或者合同履行地人民法院管辖。"在没有约定管辖条款的情况下,出借人可否基于合同履行地规则,起诉借款人呢?

首先,是合同履行地的确定。

最高人民法院《关于适用〈中华人民共和国民事诉讼法〉的解释》(以下简称《民诉法司法解释》)第18条第2款规定:"合同对履行地点没有约定或者约定不明确,争议标的为给付货币的,接收货币一方所在地为合同履行地……"

最高人民法院《关于审理民间借贷案件适用法律若干问题的规定》第3条规定:"借贷双方就合同履行地未约定或者约定不明确,事后未达成补充协议,按照合同有关条款或者交易习惯仍不能确定的,以接受货币一方所在地为合同履行地。"

其次,是对"接受货币的一方"的理解。

一般认为,合同履行地应当根据自身的诉讼请求所依赖的实体法律关系中所指向的合同义务来确定,如在借款合同下,借款人起诉出借人要求支付借款的(当然仅存在理论上的可能),合同履行地为接收借款一方所在地,可由借款人所在地法院管辖;出借人起诉借款人要求还本付息的,合同履行地为接收还款一方所在地,可由出借人所在地法院管辖。本案为出借人向借款人提起的请求还本付息的诉讼,应当由接受货币方,即原告所在地法院管辖。

以上观点在司法实践中也得到了认可:

第一,最高人民法院《关于如何确定借款合同履行地问题的批复》指出,合同履行地是指当事人履行合同约定义务的地点。借款合同是双务合同,标的物为货币。“贷款方与借款方均应按照合同约定分别承担贷出款项与偿还贷款及利息的义务,贷款方与借款方所在地都是履行合同约定义务的地点。依照借款合同的约定,贷款方应先将借款划出,从而履行了贷款方所应承担的义务。因此,除当事人另有约定外,确定贷款方所在地为合同履行地。”该批复确定贷款方所在地为合同履行地,而对借款和还款行为未作区分;对此,《民诉法司法解释》第 18 条予以了明确。

第二,在辽宁隆坦利置业投资有限公司与恒祥房地产开发有限公司、刘某某管辖裁定书[(2016)最高法民辖终 297 号]中,法院认为,与其他合同不同的是,借款合同的合同标的是货币,发生争议后通常的争议标的也是货币。在出借人向借款人主张偿还借款时,该出借人住所地是否属于借款合同履行地?最高人民法院《民诉法司法解释》第 18 条第 2 款针对“合同对履行地点没有约定或者约定不明确”的情况,规定“争议标的为给付货币的,接收货币一方所在地为合同履行地”。该解释从争议标的以及诉讼标的的角度明确了主张还款即接收货币一方的住所地为合同履行地,并以此来确定此类案件的司法管辖权。因此,在本案中上诉人恒祥公司主张的合同标的和被上诉人隆坦利公司主张的争议标的都是货币,出借人隆坦利公司主张借款人恒祥公司归还借款,隆坦利公司与恒祥公司签订的借款协议、补充协议(二)也约定恒祥公司须按照协议的规定将还款资金划付至隆坦利公司指定的账户,故隆坦利公司亦属于接收货币的一方,该公司住所地亦应认定为上述司法解释规定的合同履行地。

第三,在徐某某、刘某当民间借贷纠纷管辖民事裁定书[(2017)粤 19 民辖终 19 号]中,法院认为:“本院经审查认为,本案为民间借贷纠纷,争议标的为给付货币。根据《中华人民共和国民事诉讼法》第 23 条、最高人民法院《关于适用〈中华人民共和国民事诉讼法〉的解释》第 18 条第 2 款的规定,双方的借款合同未约定合同履行地,刘某当作为民间借贷关系中的出借方,其诉请的收回借款本金及利息,属于接收货币一方,刘某当的住所地东莞市横沥镇为合同履行地,该地属于原审法院的辖区,故原审法院对本案具有管辖权。”

第四,在借款人有担保人且对管辖问题也没有约定的情况下,如何确定对担保人的起诉管辖?最高人民法院《关于适用〈中华人民共和国担保法〉若干问题的解释》第 129 条规定:“主合同和担保合同发生纠纷提起诉讼的,应当根据主合同确定案件管辖。担保人承担连带责任的担保合同发生纠纷,债权人向担保人主张权利的,应当由担保人住所地的法院管辖。主合同和担保合同选择管辖的法院不一致的,应当根据主合同确定案件管辖。”因此,出借人可一并起诉借款人和担保人,并根据借款合同确定管辖法院。

第五,无论是从司法解释,还是最高人民法院批复、司法判决来看,均支持了在出借人起诉借款人还本付息的民间借贷纠纷案件中,当双方没有就管辖法院达成协议管辖条款时,可以由被告所在地或合同履行地的人民法院管辖。而如果双方就合同履行地没有约定或者约定不明确,事后未达成补充协议,按照合同有关条款或者交易习惯仍不能确定的,由接受货币的一方,即请求借款人还本付息的原告所在地人民法院管辖。

88. 提前收贷必须以解除合同为前提吗?

问:我司与借款人陈某于 2015 年 10 月签订借款合同,约定陈某向我司借款 100 万元,借款期限 2 年;借款人未按期归还贷款本息即构成违约,贷款人有权要求借款人纠正违约行为或宣布合同项下贷款本息提前到期并依法行使抵押权。合同签订后,我司如约出借款项,但借款人自 2016 年 5 月 20 日起连续 3 期逾期还款,我司遂下函通知依约提前收贷,终止借款合同。同年 10 月,我司诉至法院,请求判令借款人立即偿还借款本金 100 万元及相应利息。但借款人以借款合同尚未到期、我司无权解除合同为由抗辩,请求法院驳回我司的诉讼请求。请问我司提前收贷是否必须以解除合同为前提?

答:就贷款人根据借款合同关于提前收回贷款的约定宣布贷款提前到期,是否必须以解除合同为前提的问题,存在两种观点:第一种观点认为,涉案贷款合同中约定的提前收贷权定性为贷款双方约定的合同解除权,属于形成权,当提前收贷通知到对方时,合同解除。故关于借款人未按期归还贷款本息即构成违约,贵司有权提前收回贷款属于约定解除权的条款。第二种观点认为,借款合同关于提前收回贷款的约定,不属于当事人约定合同解除条款,在贵司提前收回贷款的条件成就时,据此诉请要求借款人提前偿还借款本息,法院应予支持,该诉请不以解除合同为前提。

《合同法》第 93 条第 2 款规定:“当事人可以约定一方解除合同的条件。解除合同条件成就时,解除权人可以解除合同。”在实务中,除解除合同外,是否还存在当事人约定其他终止合同的情形。当事人约定的提前收贷,终止合同未违反法律、法规的强制性规定,应属有效。当前,越来越多的金融借款合同中包含了特定情形下贷款人有权提前收回贷款的约定,本案因此具有一定的典型性。就案件处理而言,笔者同意上述第二种观点,除前述理由外,还有以下三点考虑:

第一,从《合同法》相关法条来看,“提前收回贷款(借款)”与“解除合同”在逻辑关系上系不同概念。《合同法》第 203 条规定，借款人未按照约定的借款用途使用借款的，贷款人可以停止发放借款、提前收回借款或解除合同。该条文在实务中主要见于银行的流动资金贷款业务中，可以说明“提前收回借款”与“解除合同”是两个不同的法律概念。

第二，根据其他规定，贵司的诉讼请求也应当得到支持。除上述《合同法》的规定外，《贷款通则》第 22 条第 5 项也规定，借款人未能履行借款合同规定义务的，贷款人有权依据合同约定要求借款人提前归还贷款或停止支付借款人尚未使用的贷款。

第三，借款合同中有关提前收贷的条款，是附条件成就的合同权利。当出现当事人约定的条件时，宣告贷款提前到期，银行要求借款人提前清偿贷款之权利应属于当事人终止合同的约定。须注意的是，《合同法》第 91 条规定合同终止的七种情形，包括合同解除、债务相互抵销、法律规定或当事人约定终止的情形等。据此，合同终止是合同解除的上位概念，不应将合同终止等同于合同解除。

89. 债务人即将破产之前的提前清偿或者个别清偿有何风险?

问:我公司的某债务人已被他人起诉,该债务人所欠我公司的债务共有三笔,其中两笔已到期、一笔尚未到期。现我公司欲通过与该债务人签订以其享有的工程款债权抵债协议,并通过仲裁和解履行协议,该行为如果发生在债务人申请破产的6个月或1年内,是否存在被撤销的风险?

答: 如债务人进入破产程序,依照《企业破产法》第31条的规定,人民法院受理破产申请前1年内,涉及债务人财产的下列行为,管理人有权请求人民法院予以撤销:(1)无偿转让财产的;(2)以明显不合理的价格进行交易的;(3)对没有财产担保的债务提供财产担保的;(4)对未到期的债务提前清偿的;(5)放弃债权的。

《企业破产法》第32条规定,人民法院受理破产申请前6个月内,债务人有本法第2条第1款规定的情形,仍对个别债权人进行清偿的,管理人有权请求人民法院予以撤销。但是,个别清偿使债务人财产受益的除外。(该法第2条规定,企业法人不能清偿到期债务,并且资产不足以清偿全部债务或者明显缺乏清偿能力的,依照本法规定清理债务。)

因此,若贵司欲通过与该债务人签订以其享有的工程款债权抵债协议,贵司存在如下风险:一是对未到期的债务提前清偿的风险;二是对个别债权人进行清偿的风险。对前者进行防范的措施为提前使借款合同到期并经担保人书面确认,宣布到期的方式为签订补充协议约定或贵司根据合同约定宣布提前到期;对于后者建议尽量避免在人民法院受理破产申请前6个月内受偿或者延缓债务人向法院申请破产的时间。

根据最高人民法院《关于适用〈中华人民共和国企业破产法〉若干问题的规定(二)》第15条的规定,债务人经诉讼、仲裁、执行程序对债权人进行的个别清偿,管理人依据《企业破产法》第32条的规定请求撤销的,人民法院不予支持。但是,债务人与债权人恶意串通损害其他债权人利益的除外。

根据该条规定,除非管理人能举证证明债务人与债权人恶意串通损害其他债权人利益,否则不能请求撤销债务人经诉讼、仲裁、执行程序对债权人进行的个别清偿。这里的恶意串通,主要是从订立合同的主观目的、合同订立与履行过程、关联关系、明显不合理低价、是否明知对方存在巨额债务等方面结合证据综合判断。因此,通过仲裁方式可以降低因债务人破产而导致清偿被法院撤销的风险。笔者建议:(1)若债务人所欠贵司债务尚未到期,应尽快通过补充协议约定使债务提前到期;(2)通过应收款清偿贵司债务;(3)通过仲裁和解可出具调解书和裁决书,可要求仲裁机构出具仲裁裁决书。

90. 合同审核容易忽略哪些细节?

问: 作为刚执业的青年律师,在合同审核时常常觉得自己无法把握当中的风险,想问一下在合同审核中具体需要注意哪些细节呢?

答: 西方有句谚语,“财富的一半来自合同”。企业经营活动当然离不开合同,既然签订合同就必须事先确定合同版本。合同版本的起草或者审核是件专业的事情,需要专业人士的参与。关于合同审核的实战方法与技巧,相关的书籍和网络上的资料有很多,本文旨在分享合同审核容易忽略的七个细节。

细节一:明确代表立场。

此处新手最容易忽略。依法维护当事人的合法权益是律师的基本职责。所以,律师收到一份合同,首先要明确自己站在合同当事人的哪一边,即目的是维护哪一方的合法权益。如果是客户发合同给律师,切记标明或者告诉你是合同当事人中的哪一方。

细节二:确认客户要求。

律师在审核合同之前,最好能和客户沟通一下审核要求或者交易背景,重要的合同甚至要从交易之初就开始参与。如果客户没有提出要求,也须至少和客户沟通确认审核时限、关键条款等事项。如果客户提出了明确要求,除了认真审核合同,还须重点对客户的要求加以落实。

细节三:添加联系方式。

在合同上添加合同双方的地址、联系人、电话、邮箱、微信号等联系方式,不仅有利于合同履行中的沟通联络,也有利于万一发生争议时的文书送达。在买卖合同中,还可添加买方指定收货人,身份证号码、电话等。同时,还应在合同中明确约定,若任何一方更换联系人、收货人,应当立即书面通知另一方,否则违约方须承担全部风险和责任。

细节四:标注合同页码。

很多发给律师审核的合同没有页码,一般情况下建议尽量添加。添加页码的好处一是便于阅读和整理归档,二是便于法庭举证,当提及某个合同条款时首先须提及在该合同的第几页,如果说不清楚,轻则导致浪费时间,重则可能激怒法官。

细节五:约定合同管辖。

当事人发来的合同文本常常遗漏或者约定不当。如果没有约定管辖,按照原告就被告的一般原则,可能须到被告所在地的法院起诉,对于当事人来说增加了不少的维权成本,对律师来说也存在诸多不便。约定不当的情形则更为常见,如笔者曾经服务过的一位客户在聘请法律顾问之前都是老板亲自审核合同,由于约定的仲裁机构不明确,导致发生纠纷时仲裁委员会和法院之间相互推诿,单就管辖问题就耗费了一年多时间。

细节六:善用生效条款。

根据《合同法》的规定,书面合同自当事人签字或者盖章时成立。依法成立的合同,自成立时生效。如果是非专业人士,很少有人能区分合同成立与生效的关系,更不知合同生效可以附上各种前提条件。即使是专业人士,也很少认真思考"签字或者盖章"与"签字并盖章"之间的区别,而后者有可能被法院认定为合同生效的并列条件。

细节七:尽量促成交易。

此点最显功力,好的律师不只是提出风险、防范风险,更应促成交易。再完美的合同,如果没有签订,也是"竹篮打水一场空"。律师审核合同不仅要维护客户的合法权益,还要关注向对方的利益关切,当双方就合同条款争执不下时,还应创造性地提出解决方案,促成双方达成一致。如管辖问题,当不能就甲方或者乙方住所地法院管辖达成一致时,可约定由原告住所地法院管辖。

91.《合同法》中有哪些常见的“通知”方式?

问:《合同法》中常见与“通知”有关的条文,如总则部分的合同订立、合同履行中止、债权转让、合同法定解除、债务抵销、标的物提存等条文。但《合同法》对如何通知却没有明确规定,当然也没有排除当事人在合同中对通知的方式进行约定。那么想问一下,实践中何种通知方可认为是《合同法》意义上的有效通知?在通知的时候又应该注意哪些问题呢?

答: 实践中做法主要有:口头通知、电子通知、协议通知、书面通知、公证通知、公告通知等。下面笔者将以债权转让通知为例,对债权人通知的方式进行分析。

一、口头通知

这种方式很难证明债务人确有收到通知,很容易遭到债务人的抗辩,不推荐选用。但是,倘若口头通知能通过录音、录像等视听资料或者证人证言等方式佐证的,也并非不可采信。

二、电子通知

《民事诉讼法》已将电子数据列为证据种类之一。“电子证据”(Digital Evidence)的定义为:“基于电子技术生成、以数字化形式存在于磁盘、光盘、存储卡、手机等各种电子设备载体,其内容可与载体分离,并可多次复制到其他载体的文件。”根据2015年2月4日起施行的最高人民法院《关于适用〈中华人民共和国民事诉讼法〉的解释》第116条的规定:“电子数据是指通过电子邮件、电子数据交换、网上聊天记录、博客、微博客、手机短信、电子签名、域名等形成或者存储在电子介质中的信息。”根据该条规定,当事人可以通过电子邮件、电子数据交换、网上聊天记录、博客、微博客、手机短信、微信等方式通知合同相对人。

三、协议通知

协议通知即债权人、债务人、债权受让人三方达成债权转让协议,债务人在三方协议上签字视为债务人收到债权人的债权转让通知。

四、书面通知

书面通知比较常见，可以当面签收通知或者快递通知。选用快递书面通知，需要符合以下几点：(1)通知主体为债权人，落款有效签名(盖章)；(2)通知书内容完备；(3)尽量以邮政 EMS 特快专递形式寄送；(4)邮政专递单上“内件品名”栏写明“××项下债权转让通知书(债权受让人：××)共××页原件”并加盖当天邮戳；(5)及时查询并保存签收回单。

除自行通知外，还可以委托第三方如律师事务所通过出具律师函等方式代为通知。通过专业人士处理，更易于形成和固定证据。

五、公证通知

在书面邮政专递通知的同时，可以请公证员当面见证快递文件相关内容并制作公证文书，以防备债务人抗辩。

六、公告通知

公告通知即在全国或者省级有影响的报纸上发布债权转让公告或通知。

这一方式主要依据是最高人民法院《关于审理涉及金融资产管理公司收购、管理、处置国有银行不良贷款形成的资产的案件适用法律若干问题的规定》第 6 条第 1 款：金融资产管理公司受让国有银行债权后，原债权银行在全国或者省级有影响的报纸上发布债权转让公告或通知的，人民法院可以认定债权人履行了《合同法》第 80 条第 1 款规定的通知义务。

该款承认了公告通知的效力，但是该司法解释仅适用于根据《金融资产管理公司条例》成立的四大金融资产管理公司。对于其他主体的债权转让行为是否可以参照适用该条款，司法实践中的做法不一致。

例如，最高人民法院在何某兰诉海某公司等清偿债务纠纷二审案[(2003)民一终字第 46 号]中认为，在公开报纸上登报通知债务人及担保人，不违反法律法规的强制性规定，并没有致使债务人错误履行债务、双重履行债务或加重债务人履行债务的负担，也没有损害债务人的利益，应认定债权人已将债权转让的事实告知债务人及担保人。

又如，深圳市福田区人民法院在张某与深圳市金某联融资担保有限公司债权转让合同纠纷案[(2015)深福法民二初字第 7863 号]中认为，被告在将载明上述债权转让给原告的《债权转让通知书》邮寄债务人的住所地被退回的情况下，在

《人民法院报》刊登《债权转让通知书》的内容,该债权转让依法对债务人发生法律效力,原告依法享有上述债权。债权转让的,担保该债权的抵押权一并转让。

再如,重庆市九龙坡区人民法院在重庆瑞某建筑设备技术服务有限公司与王某、丁某融资租赁合同纠纷一审案[(2015)九法民初字第05917号]中认为,瑞某公司明确表示瑞某公司已经受让了上述《融资租赁合同》下招银公司所有权利及义务。后招银公司又在报刊上发出转让债权的公告,已从形式和程序上完成了债权转让的通知义务。

但云南省昆明市中级人民法院在杨某华、孙某洪债权转让合同纠纷二审案[(2017)云01民终4455号]中认为,虽然上诉人提交了两份公证书以及《云南法制报》以期证实其与张某荣已先后通过邮寄及登报的方式通知了债务人孙某洪债权转让的事实,但相应通知的邮件未能由被上诉人实际签收,而本案当事人均为自然人,在无法联系到被上诉人的情况下上诉人与张某荣采用在云南省内发行的报纸上登报进行通知的方式并无相应法律依据,不能必然证实该债权转让事宜已实际通知到被上诉人,故上诉人主张已通知被上诉人债权转让事宜的主张因证据不足,该院不予采纳。鉴于二审中上诉人的当庭陈述,即被上诉人于涉案债权转让通知书订立之时便已下落不明且该状态一直持续至今,故涉案债权转让的通知义务在客观上一直处于无法履行的状态,涉案债权转让对作为债务人的被上诉人至今未发生法律效力,一审法院对于上诉人现直接要求被上诉人归还欠款的诉请不予支持的处理并无不当,该院予以维持。

可见,同样是在公开报纸上发布债权转让公告通知债务人,最高人民法院公报案例及部分法院从《合同法》立法本意出发,认为债权人完成了债权转让的通知义务,保障了债权受让人的权益。而另外一些法院则认为债务人没有实际签收、登报通知的方式没有相应法律依据而不予认可债权人完成了书面通知的义务。

综上所述,《合同法》上"通知"的方式有多种,为确保通知有效送达,建议尽量选择书面形式,也可采取多种方式组合,并注意留存相关证据。

92. 签订融资顾问合同有哪些注意事项?

问:我公司帮助客户对接资金,客户愿意支付介绍费用,请问我公司与客户应签订什么合同?有哪些注意事项呢?

答:融资顾问,通常是资金需求方委托居间人与资金方牵线搭桥,通过居间人介绍、联络促使资金需求方从资金方获得融资的服务过程。一般约定,居间人不收或者仅收取少量前期费用,当居间人促使融资成功时,资金需求方按约定向居间人支付服务费用,双方应签署融资顾问合同。

融资顾问合同的法律性质与房产中介合同无异,都属于居间合同。居间合同,是指居间人向委托人报告订立合同的机会或者提供订立合同的媒介服务,委托人支付报酬的合同。在民法理论上,居间合同又称为中介合同或者中介服务合同。向他方报告订立合同的机会或者提供订立合同的媒介服务的一方为居间人,接受他方所提供的订约机会并支付报酬的一方为委托人。居间人对委托人与第三人之间的合同没有介入权。居间人只负责向委托人报告订立合同的机会或者为委托人与第三人订约居中斡旋,传达双方意思,起牵线搭桥的作用,对合同没有实质的介入权。但融资顾问合同也有与其自身活动相关的特殊性,作为居间人的一方,签订和履行融资顾问合同应注意以下事项:

(1)用好合同文本。合同是关于当事人之间权利义务的协议,合同签订的好坏,直接关系到合同当事人的权利能否实现,不可马虎了事。如付费条款,是促成合同签订后支付还是资金方放款后支付,一定要约定明确,未能依约付费的,应约定违约责任条款。还有和甲公司签订合同,结果甲公司的关联公司获得了资金,是否同样算作居间服务成果和支付费用,关键也在于合同约定。例如,“融资咨询费用及支付:甲方须支付成功融资佣金,甲方获得融资成功后需支付乙方相应融资方式的佣金,甲方需要支付融资佣金为:①甲方融资成本年息不超过15%利息的资金成本,给予乙方总融资金额的6%;②甲方融资成本超过年息15%的资金,给予乙方总融资金额的4%，支付时间：融资贷款资金到达甲方账户时，同时支付融资协议总金额对应的融资佣金，批到批结。甲方若未按期支付乙方应得的费用，逾期按每日1%另付滞纳金……”同时，合同还应约定双方专人负责对接，将对接人电话、邮箱、微信号、通信地址等在合同中载明。切忌网上随便下载个合同版本简单套用，或者不针对具体情况具体对待。

（2）保留服务证据。作为居间人，其主要的义务是向委托人报告订立合同的机会或者提供订立合同的媒介服务。居间人一定要明白，仅有合同不足以支撑居间费用，还要有证据证明提供了约定的居间服务。实践中，最常见的是资金需求方过河拆桥，绕过居间人直接与资金方签订合同，居间人如果不能举证，可能到头来空忙一场。至于证据的形式，可以有很多种，如人证、书证、物证、视听资料、电子数据等，居间人应保留好通话记录、微信、短信、电子邮件以及为促成融资支付的交通费、住宿费等差旅费用等。在嘉某新某投资（集团）有限公司诉韩某石居间合同纠纷上诉案［（2014）三中民终字第13369号］中，北京市第三中级人民法院经审理认为，韩某石提交的电子邮件、录音等证据结合该院调查核实情况能够证实韩某石在新某资产公司融资1.3亿元过程中履行了相应的居间服务，新某资产公司应该支付韩某石相应的居间报酬。而在上海凯某投资管理事务所与上海中某置业集团有限公司、第三人四川信托有限公司、兴业银行股份有限公司上海分行等居间合同纠纷案［（2014）奉民二（商）初字第1291号］中，上海市奉贤区人民法院认为，尽管原告首先将四川信托介绍给被告帮助融资，而且最终融资成功的参与人中也包括四川信托，但这并不能排除其他单位或个人通过其他途径获取被告想要信托融资的信息和机会，判决驳回了原告上海凯某投资管理事务所的诉讼请求。

（3）在居间服务完成后，居间人可及时要求资金需求方予以确认，如下文：“鉴于本公司与贵公司于某年某月某日签订了《融资顾问合同》（以下简称《融资顾问合同》），本公司委托贵公司担任本公司的融资顾问，协助本公司办理融资事宜，本公司现正式确认：经过贵公司提供融资咨询和联络，本公司已与某融资方接洽并谈就《融资顾问合同》项下的融资事宜签订了《借款合同》，贵公司于《融资顾问合同》项下的融资顾问工作已经完成并有权按照《融资顾问合同》的约定向本公司收取全部融资顾问费用。”

(4)尽量约定独家委托。在海某中某投资管理(北京)有限公司与河北鸡某山贸易集团有限公司居间合同纠纷案[(2013)海民初字第16969号]中,涉案《融资协议》约定“甲方同意乙方为甲方鸡某山工贸集团及下属张家口鸡某山建材有限公司、张家口鸡某山聚某物流有限责任公司的独家融资顾问”。对于争议焦点之一,海某公司是否就中信银行股份有限公司石家庄分行与聚某公司之间达成贷款协议一事履行过居间行为,依据海某公司提交的鸡某山牌坊照片可知,鸡某山贸易公司及聚某公司法定代表人赵某仓、中信银行股份有限公司石家庄分行员工李某炜、海某公司员工胡某明确曾进行过接触。鸡某山贸易公司及聚某公司虽辩称,合影照片是在景点,不能证明海某公司主张事项,但鸡某山贸易公司及聚某公司并未能就照片为何出现三人合影作出合理解释,仅仅称记不清,明显有悖常理。在鸡某山贸易公司及聚某公司未能就照片作出合理解释、说明的情况下,该院结合照片中三人职务,可以推定海某公司联系中信银行股份有限公司石家庄分行工作人员就融资事宜进行接洽,进行了相关居间服务。本案中,海某公司一并提交了大量电子邮件往来函件,该邮件标题可以显示出海某公司曾为聚某公司提供过相关咨询服务,要求聚某公司提供相关合同和准备资料。对此,鸡某山贸易公司虽辩称该邮箱并非公司邮箱,但通过百度快照界面可知,该电子邮箱确曾在鸡某山贸易公司网站出现过。据此,该院认定电子邮箱曾属鸡某山贸易公司所有。结合以上,北京市海淀区人民法院认为,可以认定海某公司为聚某公司履行提供相关融资的咨询、申请材料修改及协助沟通等合同义务,对于中信银行股份有限公司石家庄分行与聚某公司之间的贷款事宜提供了相应的居间服务。

(5)居间报酬应区别于利息。实践中,资金方为了规避法律或者其他有关借贷利率上限的规定,经常以融资顾问费的名义收取部分利息,这部分费用很可能最终被认定为超额利息,甚至影响借款合同和担保合同的效力,因而存在较大的风险。例如,在深圳市华某小额贷款有限公司与深圳市潮某物业管理有限公司、深圳市金某家居有限公司等金融借款合同纠纷一审民事判决书[(2013)深福法民二初字第2501号]中,深圳市福田区人民法院认为,涉案3份借款合同的背后扰乱的是社会主义市场经济秩序,违反的是国家相关金融法律、法规关于借款利息的规定,民间借贷市场的高利贷化必须遏制,本案3份借款合同均涉高利贷,依照《合同法》第52条第3项、第5项的规定,法院依法认定涉案3份借款合同无效,担保合同亦无效。

(6)约定担保条款。为防止居间成功后,资金需求方不依约支付居间费用,居间人可要求资金需求方为融资顾问合同的履行提供担保。担保方式可以为保证、抵押、质押等,实践中多为资金需求方的法定代表人或者关联企业保证。在保证条款中,可明确约定连带责任保证,保证范围包括居间费、违约金、律师费等实现债权的费用,保证期间为居间服务费支付条件成就之日起 2 年等。

(7)聘请专项法律顾问。从现有的案例看,涉及融资顾问的居间合同纠纷中,对居间人最难的是举证证明其依约提供了居间服务。因此,要想完成居间服务并顺利获得居间报酬,仅签订了居间合同是远远不够的。加之居间合同的特殊性,资金需求方乃至法官都可能本能地觉得居间方“未费吹灰之力”,与“等价有偿”“按劳取酬”的传统价值观相悖,容易产生抵触情绪。居间人委托专业律师的作用不仅在于起草或者审核居间服务合同,更重要的是在居间服务合同履行过程中,为居间人提供法律咨询、固定证据支持,甚至参与整个居间活动过程,万一发生纠纷,专项法律顾问也可以快速进入代理人角色。

93. 已经被刑事判决追缴或责令退赔，能否再另行提起民事诉讼？

问：已经被判决追缴或责令退赔的刑事案件，若被害者未追回全部款项，能否再另行提起民事诉讼？最高人民法院《关于刑事附带民事诉讼范围问题的规定》第5条第2款规定，经过追缴或者退赔仍不能弥补损失，被害人向人民法院民事审判庭另行提起民事诉讼的，人民法院可以受理。

答：最高人民法院《关于适用〈中华人民共和国刑事诉讼法〉的解释》第139条规定，被告人非法占有、处置被害人财产的，应当依法予以追缴或者责令退赔。被害人提起附带民事诉讼的，人民法院不予受理。追缴、退赔的情况，可以作为量刑情节考虑。在最高人民法院《关于适用刑法第六十四条有关问题的批复》中，最高人民法院回复河南省高级人民法院："根据刑法第六十四条和最高人民法院《关于适用〈中华人民共和国刑事诉讼法〉的解释》第一百三十八条、第一百三十九条的规定，被告人非法占有、处置被害人财产的，应当依法予以追缴或者责令退赔。据此，追缴或者责令退赔的具体内容，应当在判决主文中写明；其中，判决前已经发还被害人的财产，应当注明。被害人提起附带民事诉讼，或者另行提起民事诉讼请求返还被非法占有、处置的财产的，人民法院不予受理。"

在中国建设银行股份有限公司佳木斯分行、桦南县翔盛矿产物资经销有限公司合同纠纷二审民事裁定书[(2018)最高法民终100号]中，最高人民法院认为，根据本案查明的事实，建行佳木斯分行以翔盛公司、郝某萍、郝某良为被告向一审法院提起的本案合同纠纷诉讼前，已以翔盛公司法定代表人郝某萍涉嫌合同诈骗为由，向佳木斯市公安机关报案。发生法律效力的黑龙江省佳木斯市向阳区人民法院(2015)向刑初字第170号刑事判决和黑龙江省佳木斯市中级人民法院(2017)黑08刑终19号刑事裁定认定案涉保理合同项下贷款系翔盛公司、郝某良、郝某萍等以欺骗手段非法取得，并判令对扣押、冻结的翔盛公司、郝某萍等存款返还给建行佳木斯分行，剩余赃款对翔盛公司、郝某良、郝某萍等继续追缴退还建行佳木斯分行。建行佳木斯分行提起的本案诉讼与上述生效刑事判决认定的翔盛公司、郝某萍、郝某良构成骗取贷款罪一案系基于同一事实;诉请偿还的案涉保理合同项下欠款与该刑事判决中查明认定的翔盛公司无法偿还的贷款及判令相关被告人返还及继续追缴的赃款亦重合。故建行佳木斯分行提起本案诉讼诉请翔盛公司、郝某萍、郝某良偿还的案涉保理合同项下欠款应通过刑事案件继续追缴,不属于民事诉讼的受案范围。

另外,根据最高人民法院《关于废止部分司法解释和司法解释性质文件(第十一批)的决定》,您所引用的最高人民法院《关于刑事附带民事诉讼范围问题的规定》已被最高人民法院《关于适用〈中华人民共和国刑事诉讼法〉的解释》及相关规定修改,目前为失效规定。

94. 公司股东能否以比特币出资?

问:近年来关于区块链的信息讨论越发热烈,比特币、以太币更是成了人们老生常谈的话题。那么想问一下,公司在设立或者增资扩股时,其股东能否以比特币作为出资呢?

答: 讨论这个问题首先需要看《公司法》对股东出资方式是如何规定的。根据《公司法》第27条的规定,股东可以用货币出资,也可以用实物、知识产权、土地使用权等可以用货币估价并可以依法转让的非货币财产作价出资;但是,法律、行政法规规定不得作为出资的财产除外。对作为出资的非货币财产应当评估作价,核实财产,不得高估或者低估作价。法律、行政法规对评估作价有规定的,从其规定。《公司登记管理条例》第14条规定,股东的出资方式应当符合《公司法》第27条的规定,但股东不得以劳务、信用、自然人姓名、商誉、特许经营权或者设定担保的财产等作价出资。

其次,再来看比特币是否符合上述规定:

(1)比特币不在《公司登记管理条例》第14条的禁止出资之列。

(2)比特币不属于货币。根据中国人民银行等五部委发布的《关于防范比特币风险的通知》第1条的规定,“从性质上看,比特币应当是一种特定的虚拟商品,不具有与货币等同的法律地位,不能且不应作为货币在市场上流通使用”。

(3)比特币可以用货币估价。比特币的价格由它的价值,也就是它现在在全球的应用、接受广泛程度来决定。同时,价格还受政策、竞争币种、技术、重大消息、市场供求关系等多方面因素的影响。目前比特币兑换法币的价格可以在各大国外加密货币交易所查看,各交易所价格虽各不相同,主要受平台埋单和卖单价格影响,但一般差距不大。

(4)比特币可以转让。比特币的转账通过比特币钱包进行,转账时只要知道对方的收币地址,然后选择要从自己哪个比特币地址转币给对方,最后填写收币地址、转账数额和交易手续费，签上转让方的比特币签名，提交到比特币网络即可。当事人之间的比特币转让行为并非法律禁止事项。在深圳国际仲裁院2017年10月公布的一则涉及比特币的股权转让争议案中，仲裁庭指出，私人间订立的比特币归还契约并未违反法律法规效力性强制性规定，不应认定为无效。中国法律法规并未禁止私人持有及合法流转比特币。仲裁庭虽然没有明确认定比特币为《民法总则》第127条规定的“网络虚拟财产”，但肯定了比特币具有财产属性，能够为人力所支配和控制，具有经济价值，能够给当事人带来经济上的利益。

尽管中国人民银行等七部委曾出台《关于防范代币发行融资风险的公告》，其中明确，任何所谓的代币融资交易平台不得从事法定货币与代币、“虚拟货币”相互之间的兑换业务，不得买卖或作为中央对手方买卖代币或“虚拟货币”，不得为代币或“虚拟货币”提供定价、信息中介等服务。但该规定禁止的是交易所从事的法币兑换行为，并未禁止基于当事人之间基于合约的转让。

综上所述，法律法规并未禁止比特币作为公司出资，比特币作为非货币财产，符合《公司法》对于出资方式的要求，但应当评估作价，核实财产，不得高估或者低估作价。

但应当注意的是，加密货币市场价格的涨跌往往相当剧烈。截至2017年12月7日，比特币再创年内新低。据Coinmarketcap数据显示，比特币跌破3400美元，较去年约20 000美元的历史高位下跌约80%。[①] 可能存在出资时点估价与出资后价格存在巨大差距的情形。根据《公司法》第30条的规定，有限责任公司成立后，发现作为设立公司出资的非货币财产的实际价额显著低于公司章程所定价额的，应当由交付该出资的股东补足其差额；公司设立时的其他股东承担连带责任。因此，公司股东将比特币作为出资的情况下，可能存在事后须补足差额的风险。

---

① 载火星财经网：https://www.huoxing24.com/newsdetail/20181209092831821989.html，最后访问日期：2019年6月20日。

95. 常见的合同约定管辖的“坑”有哪些?

问: **我司在起草业务合同的时候打算在争议解决条款选择约定管辖,请问约定管辖是否存在法律风险呢?**

答: 约定管辖,又叫协议管辖,是指合同或者其他财产权益纠纷的当事人可以约定选择被告住所地、合同履行地、合同签订地、原告住所地、标的物所在地等与争议有实际联系的地点的人民法院管辖,该种约定需要以书面协议的行使确定。看似简单的约定管辖,因当事人法律知识的匮乏或疏忽大意而导致无法实现自己约定管辖的初衷,稍有不慎还会造成“自己挖坑给自己跳”的局面。以下笔者将列举六种常见的合同约定管辖的“坑”,以供贵司参考。

一、约定违反级别管辖或专属管辖

根据《民事诉讼法》第34条的规定,当事人在合同或财产权益纠纷中可以协议选择管辖法院,但不得违反《民事诉讼法》对级别管辖和专属管辖的规定。

所谓专属管辖,是指根据《民事诉讼法》第33条、最高人民法院《关于适用〈中华人民共和国民事诉讼法〉的解释》(以下简称《民诉法解释》)第28条的规定,对于不动产纠纷、港口作业中发生纠纷、继承遗产纠纷由民诉法规定的法院进行管辖,因此在上述纠纷中,即便当事人在合同签订时已约定管辖法院,此种约定也是无用功。

如在深圳市某某装饰工程有限公司与某某建筑工程有限公司建设工程分包合同纠纷案[(2017)最高法民辖30号]中,最高人民法院认为,《民诉法解释》第28条第2项规定:“农村土地承包经营合同纠纷、房屋租赁合同纠纷、建设工程施工合同纠纷、政策性房屋买卖合同纠纷,按照不动产纠纷确定管辖。”对该项涉及的建设工程施工合同纠纷的理解,应不限于《民事案件案由规定》的建设工程合同项下的第三级、第四级案由“建设工程施工合同纠纷”,还包括该项下的建设工程施工相关案件:建设工程施工合同纠纷、建设工程价款优先受偿权纠纷、建设工程分包合同纠纷、建设工程监理合同纠纷、装饰装修合同纠纷、铁路修建合同纠纷、农村建房施工合同纠纷。本案中，某某建筑公司将其总承包工程中的外墙涂料工程分包给某某装饰公司，双方形成的系建设工程分包合同关系。虽然双方当事人在《某某项目外墙涂料工程施工专业分包合同》中约定由北京市丰台区人民法院管辖，但根据《民事诉讼法》第34条的规定，该约定违反专属管辖原则，应认定无效。

因此对于特殊的合同，一定要先行查找法律有关专属管辖的规定，如查找后仍然不确定是否可以约定管辖的，应当检索司法案例或者寻求专业法律人士的解答。

二、约定所在地法院管辖，但注册地与经营地不一致

当事人在约定管辖时，有时候会选择约定“甲方所在地”、“乙方所在地”、“原告所在地”或“被告所在地”等地点的法院管辖。但其实《民事诉讼法》中并没有原被告“所在地”的说法，那此处的“所在地”应如何确定呢？一般认为所在地即住所地。根据《民事诉讼法》第21条第1款、第2款的规定，对公民提起的民事诉讼，由被告住所地人民法院管辖；被告住所地与经常居住地不一致的，由经常居住地人民法院管辖。对法人或者其他组织提起的民事诉讼，由被告住所地人民法院管辖。《民诉法解释》第3条进一步对“住所地”作出解释，即公民的住所地是指公民的户籍所在地，法人或者其他组织的住所地是指法人或者其他组织的主要办事机构所在地。法人或者其他组织的主要办事机构所在地不能确定的，法人或者其他组织的注册地或者登记地为住所地。

实践中存在大量法人当事人主要办事机构所在地与注册地不一致的情况，如在深圳，前海注册的企业可能会享受到税收或其他方面的优惠待遇，因此企业往往会选择在前海注册，而在其他辖区建立主要的营业场所。需要注意的是，此时如当事人采用的是上述“所在地”的约定管辖方式，则在起诉时可能会面临因无法证明主要办事机构在何处而使对方当事人提出管辖权异议成立的风险。

三、主、从合同约定管辖法院不一致

在某些情况下，当事人既签订了借款合同等主合同，也签订有担保合同等从合同，但主、从合同中约定的管辖法院却不一致。根据最高人民法院《关于适用〈中华人民共和国担保法〉若干问题的解释》第129条的规定，主合同和担保合同发生纠纷提起诉讼的,应当根据主合同确定案件管辖。担保人承担连带责任的担保合同发生纠纷,债权人向担保人主张权利的,应当由担保人住所地的法院管辖。主合同和担保合同选择管辖的法院不一致的,应当根据主合同确定案件管辖。

实践中,在主从合同约定不同的管辖法院的情形下,若债权人同时基于两份合同向借款人和保证人提起诉讼,根据"主合同和担保合同选择管辖的法院不一致的,应当根据主合同确定案件管辖"的规定,当事人只能根据委托贷款合同中的约定确定管辖法院。但如果单独以保证人为被告提起诉讼,则可能会受到从合同中关于管辖法院等条款的约束。

因此在主从合同约定不同的管辖法院的情形下,当事人在起诉时应格外注意起诉的案由,以免因弄错管辖法院而导致诉讼成本浪费。

四、约定由"法院进行仲裁"

实践中存在一种情况,当事人选择约定管辖,但是在起草管辖条款时使用了"由某某人民法院仲裁"的表述。可能多数人会认为此种情况仅是笔误所致,然而各地法院却会对此意见不一。

如在原告某某公司与被告某某公司加工合同纠纷案[(2016)粤 0307 民初 13143 号]中,龙岗区人民法院认为,"因合同纠纷提起的诉讼,由被告住所地或者合同履行地人民法院管辖。本案为加工合同纠纷,双方在协议中约定'甲方(被告)所在地法院仲裁解决',该约定无效。本案管辖法院应按地域管辖原则确定"。

但类似的情况如果由福田区人民法院审理,则会认为,"经审查,本院认为,原告依据其与被告签订的《品牌设计合作协议书》起诉,该协议约定"如协商不成,双方可在各自所在地的人民法院仲裁"。原告住所地在广东省深圳市福田区,故原告可依据该协议书在其所在地人民法院起诉被告,该约定明确,为有效条款,本院对本案具有管辖权,被告的异议理由不成立,本院不予采信。"(深圳某某设计有限公司与长沙市某食品有限公司买卖合同纠纷一审民事裁定书[(2013)深福法民二初字第 1675 号])

因此,在司法观点存在不一致的情况下,当事人起草合同管辖条款时更应谨慎,以免因一个小的笔误而导致最后诉权难以实现,权利无法救济。

五、约定提交仲裁机构或法院解决争议

更多的失误情况是,当事人会约定"可以提交仲裁机关或者法院解决"等看似

"万无一失",但其实在法律上是无效的管辖条款。根据最高人民法院《关于适用〈中华人民共和国仲裁法〉若干问题的解释》第 7 条的规定,当事人约定争议可以向仲裁机构申请仲裁也可以向人民法院起诉的,仲裁协议无效。如最高人民法院在关于浙江一顺进出口有限公司与 MOHAMED. MOHAMOUD. OULD. MOHAMED 国际货物买卖纠纷中涉外仲裁条款效力问题的请示的复函[(2011)民四他字第 8 号]中指出,双方签订的《经销责任协议》第 9 条约定了仲裁条款,约定纠纷既可以向"中国国际贸易促进委员会对外贸易仲裁委员会"提交仲裁,也可向浙江一顺进出口有限公司所在地法院直接起诉。根据最高人民法院《关于适用〈中华人民共和国仲裁法〉若干问题的解释》第 7 条的规定,当事人约定争议可以向仲裁机构申请仲裁,也可以向人民法院起诉的,仲裁协议无效。

但需要指出的是,如果一方向仲裁机构申请仲裁,另一方未在仲裁庭首次开庭前提出异议的,那么就视为其同意了相应仲裁的管辖。

六、约定法院或仲裁机构不明确

最后一种常见的"坑",就是当事人约定的法院或仲裁机构不明确。约定法院不明确,实践中常见的如,"发生纠纷时由人民法院管辖""双方当事人在合同中约定解决纠纷的方式为:当地法院"或者"由债权人指定的人民法院管辖"等,这些约定都有可能因约定不明确,而被认定为无效。另外就是约定的仲裁机构不明确,如未约定仲裁机构;选定两个以上仲裁机构;只选定仲裁规则且根据仲裁规则不能确定唯一仲裁机构;只约定了仲裁地,但一地有多个仲裁机构的或者选定的仲裁机构根本不存在的等。根据《仲裁法》第 18 条的规定,仲裁协议对仲裁事项或者仲裁委员会没有约定或者约定不明确的,当事人可以补充协议;达不成补充协议的,仲裁协议无效。因此在约定仲裁机构不明确的情况下,发生争议后双方也很难就仲裁达成补充协议,当事人原本通过仲裁尽快解决争议的希望也将落空。

综上所述,合同约定管辖并非简单之事,如果当事人约定的管辖条款并非合法、有效以及明确的,那么其诉讼权利很有可能受到限制,不仅导致诉讼成本浪费,还会影响相应实体权利的实现。故建议在起草或审核合同时,由法律专业人士把关,以防范失误风险的发生。

96. 合同条款中可以约定滞纳金吗?

问:请问合同中是否可以约定,一方当事人违约时须向另一方支付滞纳金的条款吗?

答: 滞纳金(Overdue Fine)本意是指对不按纳税期限缴纳税款的纳税人,按滞纳天数加收滞纳税款一定比例的款项,它是税务机关对逾期缴纳税款的纳税人给予经济制裁的一种措施。

滞纳金具有法定性、强制性和惩罚性的特点。所谓法定性,是指滞纳金是由国家法律、法规明文规定的款项,个人和其他团体都无权私自设立;强制性,是指滞纳金的征收是由国家强制力保障实施的;惩罚性,是指滞纳金是对超过规定的期限缴款而采取的惩罚性的措施。根据滞纳金的以上特点,滞纳金只能发生双方的法律地位不平等、国家行使公共权力的过程中。例如,《税收征收管理法》第32条规定:"纳税人未按照规定期限缴纳税款的,扣缴义务人未按照规定期限解缴税款的,税务机关除责令限期缴纳外,从滞纳税款之日起,按日加收滞纳税款万分之五的滞纳金。"

但在一些公用事业领域,也经常会有"滞纳金"出现。一般认为,包括供气合同在内的公用事业的服务合同是平等主体之间签订的合同,受民事法律调整,这里的滞纳金实际上是《合同法》中规定的迟延履行的违约金。既然是违约金,那么对于这笔费用的收取,就应该按照合同中的约定来履行。

因此,在行政管理领域中的滞纳金制度,是行政强制执行之一执行罚的一种;而在公用事业领域中的"滞纳金"则是《合同法》中规定的违约金。滞纳金这一概念是属行政法规的范畴,严格意义上,在民商事裁判文书中涉及民事责任的承担时是不应该使用的。为顺应行政管理职能到公共服务主体之间的转变,一些部门在制定规则中已注意避免或者减少使用"滞纳金"这一概念。例如,建设部办公厅《关于对自来水水费滞纳金有关问题的复函》中就明确指出,"根据依法行政的要求,国家发展改革委和建设部对原国家计委、建设部颁布的《城市供水价格管理办法》有关条款作了修订,取消了其中'接到水费通知单 15 日内仍不交纳水费的,按应交纳水费额每日加收 5‰的滞纳金'的规定。城市供水企业在具体执行中,可按《合同法》《城市供水条例》的有关规定,通过与用户协商,在供水合同中约定逾期付款的违约金标准;没有约定的,按照最高人民法院的有关司法解释,可参照中国人民银行规定的金融机构计收逾期利息的标准计算逾期付款违约金"。

公用事业领域中的"滞纳金",是典型的计划经济时代象征,随法治完善和时代进步,"滞纳金"这一名词应逐步退出民事领域,而应以"违约金"取而代之。

然而,现实生活中,"滞纳金"在民商事合同中正在大行其道,甚至接近习以为常的地步。在不少民事判决中,也有不少支持"滞纳金"的判项,滞纳金和违约金并没有进行严格地区分。例如,租赁合同中,当事人约定逾期支付租金的滞纳金为 5‰/日,实际上为违约金性质。

为什么当事人喜欢用"滞纳金"代替"逾期付款违约金"?

通常在这类合同里,收款方略带强势,而且合同版本由收款方起草,之所以使用"滞纳金"而非"逾期付款违约金",无外乎以下几个方面的原因:第一,"滞纳金"言简意赅,违约惩罚的意味更浓,且习惯上容易理解;第二,省用"违约金",除了迟延付款,合同中还约定有更多其他违约情形,将滞纳金与违约金单列,为的是想让法官支持更多的诉讼主张;第三,迷惑对方,多处提到违约后果,但并不放在合同的同一地方,一旦发生纠纷,可以同时启用多个潜伏救济。

在笔者办理过的一宗租赁合同纠纷案件中,法官不仅支持了原告滞纳金的诉讼主张,还在判决说理部分明确原告有权没收被告租赁保证金,对拖欠的租金及物业管理费也一并给予了支持。这说明,在被告缺席判决或者对抗不那么激烈的案件中,法官同时判决支持违约金和滞纳金的可能是存在的。

那么,假使允许"滞纳金"存在于民事领域,"滞纳金"究竟约定多高方为合适?实践中,有按每日拖欠金额的百分之几、千分之几、万分之几的不等,少数情形下也有约定每天具体金额的。如上所述,民商事合同中的"滞纳金"实为违约金,应按照违约金的上下幅度约定。

根据《合同法》第 114 条的规定,约定的违约金低于造成的损失的,当事人可以请求人民法院或者仲裁机构予以增加;约定的违约金过分高于造成的损失的,当事人可以请求人民法院或者仲裁机构予以适当减少。最高人民法院《关于适用〈中华人民共和国合同法〉若干问题的解释(二)》第 29 条规定,当事人主张约定的违约金过高请求予以适当减少的,人民法院应当以实际损失为基础,兼顾合同的履行情况、当事人的过错程度以及预期利益等综合因素,根据公平原则和诚实信用原则予以衡量,并作出裁决。当事人约定的违约金超过造成损失的 30% 的,一般可以认定为《合同法》第 114 条第 2 款规定的“过分高于造成的损失”。

按照上述规定,迟延付款违约金似乎可以明确上限,但关键问题是当事人的损失如何界定,究竟是直接损失还是间接损失?并且,无论是直接损失还是间接损失,都无法按照统一的标准来计算,这就可能造成法院判决的自由裁量权过大,同类的案件判决结果可能大相径庭的情形。

实践中,人民法院对于拖欠款项违约金的掌握标准是参照银行逾期贷款利率,即 2. 1‰。而按照中国人民银行《关于人民币贷款利率有关问题的通知》规定,逾期贷款(借款人未按合同约定日期还款的借款)罚息利率由现行按日万分之二点一计收利息,改为在借款合同载明的贷款利率水平上加收 30% ~50%。上述法院判决标准显然也值得商榷。

综合考虑各种因素,若坚持使用“滞纳金”,笔者建议“滞纳金”比例约定为 5‱/日为宜,以为客户留下友好合作界面,并为法院判决及协商和谈留下适当下调空间。

97. 经常性放贷存在何种法律风险?

问: **自然人经常性地对外放贷,是否有触犯我国相关法律法规规定的可能?**

答: 所谓经常性放贷,是指同一自然人或者公司、其他组织以营利为目的经常、反复地向多数人发放借款,并收取利息或者相关费用的行为。最近,笔者在从业过程中,经常遇到"经常性放贷的借款合同是否无效"等有关问题的咨询,以下笔者将结合近期的有关规定和法律实践进行分析。

根据《合同法》第 210 条的规定,自然人之间的借款合同,自贷款人提供借款时生效。最高人民法院《关于审理民间借贷案件适用法律若干问题的规定》(以下简称《民间借贷解释》)第 1 条第 1 款规定,本规定所称的民间借贷,是指自然人、法人、其他组织之间及其相互之间进行资金融通的行为。上述规定肯定了民间借贷的法律地位,但不代表民间借贷并无任何法律限制。

一、涉嫌"套路贷"的法律风险

基于近年来社会上不断出现披着民间借贷外衣,通过"虚增债务""伪造证据""恶意制造违约""收取高额费用"等方式非法侵占财物的"套路贷"诈骗等新型犯罪,严重侵害了人民群众的合法权益,扰乱了金融市场秩序,影响社会和谐稳定,2018 年 4 月 16 日,银保监会等四部门发布《关于规范民间借贷行为维护经济金融秩序有关事项的通知》(以下简称 10 号文),其中第 3 条规定,未经有权机关依法批准,任何单位和个人不得设立从事或者主要从事发放贷款业务的机构或以发放贷款为日常业务活动。民间借贷中,出借人的资金必须是其合法收入的自有资金,禁止吸收或变相吸收他人资金用于借贷。民间借贷发生纠纷,应当按照《民间借贷解释》处理。

同年 8 月 1 日,最高人民法院发布《关于依法妥善审理民间借贷案件的通知》(以下简称 215 号通知),其中表明,人民法院在审理民间借贷纠纷案件时要严格区分民间借贷行为与诈骗等犯罪行为,切实提高对"套路贷"诈骗等犯罪行为的警觉。民间借贷行为本身涉及违法犯罪的，应当裁定驳回起诉，并将涉嫌犯罪的线索、材料移送公安机关或检察机关，切实防范犯罪分子将非法行为合法化，利用民事判决堂而皇之侵占被害人财产。刑事判决认定出借人构成“套路贷”诈骗等犯罪的，人民法院对已按普通民间借贷纠纷作出的生效判决，应当及时通过审判监督程序予以纠正。“套路贷”假借民间借贷之名，通过“虚增债务”“制造资金走账流水”“肆意认定违约”“转单平账”“虚假诉讼”等手段，达到非法占有他人财产的目的，属于以合法形式掩盖非法目的或者违反社会公共利益，相关借款合同应为全部或者部分无效。

二、经常性放贷导致借款合同无效的法律风险

那么，并不涉嫌“套路贷”的经常放贷是否会导致借款合同无效呢？

首先，根据《民间借贷解释》第 13 条的规定，[①]涉嫌犯罪的借贷行为并不当然导致借款合同无效，需要结合《合同法》第 52 条和该解释第 14 条之规定判断。值得注意的是，即便并不当然导致无效，但在上述 215 号通知中也表明了法院的做法，即会对案件裁定驳回起诉，并将涉嫌犯罪的线索、材料移送公安机关或检察机关。

其次，根据《合同法》第 52 条关于“有下列情形之一的，合同无效：……（五）违反法律、行政法规的强制性规定”的规定，以及最高人民法院《关于适用〈中华人民共和国合同法〉若干问题的解释（二）》第 14 条关于“合同法第五十二条第（五）项规定的‘强制性规定’，是指效力性强制性规定”的规定。上述银保监会 10 号文明显不属于法律、行政法规，但《银行业监督管理法》第 19 条作出类似规定，“未经国务院银行业监督管理机构批准，任何单位和个人不得设立银行业金融机构或者从事银行业金融机构的业务活动”。对于《银行业监督管理法》第 19 条是否为效力性强制性规定的问题，在大连高金投资有限公司、中国工商银行股份有限公司大连星海支行企业借贷纠纷、金融借款合同纠纷二审民事判决书[（2017）最高法民终 647 号]中，最高人民法院认为，“该强制性规定直接关系国家金融管理秩序和社会资金安全，事关社会公共利益，属于效力性强制性规定”。

---

① 《民间借贷解释》第 13 条规定：借款人或者出借人的借贷行为涉嫌犯罪，或者已经生效的判决认定构成犯罪，当事人提起民事诉讼的，民间借贷合同并不当然无效。人民法院应当根据《合同法》第 52 条、本规定第 14 条之规定，认定民间借贷合同的效力。

最后,对于“从事银行业金融机构的业务活动”应如何判定?最高人民法院647号判决中也提到,通过向社会不特定对象提供资金以赚取高额利息,出借行为具有反复性、经常性,借款目的也具有营业性,未经批准,擅自从事经常性的贷款业务,属于从事非法金融业务活动。在2018年阳春市人民法院审理的一起民间借贷案件[①]中,法院认为原告不具备发放贷款的相关业务,依法不应当从事发放贷款的行为,原告在(2018)粤1781民初3104号案件中自认还向其他人出借借款,起诉至法院的案件多达20宗,而且有部分是经朋友介绍向原告借款的,即原告发放贷款的对象不特定,根据最高人民法院《关于适用〈中华人民共和国合同法〉若干问题的解释(一)》第10条“当事人超越经营范围订立合同,人民法院不因此认定合同无效。但违反国家限制经营、特许经营以及法律、行政法规禁止经营规定的除外”的规定,应依法认定原告与被告签订的借条无效。因此,判定的标准可以从实践中主要是看一年内借贷次数、出借人与借款人之间的关系、利息约定是否过高等因素,法官享有较大的自由裁量权。

民间金融为我国金融体系的重要组成部分,对于缓解中小企业融资难,支持民营企业发展有着不能替代的作用。但金融行业很特殊,大量的实践和案例表明,民间金融也应纳入资质管理和金融监管体系。因此,在国家监管的层面,笔者建议尽快出台《放贷人条例》[②],将职业放贷人纳入资质管理,规定职业放贷人的准入条件、审批程序、行为规范、退出机制和违规处罚等条款,同时将小额贷款公司监管规定也一并纳入,打破金融垄断。

在社会管理层面,建议成立放贷人协会,通过协会章程和有关行业规范加强行业自律,有关政府部门还可依法将部分行政职权委托给协会行使,协会在加强行业规范、提升专业水平、促进行业发展等方面的作用不可小觑。

在民间金融从业者的层面,应坦然面对金融严管趋势,积极配合外部监管,根据自身情况尽快采取相关对策,具体如下:

第一,申请获得相关金融从业资质,如在现有法律环境下,申请设立中小型银行、小额贷款公司、融资担保公司、融资租赁公司、商业保理公司等,并按照相关规

---

① 参见(2018)粤1781民初3120号。

② 载中国政府网:http://www.gov.cn/xinwen/2015-08/12/content_2911852.htm,最后访问日期:2019年6月20日。

定规范业务行为。

第二,通过股权转让、增资扩股等方式参股或者控股上述有资质的(类)金融公司,通过资本金注入、股东借款、关联合作等方式开展金融业务。

第三,与上述有资质的(类)金融公司签署合作协议,通过委托贷款、委托投资、业务合作等方式合作开展业务。

第四,改变业务类型,发挥客户资源、资金信息等优势,将民间借贷业务主业调整为居间服务,通过为借款提供居间服务收取服务费用。

第五,依法合规经营,增强法律风险意识。如前所述,和正规金融机构一样,民间金融活动同样也必须严格遵守国家法律法规的有关规定,遵循自愿互助、诚实信用原则。比如,民间借贷中,出借人的资金必须是其合法收入的自有资金,禁止吸收或变相吸收他人资金用于借贷、过高利息不受法律保护等。

综上所述,在我国金融监管政策逐步趋严,对于各类金融活动的监管更为重视,在牌照等准入门槛的收紧,以及对违法金融活动的打击加强的背景下,经常性放贷行为存在较大的法律风险,不可不防。

98. 售后回租业务如何完成设备交付和防范风险?

问: 售后回租如何确认设备完成交付?有哪些方式方法可以确保承租方无法实现同一设备进行多家融资租赁?

答: 售后租回是一种集销售和融资为一体的特殊形式,是企业筹集资金的新型方法,通常指企业将现有的资产出售给其他企业后,又随即租回的融资方式,它是企业常用的融资方式之一。通常,在售后租回交易中承租人与出租人都具有双重身份,进行双重交易。第一,资产销售方同时又是承租人,一方面企业通过销售业务实现资产销售,取得销售收入;另一方面又作为承租方向对方租入资产用于生产过程,从而实现资产价值和交换价值,具有经济业务的双重身份。第二,资产购买者同时又是出租方,企业通过购买对方单位的资产取得资产所有权,同时又作为出租方转移资产使用权,取得资产使用权转让收入。

一、动产物权转让可自该约定生效时发生效力

《物权法》第 27 条规定,动产物权转让时,双方又约定由出让人继续占有该动产的,物权自该约定生效时发生效力。实践中,一般在《融资租赁合同》附件中签订《所有权转让协议》,约定设备所有权转移,同时签订《租赁物交付验收合格单》,承租人确认附件清单中所列明的设备即上述融资租赁合同项下的租赁物,租赁物已交付完毕。最高人民法院《关于审理融资租赁合同纠纷案件适用法律问题的解释》(以下简称《融资租赁司法解释》)第 2 条规定,承租人将其自有物出卖给出租人,再通过融资租赁合同将租赁物从出租人处租回的,人民法院不应仅以承租人和出卖人系同一人为由认定不构成融资租赁法律关系。

在售后回租模式下,出租人应充分关注租赁物的所有权转移问题。

例如,在邯郸市昌盛制管有限公司、长城国兴金融租赁有限公司融资租赁合同纠纷二审民事判决书[(2017)最高法民终 897 号]中,一审、二审法院认为,《回租买卖合同》项下的标的物(案涉租赁物)为动产,国兴公司与方正公司关于涉案租赁物所有权变更、转让的约定符合《物权法》的规定，国兴公司在该《回租买卖合同》生效时即已经取得涉案租赁物的所有权。根据长金租回租字(2013)第0068号《回租租赁合同》、长金租回买卖字(2013)第0068－1号《回租买卖合同》，国兴公司与方正公司之间进行的是金融租赁公司融资租赁业务中的售后回租业务。

在另一案例中，法院认为，动产物权的设立和转让，通常自交付时发生效力，但动产物权转让时，双方又约定由出让人继续占有该动产的，物权自该约定生效时发生效力。该案原告与第一被告签订的车辆买卖合同及融资租赁合同，均系双方当事人达成的合意，具有法律约束力。原告向第一被告购买车辆，被告作为出让人仍继续占有、使用车辆。根据合同约定，在原告向被告支付购车款后，车辆的所有权即应属于原告。机动车物权的设立、变更和转让，并不以登记为生效条件。登记仅产生对抗第三人的效力。虽然涉案车辆目前登记在被告名下，但基于双方已对车辆所有权作出了明确约定，而且原告已按照约定履行了己方应尽义务，故法院对原告要求确认车辆所有权的诉讼请求予以支持。

二、只有融资，没有融物，按照实际构成的法律关系处理

但是，如果租赁物并未发生所有权转移，法院可能对融资租赁关系不予确认，而按实际构成的法律关系处理。

在国泰租赁有限公司与山东鑫海投资有限公司、山东鑫海担保有限公司等企业借贷纠纷二审民事判决书[(2014)民二终字第109号]中，法院认为，融资租赁交易具有融资和融物的双重属性，缺一不可。如无实际租赁物或者租赁物所有权未从出卖人处转移至出租人或者租赁物的价值明显偏低，无法起到对租赁债权的担保，应认定该类融资租赁合同没有融物属性，仅有资金空转，系以融资租赁之名行借贷之实，应属借款合同。本案所涉《融资租赁合同》系房地产售后回租业务，出卖人和承租人均为三威置业公司，租赁物系三威置业公司在建137套商品房。在合同订立前，该租赁物已被有关行政主管部门认定为超规划建设的违章建筑；在租赁期间，该项目亦未取得商品房预售许可，故案涉商品房(租赁物)所有权无法从出卖人三威置业公司移转至出租人国泰租赁公司。由此产生的实际法律关系是，国泰租赁公司作为名义上的商品房买受人和出租人，并不享有租赁物的所有权，作为专业的融资租赁公司，其对案涉租赁物所有权无法过户亦应明知，故其真实意思表示并非融资租赁，而是出借款项；三威置业公司作为租赁物的所有权人,虽名为"承租人",但实际上不可能与自己所有的房产发生租赁关系,其仅是以出卖人之名从国泰租赁公司获得一亿元款项,并按合同约定支付利息,其真实意思表示也并非售后回租,而是借款。由此可以看出,案涉融资租赁交易,只有融资,没有融物,双方之间的真实意思表示名为融资租赁,实为借款法律关系。依照《融资租赁司法解释》第 1 条之规定,案涉合同应认定为借款合同。

另一种情况是,合同约定的租赁物购买价款远高于租赁物实际价值,法院也可能对融资租赁关系不予确认。

在工银金融租赁有限公司、铜陵大江投资控股有限公司融资租赁合同纠纷再审民事判决书[(2018)最高法民再 373 号]中,最高人民法院认为,该案涉及的 4 号融资租赁合同中租赁物的购买价远远高于案涉租赁物的实际价值,工银公司提交的发票复印件所载明的设备价款总额为 17 951.2567 万元,华纳公司与之相对应票号的发票原件所载明的设备价款总额为 1068.8652 万元,合同约定的买卖价款为 15 000 万元,涉案租赁物的实际价值与约定的转让价款差异巨大。工银公司作为专业融资租赁机构,其提供的证据不能证明其主张的设备的价值,其以高于市场价值十几倍的价格购买租赁物,显然背离买卖合同等价交换原则,其租金亦不体现租赁物的真正价值。工银公司和华纳公司所签订的 4 号融资租赁合同虽然形式上有售后回租融资租赁合同相关条款的约定,但实际上并不存在融物的事实,双方实际上仅是"借钱还钱"的借贷融资关系。但对于原判决以本案系企业间民间借贷关系,确认 4 号融资租赁合同无效,适用法律确有错误,最高人民法院予以纠正。

售后回租业务既然存在不被认定为融资租赁的风险,那么是否存在因此导致合同无效,进而使担保人减轻或者免除担保责任呢?这就要取决于实际构成的法律关系。

在唐山市丰南建设投资有限公司、民生金融租赁股份有限公司保证合同纠纷二审民事判决书[(2016)最高法民终 180 号]中,最高人民法院认为,无论民生租赁公司与山西海鑫公司之间系融资租赁法律关系还是借贷法律关系,均不会导致该案涉及的融资租赁合同无效。《融资租赁司法解释》第 1 条第 2 款规定,对名为融资租赁合同,但实际不构成融资租赁法律关系的,人民法院应当按照其实际构成的法律关系处理。本案中,丰南建设公司未能提交证据证明案涉融资租赁合同存在《合同法》第 52 条规定的无效情形,其仅以涉案合同系名为融资租赁、实为借贷合同为由主张合同无效,缺乏法律依据。即使涉案融资租赁合同系名为融资租赁实为借贷,对于丰南建设公司担保责任的认定亦并无影响。

三、出租方对租赁物享有的所有权如何对抗第三人

为防范承租方将同一设备进行多家融资租赁、转让、抵押等风险,出租人可采用保证、抵押等担保方式维护自身权益。

《融资租赁司法解释》第9条规定:"承租人或者租赁物的实际使用人,未经出租人同意转让租赁物或者在租赁物上设立其他物权,第三人依据物权法第一百零六条的规定取得租赁物的所有权或者其他物权,出租人主张第三人物权权利不成立的,人民法院不予支持,但有下列情形之一的除外:(一)出租人已在租赁物的显著位置作出标识,第三人在与承租人交易时知道或者应当知道该物为租赁物的;(二)出租人授权承租人将租赁物抵押给出租人并在登记机关依法办理抵押权登记的;(三)第三人与承租人交易时,未按照法律、行政法规、行业或者地区主管部门的规定在相应机构进行融资租赁交易查询的;(四)出租人有证据证明第三人知道或者应当知道交易标的物为租赁物的其他情形。"

实践中,比较安全的风控措施是出租人授权承租人将租赁物抵押给出租人,结果使出租人获得所有权人和抵押权人双重身份,看似存在悖论,实则是出租人对自己权利保护的必要之举。

例如,在先锋太盟融资租赁有限公司、高某某融资租赁合同纠纷二审民事判决书[(2017)黑01民终6174号]中,一审法院认为,先锋太盟公司作为出租人理应享有对租赁物的所有权,虽融资租赁合同中约定先锋太盟公司享有对租赁车辆的所有权,但本案中租赁车辆登记在高某某名下,且高某某将该车辆抵押给先锋太盟公司并依法办理了抵押登记手续,先锋太盟公司享有对该车辆的抵押权。所有权人与抵押权人的身份冲突,先锋太盟公司不能既为租赁车辆的所有权人又拥有抵押权人的身份,故双方之间不构成融资租赁法律关系。但二审法院对此予以纠正,认为双方在融资租赁抵押合同中约定,以高某某承租的车辆作为抵押物,为其在融资租赁合同项下的全部债务提供担保,并办理了抵押登记,该抵押权已设立,故先锋太盟公司要求以涉案抵押车辆承担抵押担保责任,应当予以支持。

99. 私募基金“爆雷”之后应如何应对？

问：自 2018 年开始各地就陆续出现私募基金“爆雷”的情况，请问在这种情况下投资者要怎么应对呢？

答：我国的私募基金起源于 2004 年，至今已经过十余年。一方面，我们可以看到国家和中国证券基金业协会正在加强对私募基金的监管，并出台了许多法律法规和行业规定；另一方面，不可忽视的是，私募基金在爆发式发展之后，也出现了频繁“爆雷”的现象。

私募基金一旦出现“爆雷”，那么滚雪球效应便会开始，投资者会本能地开始疯狂地挤兑，欲尽早止损，但众所周知，一般规模的私募基金并没有预留那么多足够应付大面积挤兑所需要的资产，一旦其现金流被截断，便是大厦将倾的局面，受损的还是余下的来不及止损的多数投资者。那么投资者一般有哪些常见的应对方式呢？笔者将根据其种类进行归纳。

一、第一种是自力救济

（一）面临挤兑也要将私募基金变现

作为普通的投资者而言，以其自身的信息采集能力，对市场的敏锐度相对较低，一般而言，当其已经意识到需要将所投资的私募基金变现的时候，便也是该私募基金开始大面积逾期、挤兑和恐慌四处蔓延之时，即使这样，大多数投资者也会明知面临挤兑的风险，也会不由自主地成为挤兑大军中的一员。

（二）与该私募基金控制人谈判，商议债转方案

部分投资者既明知挤兑希望不大，也深知自主诉讼十分麻烦，于是便采取“曲线救国”的方法，不急于将其持有的私募基金变现，便直接独自去与该私募基金控制人商议债转方案，希望将所持的私募基金变成其他权益，如股权、房产、消费券等。

二、第二种是民事救济

（一）委托律师进行诉讼或者仲裁

部分头脑相对冷静的投资者在面临该风险之时，知道自身参与挤兑也会是徒劳无功，于是开始筹措自己所掌握的少量证据独自委托律师提起民事诉讼或者仲裁，希望借助法律的手段来挽回自身的损失。

（二）抱团进行民事诉讼或者仲裁

一些投资者认为集体提起民事诉讼算是一个良策，总比一个人去独自提起诉讼胜算大，因此便集体向该私募基金控制人提起民事诉讼或者仲裁，以图用众人之力换回一个胜诉的结果。

三、第三种是刑事救济

有些私募基金的控制人跑路了，该投资者了解这一情况之后，便通过向公安机关报案的方式，以找到跑路的控制人，并要求其退还侵占等非法手段取得的投资者的投资款。例如，有些私募基金实际控制人为了吸引投资，虚构所谓安全项目，用后来的投资款支付前面的投资利息，而实际上前面投资人的投资款用于挥霍或者卷款潜逃。还有的私募基金没有依法备案，却进行各种公开或者变相公开的方式宣传，主要靠高额投资回报吸引投资人。这些行为就涉嫌构成集资诈骗罪或非法吸收公众存款罪，该投资者将依相关证据提交给公安机关，希望由经侦队进行侦查处理取回投资款。

笔者认为，在私募基金“爆雷”之际，投资者的维权应讲求策略，不可盲目地主张权利，更不可通过非法手段解决。在维权策略上具体应如下处理：

（1）第一时间赎回债权。投资者一旦发现了私募基金开始出现大面积逾期，就要准备行动了，第一时间赎回尽可能多的债权，对于自身而言，止损程度越大，如果等到市面上多数人反应过来已经出现了挤兑，恐慌开始蔓延之后，而且该私募基金的储备资本并不足时，那么便为时已晚了。因此，投资者平时应多关注所投资的私募基金及基金管理人的相关动态，如私募基金的相关披露信息、基金管理人的新闻等，有备才能无患，当机立断才能免遭波及。

（2）成立投资者委员会联合维权。众所周知，独木难支，如果投资者联合起来，形成一股联合力量，团结一致、减少内耗，再去进行维权，面对该私募基金管理层的时候便不再是以往那样的处于绝对弱势地位了，而是能够与该私募基金控制人直接拍板。而且,成立维权委员会或者维权小组之后,再集体请律师代理案件与该私募基金管理层直接对话,会较个人单打独斗而言高出不少胜算,且话语权将会高出数倍,同时也能减少对司法资源的浪费。

(3)与基金管理人商议债转方案或者重组方案。并不是所有投资者都会有那么敏锐的洞察力和行动力,能在第一时间赎回投到该私募基金上的投资额,那么多数投资者反应过来应该去赎回投资额的时候,便是挤兑的开始。由此很容易开启一个恶性循环,那么与其挤破头去赎回现金,况且私募基金的现金流相当有限,不如与私募基金管理人积极商议其他的债转方案,或要求基金管理人提供相应的财产担保。

(4)尽早委托律师进行维权。投资者在面对该危机的时候能力实际上是很有限的,其地位与该私募基金管理层对比来看,完全处于劣势,很多实质信息投资者无权也无有效途径调查到,对于维权方式也并非轻车熟路。如此,尽早委托专业人士,进行维权便是一个十分妥当的做法。律师能帮助该投资者调查到该私募基金的真实运营情况,其旗下还有多少实际资产,可以在充分调查了解的情况下,向投资者提出理性维权方案建议,并与投资者商讨具体实施计划,按投资者的决策落实。

同时投资者维权时还应当注意:

(1)减少内部摩擦,抓住主要矛盾。每个投资者的实际投资情况与债券赎回情况都不尽相同。众所周知"共患难易,共享福难"。具体而言,矛头对外,想要赎回债权的意愿是维权投资者都共有的,但若真的赎回了部分债权,在进行分配的时候便会造成极大的内部矛盾。人总是趋利性的,总有投资者会"多为自己考虑",那么即使在与该私募基金管理层的较量中前期获得了阶段性胜利,也会因为其后的内耗而重新成为一盘散沙。笔者认为,维权委员会或联合小组应该制作一个规章,根据内部的具体情况来协调赎回债权的分配方案,尽可能多数人达成一致,这样才能保证在其后的维权过程中能团结一致,因为赎回全部债权才是主要矛盾。

(2)依法维权,及时签署相关协议。如果投资者在维权过程中采取了过激或者各种违法手段(含威胁、欺诈、非法拘禁等)迫使了该私募基金管理人达成了新的还款协议或担保协议等,若该私募基金管理人最后掌握证据对过激投资者进行起诉,那么该投资者极有可能面临牢狱之灾,同时所签订的协议也会被认定无效。除此之外,对于采取合法手段取得新协议可考虑进行公证,一方面可以督促协议的履行,另一方面可以固定证据,为今后诉讼维权做好准备。

(3)刑民交叉,选聘专业律师团队。正如前述,私募基金"爆雷"并非仅有民事诉讼的途径,对于部分存在非法集资,恶意制造虚假项目骗取投资的基金管理人,还可以通过刑事手段获取救济。但是随着律师行业专业化发展,号称业务范围遍及刑民事的律师往往是不够专业的体现,投资者在选取律师时应当注意,要选聘的是律师团队而非单个律师,只有由刑事、民商事专业律师搭建的团队,才能为全方位、最大限度地维护投资者的合法权益。

(4)非诉与诉讼结合,灵活制定应对方案。同理,私募"爆雷"中的投资者维权也不应仅把眼光放在诉讼上,须知目前诉讼存在时间过长、成本高、执行难等的缺点,有时候一场官司打下来,可能基金管理人的实控人已经逃得无影无踪了。应对私募基金"爆雷",必定是需要民、刑兼顾,诉讼与非诉手段多管齐下,只有根据"爆雷"基金公司的特点灵活制定方案,才能最大限度地维护自身权益。

100. “互联网 +”模式下的保险业务存在哪些法律风险？应如何防范？

问：近年来，随着信息技术的快速发展与广泛普及，互联网及移动互联已成为保险机构销售和服务的新兴渠道。想问一下，这种互联网保险业务模式存在哪些法律风险？又应该如何防范该类法律风险？

答：我国互联网保险呈现加速发展态势，为保险业注入了活力，但也存在销售行为触及监管边界、服务体系滞后和风险管控不足等风险和问题，亟须进一步规范。

2015 年 7 月 18 日，中国人民银行等十部门联合下发了《关于促进互联网金融健康发展的指导意见》（以下简称《指导意见》），指出互联网金融按照“依法监管、适度监管、分类监管、协同监管、创新监管”的原则监管，明确了互联网保险业务由保监会负责监管。

为规范互联网保险经营行为，促进互联网保险健康规范发展，2015 年 7 月 27 日，中国保监会印发了《互联网保险业务监管暂行办法》（以下简称《暂行办法》）。2018 年 3 月，随着银监会与保监会职能合并，保险业监管工作划归银保监会负责。2019 年 3 月 28 日，银保监会印发《中国银保监会关于印发 2019 年保险中介市场乱象整治工作方案的通知》，其中提出，要强化整治与保险机构合作的第三方网络平台的保险业务，并明确各保险机构应按照《暂行办法》等规定开展互联网保险业务，规范与第三方网络平台业务合作，禁止第三方平台从事保险中介业务。基于上述规定，并结合互联网保险业务自身特性分析，笔者认为，“互联网 +”模式下的保险业务主要存在以下风险：

1. 合规风险

《指导意见》指出，互联网金融本质仍属于金融，没有改变金融风险隐蔽性、传染性、广泛性和突发性的特点。同理，互联网保险的本质还是保险，不仅传统线下保险业务的法律、法规等所有规范同样适用于互联网保险，而且保监会还专门针对互联网保险出台了《暂行办法》。《暂行办法》以鼓励创新、防范风险和保护消费者权益为基本思路，从经营条件、经营区域、信息披露、监督管理等方面明确了互联网保险业务经营的基本经营规则。保险机构应保证互联网保险消费者享有不低于其他业务渠道的投保和理赔等保险服务，保障保险交易信息和消费者信息安全。由此可见，《暂行办法》出台后，互联网保险无法可依的局面已基本打破，保险机构经营互联网保险业务的合规要求并未下降，而是有所提升。近年来，在我国金融严管大趋势下，互联网保险业务也不可避免的面临着专项整治和风险排查工作。

2. 安全风险

安全和效率是立法上的两大不同价值取向，保险法当然也不无例外。互联网保险在享受着高效、快捷等好处的同时，也必然承受着系统故障、黑客攻击、计算机病毒、数据丢失、信息泄露等固有的风险。为此，《暂行办法》对自营网络平台和第三方网络平台提出了“具有完善的防火墙、入侵检测、数据加密以及灾难恢复等互联网信息安全管理体系”等要求，还专门在第三章对保险公司的信息披露进行了规定，其目的是增强交易行为的可预测性和稳定性，使客户获得关于互联网保险产品的准确信息。在第四章“经营规则”中还再次强调，保险机构应加强业务数据的安全管理，采取防火墙隔离、数据备份、故障恢复等技术手段，确保与互联网保险业务有关交易数据和信息的安全、真实、准确、完整(第17条第1款)。

3. 电子签名风险

尽管《合同法》《民事诉讼法》都已对数据电文的合同效力及证明力予以确认，但相对于传统纸质文件，电子数据只有被证明为真实可靠才能得到司法确认。2005年4月1日起施行的《电子签名法》规定，可靠的电子签名与手写签名或者盖章具有同等的法律效力。为了确保客户通过网络平台签署的合同文件真实可靠，《暂行办法》第15条规定，保险机构应完整记录和保存互联网保险业务的交易信息，确保能够完整、准确地还原相关交易流程和细节。交易信息应至少包括产品宣传和销售文本、销售和服务日志、投保人操作轨迹等。

4. 洗钱风险

所谓“洗钱”，是指通过各种方式掩饰、隐瞒毒品犯罪、黑社会性质的组织犯罪、恐怖活动犯罪、走私犯罪、贪污贿赂犯罪、破坏金融管理秩序犯罪、金融诈骗犯罪等犯罪所得及其收益的来源和性质的洗钱活动。根据 2007 年 1 月 1 日起施行的《反洗钱法》,在中华人民共和国境内设立的金融机构和按照规定应当履行反洗钱义务的特定非金融机构,应当依法采取预防、监控措施,建立健全客户身份识别制度、客户身份资料和交易记录保存制度、大额交易和可疑交易报告制度,履行反洗钱义务。由于互联网保险基本上依赖网络平台上的技术手段完成对客户的身份识别,相对于传统线下审核,更容易出现洗钱犯罪的可能。故《暂行办法》第 20 条规定,保险机构应建立健全客户身份识别制度,加强对大额交易和可疑交易的监控和报告,严格遵守反洗钱有关规定。保险机构应要求投保人原则上使用本人账户支付保险费,退保时保险费应退还至原交费账户,赔款资金应支付到投保人本人、被保险公司账户或受益人账户。对保险期间超过一年的人身保险业务,保险机构应核对投保人账户信息的真实性,确保付款人、收款人为投保人本人。

5. 网络欺诈风险

互联网为人们生活提供了极大便利的同时,也给犯罪分子带来了一种新的犯罪途径或工具。而网络犯罪的智能性、隐蔽性、复杂性、虚拟性特点,又决定了它不同于普通的刑法犯罪,面临着发现难、取证难、立案难、破案难、抓捕难、定罪难等多重难题。例如,网上投保的投保人、被保险人或受益人可能采用虚构保险标的、虚报被保险人的年龄等手段进行保险欺诈,可能导致保险机构赔付增多、利润下降,影响保险机构的正常经营和偿付能力。为此,《暂行办法》要求,保险机构应防范假冒网站、APP 应用等针对互联网保险的违法犯罪活动,检查网页上对外链接的可靠性,开辟专门渠道接受公众举报,发现问题后应立即采取防范措施,并及时向保监会报告(第 17 条第 2 款)。保险机构应建立健全互联网保险反欺诈制度,加强对互联网保险欺诈的监控和报告,第三方网络平台应协助保险机构开展反欺诈监控和调查(第 20 条第 2 款)。

互联网和保险结合是大势所趋,“互联网 +”背景下的保险业务风险只能正视而不能回避。一方面,不能被优势障目,不见风险;另一方面,不能因风险存在就止步不前,临阵退缩。为此,必须建立和完善风险防控体系,这是一项庞大的工程,也是一项艰巨的任务,更是保险公司在创新中发展的基础。结合保险公司的具体情况,可从以下几个方面入手进行:

1. 依法合规经营

《保险法》等法律法规对保险业务经营进行了规范。保险机构开展互联网保险业务，应遵守法律、行政法规以及《暂行办法》的有关规定，不得损害保险消费者合法权益和社会公共利益。《暂行办法》的发布，标志着我国互联网保险业务监管制度正式出台。

按照《暂行办法》的要求，保险机构已经开展的互联网保险业务与《暂行办法》不符的，应按照有关规定认真整改；《暂行办法》实施后仍不能符合要求的，应立即停止相关互联网保险业务的开展。同时，公司要加强对合规人员互联网知识的培训，在产品开发、销售区域限制、网销产品定价、电子保单等方面加强研究，提出相应的对策方案；要了解法律、法规和部门规章的最新进展及其对保险公司经营运行的实质影响，形成有效的风险防控体系。

2. 运用现代信息技术手段进行风险防控

首先，运用“大数据”进行风险管控。“大数据”时代已经到来，信息化已逐步渗透到保险公司内部管理的方方面面。数据信息金矿将为保险业带来无限机遇和诸多挑战，保险公司应该加快脚步，加强信息系统建设，确保网销保险电子支付的安全性。要充分利用新技术提高风险预警和管控能力，如运用现代信息技术改造业务系统，利用图像处理技术和数据库技术建立远程核保核赔系统等，实现保险业务处理的远程、实时监控。通过大数据分析客户过去和在其他保险公司的投保理赔数据，从而对客户进行评估，提升反欺诈能力。

其次，建立科学合理的业务管理系统。通过建立业务管理软件系统，将线下业务审批转为线上流程操作，减少沟通协调环节，减少情面顾及，既能提高工作效率，也有利于防控风险。

最后，切实加强保险公司信息安全管理。隐私保护是大数据和网络保险时代面临的最重要的问题，保险公司应对用户信息管理建立一套严格的保密制度，不得利用用户在互联网上登记的信息牟利，确保用户隐私不被泄露。

3. 建立业务操作制度、指引

保险是经营风险和管理风险的行业，防范和化解自身的经营风险尤为重要。尤其在互联网兴起后，保险公司一方面加紧与互联网的衔接，发掘网售保险的渠道蓝海；另一方面更要保持清醒，在拓展业务的同时，主动建立与网销配套的合规风险管理制度和相关工作指引。具体可包括：

（1）A、B 角制度。规定所有的项目设项目经理 A、B 角，A 角为项目主要负责人，B 角为次要责任人，二者相互监督，相互配合，相互补充，共同负责项目受理到终结的全部过程。

（2）项目评审制度。保险项目都应经过调查评审后才能承保，A、B 角共同呈报项目，金额较小的业务实行单人或三人审批；金额较大的实行评审会审批。

（3）项目实施制度。项目审批通过后，保险公司业务部门专人负责落实合同文件签署和承保事宜，财务部门负责保费收取并及时登记系统，所有合同文件及担保手续落实后，才能正式承保，即事中风险控制。

（4）保后检查制度。保险公司承保后，要定期对保险标的进行检查，及早发现风险隐患，提醒有关各方采取措施，防范风险。当发现紧急突发事件，应立即向公司报告，进行危机处理，防止出现损失，即事后风险控制。

（5）尽职调查指引。对于业务受理条件、合作网络平台要求、收费标准、审批要求等相关重要事项，应在总结经验教训的基础上形成相关指引，建立规范体系，使业务开展有章可循。

（6）法务工作指引。法务是保险业务风险防控中十分重要的一环，法务工作往往任务繁重、人少事多，容易和业务部门产生冲突。在合同审核、项目审查、债务催收等常规工作方面建立工作指引，有利于节省沟通成本，理顺各方职责。

4. 高度重视企业文化建设

企业文化是企业的灵魂，是推动企业发展的不竭动力。其中最重要的是核心层的精神文化，称为“企业软文化”。每个企业都有自己的独特的文化，但对保险公司来说，应着重树立下列文化：

（1）诚信文化。作为现代金融体系重要组成部分的保险业，以“最大诚信”为基本原则，对诚信的要求也远远高于其他行业。诚信是保险机构生存与发展的内在要求，是公司发展的核心竞争力。而客户是否诚信，直接关系保险公司的切身利益。保险公司应为客户建立诚信档案，确立失信惩戒机制。

（2）严谨文化。严谨是对每位员工最基本的工作要求，各个部门、岗位都应当认真负责、一丝不苟地对待工作，防止差之毫厘，谬以千里。如《暂行办法》第 10 条要求，保险机构应将保险监管规定及有关要求告知合作单位，并留存告知记录。

如果保险机构仅进行告知，未存留告知记录，则不仅不符合合规要求，也可能埋下风险隐患。

(3)廉洁文化。保险从业人员对于保险产品的介绍、承保条件的审核及保险理赔等多个环节拥有一定的主导地位，甚至可谓掌握着一定的“生死大权”。如果保险机构人员内外勾结，则风险防不胜防。除了靠外部制度约束，还要通过言传身教让“廉洁”二字深入从业人员的内心。

5. 按“德才兼备”原则进行选人用人

互联网保险涉及的领域广泛，技术性很强，要求从业人员具备财务管理、风险管理等多方面的知识，对相关行业的专业知识也要有一定的了解。如信用保证保险在我国开办时间不长，缺乏大量具有从业经验和相关知识的专业人才，在一定程度上制约着我国信用保证保险的进一步发展，因此必须培养和挖掘相关人才。

同时，相对于传统投保，线上投保不易识别投保人身份和核实投保信息，容易产生保险欺诈和道德风险。对于保险业而言，近年来保险从业人员侵犯客户隐私、利用客户信息恶意营销的案例屡见不鲜，影响整个保险行业的声誉。互联网平台将客户信息直接与保险机构对接，如何保证客户信息安全是保险机构风险控制体系的重要组成部分。因此，在选人用人方面，要重视人才的道德水平，做到德才兼备，以德为先。

总之，保险公司风险控制的核心要点，就是在效率和安全之间寻找平衡。金融创新类业务的开展应以风控与安全为前提，同时风控和安全的目标应当是为金融创新业务服务。目前国内整体经济环境堪忧，互联网金融风险隐患日益凸显，个人和企业信用体系均不完善，保险公司须在创新业务开展的同时做好风险规避方案，可在合规风险管理部门进行审慎评估后，按照“大胆研发，小心试水”的策略稳步推进。

后　记

从公司法务转行做律师，十年仿佛只在一瞬间。

这十年里，我虽然人在律所，但仍然心系公司，只不过是从为一家公司提供法律服务变成为多家公司提供法律服务。我衷心地感谢从学校毕业后任职的两家公司及律师执业以来的每一个客户！

世界因多样而精彩。不同的客户面临不同的法律问题，其中既有共性也有个性，并且很多对我来说是不小的挑战。解答客户提出的法律问题，仅靠法律知识是不够的，更要依赖行业知识和从业经验。由于本人各方面知识的欠缺，对很多问题的回答难以尽善尽美。尽管如此，在不少前辈的鼓励下，我还是大胆地将这些问答整理汇总，一是对自己律师从业经历的一个阶段性总结，二是希望引发更多的讨论和思考，权当抛砖引玉吧。

在成长的路途中，想要感谢的人太多，自觉这里难以承载，所以更愿将大多数感谢的话放在心底。关于本书的出版，不得不提及的是，师父张斌主任多次给予关心和鼓励，法律出版社戴伟首席策划编辑、程岳编辑、林蕊编辑付出了大量的辛劳，原深圳担保中心领导叶小杭主任百忙之中抽空作序，团队成员谢艺萍律师、陈一芊、和健新参与客户服务和本书整理编辑、校稿，在此一并致以诚挚的谢意！

我深知：吾生有涯，而知无涯；未能厚积，远于至善；千里之行，始于足下。无论是鼓励还是批评，都是对自己的鞭策，感恩阳光，感恩空气，感恩有您！

金振朝

2019 年 10 月于深圳

图书在版编目(CIP)数据

融资担保法律实务100问 / 金振朝著. -- 北京 : 法律出版社, 2020
ISBN 978-7-5197-3987-4

Ⅰ. ①融… Ⅱ. ①金… Ⅲ. ①企业融资-担保法-中国-问题解答 Ⅳ. ①D922.291.915

中国版本图书馆CIP数据核字(2019)第244124号

融资担保法律实务100问
RONGZI DANBAO FALÜ SHIWU 100 WEN

金振朝 著

策划编辑 林 蕊
责任编辑 林 蕊 周 洁
装帧设计 贾丹丹

编辑统筹 司法实务出版分社
出版 法律出版社
开本 710毫米×1000毫米 1/16
总发行 中国法律图书有限公司
印张 20.75
经销 新华书店
字数 316千
印刷 三河市龙大印装有限公司
版本 2020年3月第1版
责任印制 胡晓雅
印次 2020年3月第1次印刷

法律出版社/北京市丰台区莲花池西里7号(100073)
网址/www.lawpress.com.cn
投稿邮箱/info@lawpress.com.cn
销售热线/400-660-8393
举报维权邮箱/jbwq@lawpress.com.cn
咨询电话/010-63939796

中国法律图书有限公司/北京市丰台区莲花池西里7号(100073)
全国各地中法图分、子公司销售电话:
统一销售客服/400-660-8393/6393
第一法律书店/010-83938432/8433 西安分公司/029-85330678 重庆分公司/023-67453036
上海分公司/021-62071639/1636 深圳分公司/0755-83072995

书号:ISBN 978-7-5197-3987-4
定价:62.00元
(如有缺页或倒装,中国法律图书有限公司负责退换)